中英語の
統語法と
文体 Studies in Middle English

田島 松二 Matsuji Tajima

南雲堂

はしがき

　英語学，英語史研究を志して半世紀が過ぎたことになる。遅々たる歩みではあったが，英語統語法の歴史的研究，中世英文学の言語・文体研究，現代英米語法研究，更には英語学研究文献書誌の編纂等に取り組んできた。日暮れて道遠し，である。1960 年代の後半と 70 年代後半に，20 代と 30 代でカナダに留学し，大学院生として中世英語英文学を学び，悪戦苦闘したことがその後の研究生活を決定づけたように思う。彼らの言語・文学を研究するわけだから，彼らと同じことをやったり，彼らのまねをしていてはとても意味のある仕事はできない。欧米人とは違った視点，日本人だからこそできる研究をやるべきではないか，と考え，それを実践してきたつもりである。文献学的な研究に携わるわけだから，古・中英語から現代英米語，カナダ英語に至るまで，さまざまなテキストをひたすら精読，かつ多読するよう努めてきた。とりわけ，時間と精力を注いだのは中英語 (Middle English, 1100–1500) の読解である。語義や語法にこだわりながら種々のテキストを厳密に読むという訓詁学的な作業を続け，折々に論文や研究ノートらしきものを発表した。その中の幾つかをまとめたのが本書である。残存文献が 6 千とも 7 千とも言われる中英語の深い森のごくごく一部を探索したに過ぎないが，そこから見えてきたものを綴った文字通り断想である。

　第 I 部は，中世英文学を代表するチョーサー，ラングランド，ガウェイン詩群のテキストの読みに関するノートである。一語一語意味や文法

にこだわりながら，厳密にテキストを読もうとすると，おのれの力不足とは関係なく，意味不明の箇所や従来の解釈に疑問を覚える箇所にしばしば遭遇する。訓詁学的に読まざるをえない日本人だからこそ気になるところも少なくなかったように思う。そのような箇所の幾つかに関する筆者なりの考えをまとめたものである。

　第II部は，英語史的な観点，とりわけ現代英語の視点から中英語の統語法を観察・記述した論文を集めたものである。中英語テキストを読みながら，近・現代英語と比較して，興味深いと考えられる用法，語法に出会うと記録するよう心がけてきた。中英語では見られても近・現代英語では廃用に帰した表現であったり，逆に中英語に初出し近・現代英語で発達，確立する用法などである。そのような用法，語法の変化・変遷を中英語という枠の中で位置づけようとしたものである。

　第III部は，中英語頭韻詩の言語・文体に関する論文を集めたものである。中英語期は大陸から伝わった脚韻詩が主流になるが，英語本来の頭韻詩で書かれた作品も多数残存している。この頭韻詩群の統語法，語彙，文体等についても関心の赴くままに論文を発表してきたが，ことばの難解さゆえに挫折を繰り返し，見るべき成果をあげることもできずにいる。ひとまず，いわゆる *Gawain* 詩群に関するものだけを収録することにしたが，今後も *Piers Plowman* など頭韻詩の研究を続けたいと思っている。

　以上のように本書は3部からなる。各部の最初の章は研究方法論や研究史を扱った一般論的なものであるが，他の章はすべて中英語に関する具体的，実証的研究である。単行本化にあたっては，旧稿の単なる誤記，誤植の訂正にとどまらず，その後収集した用例等の追加・補充や，最近の研究にも可能な限り言及しながら，大幅な加筆・修正を行った。改題したものもある。しかし，いずれも基本的な論旨は不変である。

　本書で筆者が強調したかったことは，何よりも資料を最重視し，そこから導き出される客観的事実を積み重ねることが英語史研究，就中，残された文献に頼るほかない中世研究に求められているのではないか，と

いうことである。しかし，言語的事実を求めるあまり，丸谷才一氏（『快楽としての読書　日本編』）の言う「実証主義の弊におちいり，思考が自由を欠き，仮説を立てることをむやみに恐れた」研究ということになろうか。それでもなお，英語史研究に携わる立場のひとりとして「実証主義」の大切さを，英語の今をよりよく理解するためにも，改めて強調したいと思うのである。なお，どの章も長年にわたる読書の過程で収集した用例等に基づいているので，見落としはもちろん，誤読・誤解等も含まれているであろうことも十分承知しているつもりである。

　松浪　有先生や林　哲郎先生に導かれてこの道に進んで以来，内外の多くの方々にお世話になった。いちいちお名前を挙げることは差し控えさせていただくが，今なお折にふれご厚誼を賜っている伊藤弘之先生，もっと本来の仕事をするようにとの激励を惜しまれない大泉昭夫先生には感謝の気持ちでいっぱいである。入手困難な刊本テキストを快くご貸与くださった今井光規，隈元貞広両教授にも謝意を表したい。元の勤務先からの図書借用の件でお世話になった栗山　暢氏，校正その他で助けてくださった壬生正博，田口　純，大和高行，末松信子，小松義隆の諸氏にもお礼を申し上げる。出版に際しては，今回も南雲堂にお世話になった。南雲一範社長，編集部の原　信雄氏の多年にわたるご支援は何よりも有難いものであった。

　最後になったが，今は移転して跡形もなくなった九大・六本松キャンパスでの学生時代以来今日まで心の支えであった，専攻も進んだ道も異なるふたりの旧友に万感の想いをこめて，この拙い書をささげたいと思う。

2015 年 7 月

田島　松二

目次

はしがき

I 本文研究

1 古・中英語テキストにおけるトリヴィア研究のすすめ　*11*
2 *The Canterbury Tales: General Prologue,* line 521 をめぐって　*17*
3 *Piers Plowman* B.V. 379 に関する統語ノート　*27*
4 中英語頭韻詩 *Pearl,* line 446 について　*35*

II 統語法研究

5 新しい中英語統語論―Olga Fischer, 'Syntax' (*The Cambridge History of the English Language,* Vol. II) をめぐって　*47*
6 中英語における動名詞の発達に関する諸問題　*65*
7 後期中英語における法助動詞 *Ought* の発達―特に Chaucer の用法に関連して　*91*
8 中英語における 'one the best (man)' 型構文　*117*
9 中英語における 'take (one's) leave of / at' について　*145*
10 中英語における形容詞 'worthy' の統語法　*163*

III 頭韻詩の言語と文体

11 中英語頭韻詩の言語・文体と Authorship―*Gawain* 詩群を中心に　*191*
12 中英頭韻詩における迂言的助動詞 *gan(con)*―*Gawain* 詩群の authorship に関連して　*211*
13 *Gawain* 詩群における中性人称代名詞 *Hit*　*221*
14 *Gawain* 詩群における絶対形容詞　*243*

参考文献　*269*
初出一覧　*293*

中英語の統語法と文体

前田昌彦
早川鉦二
　　　両学兄へ

Ⅰ　本文研究

1
古・中英語テキストにおけるトリヴィア研究のすすめ

1

　筆者は長年，英語史や，古英語（OE），中英語（ME）等の研究に従事する一方で，内外の英語学研究文献書誌の編纂にも力を注いできた。[1] それらの経験のなかで学んだことは，日本人だからこそできる研究，あるいは英語を母語としない外国人だからこそできる研究というものがあるのではないか，ということであった。デンマークの Otto Jespersen（1860–1943），オランダの F. Th. Visser（1886–1976），フィンランドの T. F. Mustanoja（1912–1996）といった錚々たる名前を挙げるまでもなく，すぐれた英語の研究は非英語国から多数生まれている。とりわけ，歴史的な研究では英米をはるかに圧倒している。然らば，われわれ日本人も，日本人であること，日本で教育を受けたことを活かした研究ができるのではないか，いや，やるべきではないのか。欧米諸国の研究者よりも，間違いなく不利な状況にあるわれわれが，単なる紹介，模倣，借り物でない研究を行うとすれば，それこそが目指すべき方向ではないのか。——このようなことは半世紀近くも前，1960年代の終わり頃カナダの大学院で中世英語英文学を学んでいた頃から，ずっと考えてきたことであった。彼らと同じことをやっていたのではとても太刀打ちできないし，独自の貢献などできそうもない，と。
　そのような観点から，1994年5月の日本英文学会第66回全国大会の「文献学と歴史言語学の間で ― 新たな〈英語史研究〉のために」と題

---

1) この辺りの経緯については，田島（2001）でふれた。

するシンポジウムでは，日本人の特性を活かした英語史研究のあり方についていささかの考えを述べた（田島 1996）。その半年後の 1994 年 12 月，日本中世英語英文学会第 10 回全国大会の「中世研究の方法論 ― 今後の課題」と題する学会創立 10 周年記念シンポジウムでは，フィロロジー研究の根幹ともいうべきテキストの正確な読みということに関して，言語研究者の立場から私見を述べた。いずれも日本人だからこそできる研究ということにこだわった発表であった。本章と 2〜4 章で述べることは，その記念シンポジウムで話したことと一部重なることをお断りしておきたい。

2

　OE や ME といった中世研究において，最も重要にしてかつ困難な作業となると，昔も今もテキストの正確な読み，理解ということに尽きるであろう。不明な箇所に出くわすと，いきおい現代語訳や注釈，グロッサリーなどに安易に頼ることになる。が，語義や文法にこだわりながら，厳密にテキストを読んでゆくと，従来の解釈に得心がいかない箇所にしばしば遭遇する。古英語の *Beowulf* は言うまでもなく，中英語を代表する Chaucer の *Canterbury Tales*, Langland の *Piers Plowman*，あるいは *Gawain* 詩群といった，研究書，注釈・解説書，現代語訳等が数多く利用できる作品も例外ではない。

　古・中英語研究では，近年，多くのすぐれた刊本テキスト，現代語訳，研究文献，コンコーダンス，電子テキスト等が利用できるようになった。また，2001 年には，20 世紀の偉業とも言うべき *Middle English Dictionary*（MED）が 71 年の歳月をかけて完成した。*Dictionary of Old English*（DOE）の編纂・刊行も鋭意進行中（1986– ）である。往時とは比較にならないくらい研究条件は整備されている。後はやるだけということになるが，ことはそう簡単でない。例えば，Fred Robinson（1930– ）の *Beowulf* 研究（1985）や，John David Burnley（1941–2001）の Chaucer 研究（1979）に示されたような，作品の微視的な言語表現を手がかりに巨視的な構造に迫ったり，作品の深部にひそむ核心

にまで踏み込んだ，実にまぶしいばかりの研究業績を目にすると，わが身の非才をかこつばかりである。簡単には模倣すらできそうにない。もちろんわが国にもすぐれた研究はある。今は亡き鈴木榮一教授（1937–1991）の *Sir Gawain and the Green Knight* 研究（1990）など，その希有なる例であろう。

　英語史研究の一環として OE や ME のテキストを読むほかに，われわれ日本人にもできる中世英語研究は何かないのかと考えると，一つだけ比較的容易にできることがある。テキストを分析的に読む，いや読まざるを得ないという日本人の強み（あるいは弱み）を活かして，一つひとつの語句の解釈やシンタックスなどにこだわりながら，語学的に厳密にテキストを読むという訓詁学的な仕事である。そのような観点から中世のテキストを読み返してみると，意味不明のところや従来の解釈に納得のゆかないところ，あるいは文法的に説明の難しいところが，誰でも知っているような作品にも幾つも出てくる。欧米人には何でもないところで，われわれはつまずき，難渋することが多い。言語，歴史，文化等に裏打ちされた「読む力」が違うのだから当然のことであろう。われわれにとって厄介な，あるいは気になる語句，語法は，彼らから見れば，さしずめトリヴィア（trivia）とでも呼ぶべきものかもしれない。しかし，このトリヴィアの研究をもっと行ったらどうかということを提唱したいのである。日本人だからこそ気づく点も多々あろうし，重要な指摘につながらないとも限らないではないか。

　レベルや視点こそ違え，欧米にはこの種の訓詁学的な語句の解釈，彼らが 'crux' とよぶものに関する研究は結構多い。そのための定評ある専門誌すら存在する。19世紀半ばの創刊で，わが国の博物学者・南方熊楠 (1867–1941) も幾度も寄稿した Oxford の *Notes and Queries* (1849–) が最も代表的なものである。アメリカにも *English Language Notes* (1963–) や *The Explicator* (1941–) などがあるし，たいていの学術誌もこの種の notes や trivia に頁を割いている。ところがわが国では，こういう小さな事実にこだわった研究自体が非常に少ないし，そういうものに特に紙面を割く学術誌もないようである。かくいう筆者自身，不可解な語句や語法に出くわしても，テキストに疑問符を付したり，私的な傍

注を施すだけで，それ以上のことはしてこなかった。比較的最近になって，ようやく，Chaucer の *Canterbury Tales*，Langland の *Piers Plowman*，*Gawain* 詩群の 1 篇 *Pearl* に関して小論を発表した（Tajima 2000，田島 2006a & 2006b. 本書の第 2 〜 4 章に収録）。小さな事実にこだわった，文字通りのトリヴィア研究であるが，日本人だからこそその分析を加えたつもりである。

3

　近年，パソコンの発達で，インターネットや電子テキストなどの利用が容易になり，OE，ME 研究でもテキストを読まなくても手軽に用例収集ができるようになった。もちろん，利便性を否定するつもりはない。むしろ必要な場合すらあることも理解しているつもりである。しかし，フィロロジー研究の基本はテキストを読むことである。とりわけ，OE，ME 研究では，変わらない部分，つまり残存しているテキストを少しでも正確に理解することが求められている。定評ある刊本テキストであっても，語句の解釈や語法等に関する疑問点は数多く残されている。欧米の専門家の間でも，解釈の分かれる箇所など決して珍しいことではない。そのような点を自分なりに考え，それをまとめてみてはどうか，というのが小文の趣旨である。明解な結論は出せなくても，問題提起だけでもいいのではないか。これこそ，いわば訓詁の学を身につけたわが国の中世英語英文学者がいささかなりとも貢献できる領域であるように思えるのだが，どうだろうか。テキストのこのような読み方は，筆者ごときが今更言い出すまでもなく，実は市河三喜博士（1886–1970）を初めとするわが国の先達が実践してきた学問研究の基本姿勢でもある。20 世紀も，主として前半の成果である〈研究社英米文学叢書〉の注釈などその見事な例ではあるまいか。そういう意味でも，未解決の箇所が無数に残されている古・中英語テキストの crux 研究，trivia 研究を推奨したいと思うのである。新しい情報を求め，新しい現象を追いかけることだけが，学問研究のあり方ではないはずだからである。

参考文献

Burnley, J. D. 1979. *Chaucer's Language and the Philosophers' Tradition*. Cambridge.
Robinson, F. 1985. *'Beowulf' and the Appositive Style*. Knoxville, TN.
Tajima, M. 2000. "Piers Plowman B V 379: A Syntactic Note". *Notes and Queries* (Oxford) 245 (n. s. 47), 18–20.

鈴木榮一．1990.『サー・ガウェイン頌』開文社出版．
田島松二．1996.「新しい中英語統語論― Olga Fischer, 'Syntax' (*The Cambridge History of the English Language*, Vol. II) をめぐって」『英語英文学論叢』(九州大学) 46, 1–15.
――．2001.「リレー連載：英語英文学研究の課題 (4) 英語学文献書誌を編纂して思うこと」『英語青年』2001 年 11 月号，pp. 498–500.
――．2006a.「中英語頭韻詩 *Pearl*, line 446 について」『英語英文学論叢』(九州大学) 56, 1–11.
――．2006b.「*The Canterbury Tales: General prologue*, 521 をめぐって」田島松二編『ことばの楽しみ ― 東西の文化を越えて』(南雲堂)，pp. 103–12.

2

The Canterbury Tales: General Prologue, line 521 をめぐって

1

　本章で取り上げるのは，中世英文学を代表する Geoffrey Chaucer の *The Canterbury Tales* である。それも，中英語（ME）を学んだものなら誰もが一度は読んだことのある *General Prologue* の中の 1 行である。当該行を含む数行を，今日最も広く利用されている Benson 版（1987）から引用する。（下線は筆者。）

> To drawen folk to hevene by fairnesse,
> By good ensample, this was his bisynesse.
> <u>But it were any persone obstinat,</u>
> What so he were, of heigh or lough estat,
> Hym wolde he snybben sharply for the nonys.
> 　　　　　　　　　　　　(*General Prologue*, 519–23)

（正しい生活によって，よい手本を示すことによって，人々を天国に導くこと，それこそが彼の務めであった。しかし，かたくななものがいれば，たとえその人が誰であろうと，身分が高かろうが低かろうが，彼はその場でその人を厳しく叱ったものだった。）

上の引用箇所（519–23 行）に関する限り，現今の刊本テキストはいずれも実質上同じ読みである。[1] ここで問題にしたいのは下線を施した 521

---

[1] 多少違うところは，519 行目の *by* が *with* に，520 行目のピリオドがセミコロンになっている点と，ごく一部の綴りである。

行目である。このままで，この行を解釈しようとすれば，文法的にはどのような説明が可能であろうか。広く行われているように，「しかし，かたくななものがいれば」の意に解すれば，文脈上は前後の行とうまくつながる。しかし，それでは，そもそもこの行のどこから条件文的な意味が出てくるのか，また，*it were* がどうして *there*-存在構文的な意味になるのか，といった疑問が生じる。あるいは，視点を変えて，文法的に可能性のありそうな *But* = 'unless' という解釈はどうなのか。*General Prologue* のテキストは専門家向けから学生用まで多数刊行されているが，納得のゆく語法上の説明を与えてくれるものはないようである。以下は，長年気に掛かっていた，この 521 行目に関する筆者なりの解釈，説明の試みである。

2

本題に入る前に，19 世紀末から今日までに刊行されたテキスト，注釈書，現代語訳等が，この "But it were any persone obstinat,"(521) をどのように解釈，説明しているかを見てみよう。

そもそも Skeat (1894, 1900²), Pollard et al. (1898), Robinson (1933, 1957²), Manly & Rickert (1940), Donaldson (1958, 1975²), Pratt (1974), Blake (1980), Benson (1987) といった，本文は言うまでもなく注釈でも定評のあるチョーサーの全集版には，521 行目に関する語法，語義上の注記は一切ない。全集版では，必ずしも専門家向けとは思われないものも含め，次の 5 点に簡単な注釈があるだけである。まず Cawley (1958) が *it were* に 'if there was' という傍注を，Fisher (1977) が *But it* に 'but if any person' という脚注を付し，Hieatt & Hieatt (1981) は 521 行目全体を 'But if any person were obstinate' と訳し，Coote (2002) は 'But if anyone was disobedient' と訳している。中でも，Baugh (1963, p. 249) は *But it were . . .* を "Elliptical" と説明し，'But if it happened that any person was obstinate.' とやや詳しくパラフレーズしている。注目すべきは，以上の 5 点がいずれも *But* の次に本文にない *if* を補って解していること，*it were* を実質上 *there*-存在構文の意に取っていることである。しかし，

語法上の説明は一切付されていない。

　General Prologue を収録したアンソロジーや学生用テキストになると，注釈も多くなるが，解釈も幾つかに分かれている。一つは，行頭の *But* を 'unless, except' の意に解する Liddell (1901),[2] Carpenter (1904), Winny (1965), Alexander (1980 & 1996), Mack & Walton (1994), Mann (2005) である。もう一つは，*But* の次に本文にない *if* を補い，かつ，*it were* は *there*-存在構文に相当する語法と考える Cook (1961), Hodgson (1969), Coote (1985), Pearsall (1999) である。ただし，Kolve (1989) は *it were* に 'were there' (= 'if there were') という倒置構文の注をつけている。ちなみに，わが国の市河 (1934)，大山 (1956)，市河・松浪 (1987) もすべて *But* の次に *if* を補って解している。更にもう一つ，Trapp et al. (2002) は *But* に 'if'，*it were* に 'there were' という傍注を与えている。つまり，'If there were ...' という解釈である。ここでもまた，文法的説明は一切付されていない。なお，Davies (1953), Schmidt (1974), Cunningham (1985) にはいかなる注記もない。

　現代語訳はどうか。Tatlock & Mackaye (1912), Nicolson (1934), Lumiansky (1948), Morrison (1949), Wright (1964 & 1985), Ecker & Crook (1993) は，いずれも *But* を 'but/yet' の意にとり，その後に 'if/when' を補って解している。邦訳書の吉田 (1949)，御輿 (1959)，桝井 (1973, 1995)，繁尾 (1985)，西脇 (1987 [1972]) も，この点はすべて同じである。唯一例外は Coghill (1951) で，*But* を 'unless' と訳している。

　従来の解釈の問題点は，まず，行頭の *But* は 'but/yet' の意か，それとも 'unless' の意かという点で分かれていること，次に，*But* を 'but/yet' と考えた場合，その後に本文にない *if* を補って解する根拠が全く示されていないこと，更には，*it were* を *there*-存在構文に相当すると考える解釈に語法上の説明がないことである。こう見てくると，権威ある諸刊本テキストが何の説明も与えていないのが不思議なくらいである。

---

2) 不可解なことに，Liddell は後注 (p. 152) では *But* を 'unless' と取り，ME 統語法を解説したセクション (p. lxxx) では，同行を仮定法の条件文と見なし，*if* を補って 'But if it was some obstinate person' と訳している。

3

　ところで，問題の521行目は，巡礼に加わった一行のひとり，教区司祭を紹介するくだりに見られるものである。全体で52行に及ぶ描写には，他の巡礼者の場合と異なり，風刺も皮肉もユーモアも見られない。14世紀のイギリスは教会や聖職者の腐敗，堕落がはなはだしかった時代であるが，そのような時代には実在しなかったような理想的な教区司祭像が描かれている。素直な，淡々とした叙述であるといってよい。冒頭に引用した519–23行のうち，最初の2行は，「正しい生活によって，よい手本を示すことによって，人々を天国に導くこと，それこそが彼の務めであった」（519–20）という意味である。語法上問題になりそうな点はない。肝心の521行目はしばらくおくとして，最後の2行は「たとえ，その人が誰であろうと，身分が高かろうが低かろうが，彼はその場でその人を厳しく叱ったものだった」(522–3) の意味である。これまた語法上問題となる点はない。しかし，その前の521行をこのままの句読点で文法的に説明するとなると，ことは簡単でない，というより不可能である。そこから前節で見たように，*But* を 'unless' あるいは 'if' の意の従属接続詞と考える本文重視の見方と，*But* を「しかし」の意の等位接続詞と取り，その後に本文にない *if* を補って解する見方，という2つの異なる解釈が生まれたものと思われる。

　But = 'unless' という注記が見られるのは，先に見たように，いずれも学生用テキストや注釈書の類である。*But* を 'unless' の意の接続詞と取れば，確かに統語上は無理なく説明できる。しかしそれでは，「<u>かたくななものがいなければ</u>，彼はその場でその人を厳しくしかったものだった」といった，全く不条理な意味になる。現代語訳で唯一，*But* を 'unless' の意味に解する Coghill (1951) では，'His business was to show a fair behaviour / And draw men thus to Heaven and their Saviour, / Unless indeed a man were obstinate;' (519–21) となっており，依拠した Skeat 版 (1894, 1900²) の520行目の句読点がセミコロンからコンマに，521行目のコンマはセミコロンに変更されている。この解釈だと，521行目は前

の2行に続く従属節ということになる。文法的説明が可能であるという意味で，一つの解決法ではあろうが，それでは広く受け入れられている句読点を無視することになる。そして，なによりもその後に続く2行とうまくつながらない。もう一つ，Trapp et al. (2002) のように，*But* を 'if' と解することはどうであろうか。確かに，統語上は一番問題のない解決法であろう。この *but* = 'if' は，MED (s.v. *but* conj. 5. (a)) にも数例記録されている。しかし，チョーサーが接続詞として使った *but* の全用例 2,850 のうち，そのような意味で用いられた例はほかに1つもない。[3] 加えて，*But* = 'if' では，後述する司祭の性格の対比の妙が失われることになる。文意に沿った一番自然な解釈は，この *But* を「しかし」という通常の等位接続詞と取ることであろう。そうすれば，前の519–20行で描かれた司祭の親切な人柄と，後の522–23行で描かれた厄介な教区民にたいする断固とした姿勢が対照的に強調されることになり，司祭の性格の対比が一層浮き彫りになる。

　But が「しかし」の意の接続詞だとすれば，次に問題となるのは "it were any persone obstinat," の解釈である。このままでは後続文と関連づけて文法的な説明を行うことは不可能である。もちろん単独の文としても成立し得ない。ここは，文脈上も，*But* の次に本文にはない *if* を補って，「もしも，かたくななものがいたら」と，条件文に解したいところである。(この解釈を取る刊本テキストや学生用テキスト，現代語訳については，前節2でふれた通りである。) そうすれば，統語上も無理なく説明できるし，後続の帰結文「彼はその場でその人を厳しく叱ったものだった」ともうまくつながる。実際，*if* の脱落を認める以外に，この行の解釈は不可能である。では，どうして歴代の編者たちは *if* を補充するという校訂をしなかったのか。校訂はしないまでも適切な注釈を加えなかったのであろうか。まず考えられることは，彼らが依拠したEllesmere 写本や Hengwrt 写本に *if* がないからであろう。加えて，文脈上の意味は明瞭だからである。それでは，全写本が同じ読みなのか。*if* が挿入された写本はないのか。調べてみると，意外な事実が判明する。

---

[3]　Benson 1993, s.v. *but* conj. 参照。

筆者が実際に調査できた写本は Ellesmere と Hengwrt の 2 つのファクシミリ版のみであったので，これから述べることは，Manly & Rickert (1940) と Andrew et al. (1993) から得られた間接的な証拠に基づいている。前者は，『カンタベリー物語』の 80 を超える全残存写本間の本文の異同を集大成したものである。後者は主要な 10 写本と Caxton (1478 [1476], 1484), Pynson (1492, 1526), Wynkyn de Worde (1498), Thynne (1532, 1542, 1545) など写本的価値があるとされる初期印刷本を含む 23 の刊本テキストを照合し，その異同を明らかにした集注版 (variorum edition) である。それらによると，*But* の次の *it were* の部分に以下に示すような異同が見られる。(なお，以下で言及する写本の略称は Manly & Rickert (1940, Vol. I, pp. ix–x) に，初期印刷本の略称は Andrew et al. (1993, pp. xxi–xxii) による。)

	写本	初期印刷本
But yif it were	Ad^3 Bo^1 Gg Gl Ha^2 Nl Ps Tc^1	TH^1 TH^2 TH^3 ML
But and he knew	Cn Ds En^1 Ma	
But if he were		ST STw Sp^1 Sp^2 Sp^3
But if were		UR

上記以外の写本や初期刊本テキストではすべて，*But it were* となっている。

Manly & Rickert (1940, V, pp. 1 & 48) によると，*General Prologue* の 519–23 行を含む写本は 48 を数える。そのうち 8 つの写本 (Ad^3 Bo^1 Gg Gl Ha^2 Nl Ps Tc^1) 及び 16 世紀の William Thyne の印刷本 (TH^1 TH^2 TH^3) と 18 世紀の Thomas Morell の印刷本 (ML) の計 4 点で，*yif* (= 'if') が挿入されて，*yif it were* となっている。*if* と同義の *and* を使った *and he knew* (= 'if he knew') も 4 写本 (Cn Ds En^1 Ma) に見られる。更に，*if he were* が 16 世紀後半の John Stow の印刷本 2 点 (ST STw) と 16 世紀末から 17 世紀の Thomas Speght の印刷本 3 点 (Sp^1 Sp^2 Sp^3) に，*if were* が 18 世紀前半の John Urry の印刷本 1 点 (UR) に見られる。残存写本 48 の 4 分の 1 にあたる 12 写本と，初期刊本テキス

トの半数に近い10点の印刷本に *(γ)if* もしくは *and* (= 'if') が挿入されていることになる。チョーサーの自筆本がない上に，写本間の相互関係や制作年代が明確でない以上，*if* は元々なかったのか，あったのに削除されたのか，あるいは，一部の写字生や初期刊本の編者たちが意味を考えて補ったのか，今となっては知るすべもない。が，少なからぬ写字生や編者たちが *if* あるいは同義の *and* の必要性を感じていたことだけは間違いないところであろう。今日でも，その必要性は変わらない，と筆者は思う。

　最後に残る問題は，*But it were* の *it were* をどう解釈するかということである。文脈上，*it* を通常の人称代名詞と取ることは無理である。ここは *there*-存在構文の *there* の代わりに用いられた予備の 'it' (anticipatory and existential 'it') と考えるのが一番自然な解釈ではなかろうか。古英語から初期近代英語まで散見されるが，主として中英語に特有の語法である。[4) チョーサーにも数例見られる。その一つは次の下線部である。

    For sith I yaf to yow my maydenhede,
    And am youre trwe wyf, <u>it is no drede</u> (= 'there is no doubt'),
    God shilde swich a lordes wyf to take
    Another man to housbonde or to make!
                           (*The Clerk's Tale*, 837–40)

しかし，当の *it were* に 'if there were/was' という注釈を与える刊本テキストでも，予備の 'it' の用法にふれたものはない。

4

　以上，*The Canterbury Tales* の *General Prologue*, line 521 を，主として 20世紀の刊本テキストや学生用テキストがどのように解釈，説明しているかを検討し，その上で筆者なりの読みを示した。一部のテキストに

---

4) OED, s.v. *It, pron.* 2. b.; MED, s.v. *hit* pron. 4b. (b); Mustanoja 1960, p. 120; Visser 1963, §56-f など参照。

見られる 'But if there were' という，筆者には最も妥当と思われる注釈も，*if* の意味がどこから出てくるのかという点や，*it were* が今日の存在構文 'there were' に相当する中英語の用法であることにふれていないことを考えると，文脈上の意味を与えているにすぎないと見てよいであろう。唯一，語法的な注釈である Baugh（1963）の "Elliptical" という説明も，何がどう省略されたというのか判然としない。ここは，当該行を含む残存写本の4分の1に相当する写本で，更には写本的価値があるとされる一部の初期印刷本で，*But* と *it* の間に *if* が挿入されているという事実に鑑みて，本文校訂を施すべきところではなかろうか。さもなければ，写本的裏付けはないが，*it were* を，Burrell (1908) のように，語順を入れ替えて *were it* (= 'if there were') と校訂するほかはない。また，*it is* = 'there is' の用法があることを説明せず，'if there were/was' といった傍注や脚注を与えるだけでは，中英語の統語法に精通していないものにとっては不親切というものであろう。

　General Prologue の521行目は，文脈上も統語上も，*But* の次に当然 *if* が予想されるところであり，加えて，写本上の裏付けもあることを考えて，現今の刊本テキスト等も，"But [if] it were any persone obstinat," のように本文を校訂するべきではないか。少なくとも注釈の形で，補足説明を行う必要があるのではないか，というのが筆者の結論である。中英語特有の語法といってよい存在構文の *it is* (= 'there is') にも説明がほしいところである。現代語訳は，'But if there were any obstinate person,' といったところであろうか。

参考文献
1. Facsimile
Ruggiers, P. G., ed. 1979. *The Canterbury Tales: A Facsimile and Transcription of the Hengwrt Manuscript, with Variants from the Ellesmere Manuscript*. Norman, OK.

2. Editions
Andrew, M., D. J. Ransom and C. Moorman. 1993. *A Variorum Edition of the Works of Geoffrey Chaucer,* Vol. II: *The Canterbury Tales: The General Prologue*, Part 1A. Norman, OK.
Baugh, A. C., ed. 1963. *Chaucer's Major Poetry.* New York.

Benson, L. D., gen. ed. 1987. *The Riverside Chaucer.* 3rd ed. Boston.
Blake, N. F., ed. 1980. *The Canterbury Tales by Geoffrey Chaucer: Edited from the Hengwrt Manuscript.* London.
Burrell, A., ed. 1908. *Chaucer's Canterbury Tales for the Modern Reader.* London.
Cawley, A. C., ed. 1958. *Geoffrey Chaucer: Canterbury Tales.* London.
Coote, Lesley A., ed. 2002. *Geoffrey Chaucer: The Canterbury Tales.* Ware, Hertfordshire.
Donaldson, E. T., ed. 1958, 1975². *Chaucer's Poetry: An Anthology for the Modern Reader.* New York.
Fisher, J. H., ed. 1977. *The Complete Poetry and Prose of Geoffrey Chaucer.* New York.
Hieatt, A. K. and C. Hieatt, eds. 1981. *The Canterbury Tales by Geoffrey Chaucer.* Toronto.
Manly, J. M. and E. Rickert, eds. 1940. *The Text of the 'Canterbury Tales', Studied on the Basis of All Known Manuscripts.* 8 vols. Chicago.
Mann, J. 2005. *Geoffrey Chaucer: The Canterbury Tales.* London.
Pollard, A. W., et al., eds. 1898. *The Works of Geoffrey Chaucer.* London.
Pratt, R. A., ed. 1974. *The Tales of Canterbury.* Boston.
Robinson, F. N., ed. 1933, 1957². *The Works of Geoffrey Chaucer.* Boston.
Skeat, W. W., ed. 1894, 1900². *The Complete Works of Geoffrey Chaucer.* Oxford.

3. Texts of the 'General Prologue'
Alexander, M. 1980. *York Notes on Geoffrey Chaucer, Prologue to the Canterbury Tales.* Harlow, Essex.
Alexander, M., ed. 1996. *Geoffrey Chaucer, The Canterbury Tales: The First Fragment.* London.
Carpenter, S. H. 1904. *Chaucer's Prologue and Knight's Tale.* Boston.
Cook, D., ed. 1961. *The Canterbury Tales of Geoffrey Chaucer: A Selection.* Garden City, NY.
Coote, Stephen, ed. 1985. *Geoffrey Chaucer, The Prologue to the Canterbury Tales.* (Penguin passnotes.) Harmondsworth.
Cunningham, J. E., ed. 1985. *Chaucer; The Prologue to The Canterbury Tales.* (Penguin Masterstudies.) Harmondsworth.
Davies, R. T., ed. 1953. *The Prologue to the "Canterbury Tales".* London.
Hodgson, P., ed. 1969. *Chaucer, General Prologue: The Canterbury Tales.* London.
Kolve, V. A., ed. 1989. *The Canterbury Tales: Nine Tales and the General Prologue.* New York.
Liddell, M. H., ed. 1901. *Chaucer: The Prologue to The Canterbury Tales, The Knightes Tale, The Nonnes Prestes Tale.* New York.
Mack, P. and C. Walton, eds. 1994. *Geoffrey Chaucer: General Prologue to the Canterbury Tales.* (Oxford Student Texts.) Oxford.
Pearsall, D., ed. 1999. *Chaucer to Spenser: An Anthology.* Oxford.
Schmidt, A. V. C., ed. 1974. *Geoffrey Chaucer: The General Prologue to The Canterbury Tales*

and *The Canon's Yeoman's Prologue and Tale*. London.
Trapp, J. B., D. Gray and J. Boffey, eds. 2002. *Medieval English Literature*. 2nd ed. Oxford.
Winny, J. ed. 1965. *The General Prologue to the Canterbury Tales*. Cambridge.

市河三喜註釈．1934. *Chaucer's Canterbury Tales (The Prologue)*. 研究社出版．
───・松浪　有編注．1987. *Chaucer's Canterbury Tales (General Prologue)*. 研究社出版．
大山俊一註釈．1956. *The Canterbury Tales: Prologue*. 篠崎書林．

4. Translations
Coghill, N. 1951. *Geoffrey Chaucer: The Canterbury Tales*. Harmondsworth.
Ecker, R. L. and E. J. Crook. 1993. *The Canterbury Tales by Geoffrey Chaucer*. Palatka, FL.
Lumiansky, R. M. 1948. *The Canterbury Tales by Geoffrey Chaucer*. New York.
Morrison, T. 1949. *The Portable Chaucer*. New York.
Nicolson, J. U. 1934. *Geoffrey Chaucer: Canterbury Tales*. New York.
Tatlock, J. S. P. and P. Mackaye. 1912. *The Complete Poetical Works of Geoffrey Chaucer*. New York.
Wright, D. 1964. *The Canterbury Tales* [Prose]. London.
───. 1985. *The Canterbury Tales* [Verse]. Oxford.

御輿員三．1959.『キャンタベリー物語序歌訳解』　南雲堂．
桝井迪夫訳．1995 (1973[1])『完訳　カンタベリー物語（上）』岩波文庫．
繁尾　久編訳．1985.『カンタベリ物語選』荒地出版社．
西脇順三郎訳．1987 (1972[1]).『カンタベリ物語　上』ちくま文庫．
吉田新吾訳．1949.『キャンタベリー物語』創元社．

5. Dictionaries and Studies
Benson, L. D. 1993. *A Glossarial Concordance to the Riverside Chaucer*, Vol. I. New York.
MED = *Middle English Dictionary*, ed. H. Kurath, S. M. Kuhn and R. E. Lewis. Ann Arbor, MI, 1952–2001.
Mustanoja, T. F. 1960. *A Middle English Syntax. Part I*. Helsinki.
OED = *The Oxford English Dictionary*, ed. J. A. H. Murray, et al. Oxford, 1933.
Visser, F. Th. 1963. *An Historical Syntax of the English Language. Part I*. Leiden.

3

Piers Plowman B.V. 379 に関する統語ノート

1

　中世英文学を代表するといえば，もちろん Geoffrey Chaucer（c1340–1400）であろうが，並び称される詩人に，同じく 14 世紀後半に詩作を行った William Langland（?1330–?1400）がいる。その Langland の作とされる長編の頭韻詩 *The Vision of Piers Plowman*（『農夫ピアズの夢』）は夢物語の形式を借りて寓意を語る手法で，当時の教会制度の腐敗とキリスト教的道徳について語った作品である。A (2,567 行)，B (7,241 行)，C (7,353 行) の 3 種の異なるテキストが伝わり，*MED Plan and Bibliography* (2007) によれば，A は a1376 年，B は c1378 年，C は ?a1387 年の作と推定されており，それぞれ多くの写本が残されている。通常 B-text が代表的なテキストと見なされ，内容もさることながら，言語的にも難解なことで知られている。中世の写字生たちはもちろん，今日の校訂編者や訳者を悩ませてきたと思われる箇所が語彙の面ばかりでなく統語上も多数見られる。そのような一例として，B-text の Passus V, line 379 を取り上げてみたい。

　問題の箇所は，七つの大罪の一つ〈大食〉(Glutton) が懺悔というか告白をするくだりの後に，それを受けて〈改悛〉(Repentance) が語ったことばの中に起こる。以下に，関連行を Schmidt 版（1995）から，また参考までに最近の散文訳を Schmidt (1992) から引用する。（以下，引用文中の下線，イタリック等は筆者のものである。）

　　　'I, Gloton,' quod þe gome, 'gilty me yelde —

Of þat I haue trespased with my tonge, I kan noȝt telle how ofte,
Sworen "Goddes soule and his sydes!" and "So helpe me God and halidome!"
Ther no nede ne was nyne hyndred tymes;
And ouerseyen me at my soper and som tyme at nones,
That I, Gloton, girte it vp er I hadde gon a myle,
And yspilt þat myȝte be spared and spended on som hungry;
Ouer delicatly on f[ee]styng dayes dronken and eten boþe,
And sat som tyme so long þere þat I sleep and eet at ones.
For loue of tales in tauernes, to drynke þe moore I dyned;
And hyed to þe mete er noon whan [it] fastyng dayes were.'
  'This shewynge shrift,' quod Repentaunce, 'shal be meryt to þe.'
(B. V. 368–79)

('I'm a glutton! the fellow declared, 'I know I'm guilty. I've sinned with this tongue of mine time out of mind. I've sworn "By God's soul and sides!" and "So help me the Holy Relics!"—getting on for a thousand times, without any call whatever. I've over-eaten so grossly at supper-time and at lunch that sometimes I've spewed the whole lot up before I'd gone a mile. Yes, that way I've wasted food that could have been saved and given to someone who had nothing to eat. There've been feast-days when I've eaten and drunk over the odds, and sometimes I've sat over my food so long that I think I've fallen asleep and carried on eating! I've stuffed myself in taverns just in order to spend longer drinking—and get in some juicy gossip while I'm at it. And on fasting-days, I've rushed off to my meal before the noon-bell sounded.'
  'Well', said Repentace, 'this effort of yours to confess ought to do you some sort of credit, anyway.')

問題の379行目はA-textにもC-textにも見られないものであるが, 今日利用できるB-textの種々の刊本テキストにはすべて含まれており,

実質上すべて同じ読みをしている。この行の何を問題にしたいのかというと，冒頭の "This shewynge shrift" 中の *shewynge* (= 'showing') を統語上どう解すべきか，つまり現在分詞（あるいは分詞形容詞）と取るべきか，動名詞と取るべきか，ということである。結論を先に言ってしまえば，この *shewynge* は，広く受け入れられている現在分詞（あるいは分詞形容詞）ではなくて，動名詞ではないか，ということである。

2

この 379 行目の "This shewynge shrift . . . shal be meryt to þe" はこれまで 2 通りに解釈されてきた。この点に手掛かりを与えるようなグロッサリーや注釈らしきものが全くない刊本の Skeat (1886)，Kane & Donaldson (1975, 1988²) は別として，大方の編者や訳者は明らかに，あるいは暗黙のうちに，*shewynge* を，後続の *shrift* を限定的に修飾する現在分詞（あるいは分詞形容詞）と考え，'frank, good, open, full, honest' の意に解している。従って *shrift* が文の主語というわけである。刊本の Skeat (1869), Dunn & Byrnes (1973, 1990²)，生地 (1968–69 & 1973–78)，訳本の Goodridge (1959), Williams (1971), Donaldson (1990), 生地 (1974)，柴田 (1981) などがそうである。[1] しかしながら，少数ではあるが，*shewynge* を，*shrift* を意味上の目的語とする動名詞と考え，'showing, exhibiting' の意に解する見方もある。その場合 *shewynge* が文の主語となるわけである。刊本の Bennett (1972)，訳本の Attwater (1930), Wells (1935 & 1973) がその立場である。最近の編者であり，訳者でもある Schmidt は，刊本の Schmidt (1978 & 1995) では 'open confession' という傍注を施し，訳本の Schmidt (1992) では 'this effort of yours to confess' としており，2 つの解釈の間で揺れている。*shrift* を主語と取り，*shewynge* を分詞形容詞と考える今日最も有力な解釈は，B-text の実質上最初の校訂編者である 19 世紀の偉大な中世学者 W. W.

---

1) 厳密に言うと，Skeat (1886) を一部修正した刊本である生地 (1968–69 & 1973–78) でも，翻訳の生地 (1974) でも，当該行は「このような告白は神の御前であなたの功績とされますぞ。」となっており，肝心の *shewynge* は訳出されていない。

Skeat (1835–1912) の刊本テキスト (1869) に付された傍注 'This confession of yours will help you' に影響されたものかもしれない。しかしながら，この解釈は文脈上も統語上も受け入れがたい，というのが筆者の意見である。

3

　まず文脈を見てみよう。ここでは，〈改悛〉(Repentance) は，〈大食〉(Glutton) の「(正直な) 告白」そのもの (Glutton's [honest] confession itself) について語っているというよりは，「告白をするという行為」(Glutton's act of making his confession) について語っているのではないだろうか。(もっとも，意味的には，どちらの解釈にも大した違いはない。) 文脈上は，*shewynge* を，*shrift* を目的語とする動名詞と取る方が，*shrift* を修飾する分詞形容詞と解するより自然ではないか。Bennett (1972, Glossary, s.v *shewynge*) がこの *shewynge* を動名詞と考え，'utterance (of)' という訳語を与えていることからも，この解釈は支持されるように思われる。

　一方，統語法の点からも *shewynge* を動名詞と解する根拠が幾つかある。まず一つ目は，Langland の動詞 *shewe* の使い方である。B-text 全体で *shewe* という動詞は種々の活用形を含めて全部で 54 回使われているが，それらはすべて 'show, reveal, tell, expound' などの意を表す他動詞用法である。中でも興味深いのは次の例である。

> And now is fallen therof a fruyt — that folk han wel levere
> *Shewen hire shriftes* to hem than shryve hem to hir persons.
>
> (B.V. 140–1)
>
> (= '... that people now would rather make their confessions to the friars than to their own parish priests')

これは，同じ Passus V のくだんの箇所の少し前に出てくるものであるが，他動詞 *shewe* が直接目的語として *(hire) shriftes* を支配している，と

いう点で特に注目に値する。つまり，*shewe* という動詞が目的語として *shrift* を従えることには何ら不都合はないという証しになる。更には，*shewynge* が実際に動名詞として使われている例が，問題の箇所は別にしても 3 例ある。いずれも他動詞 *shewe* に由来する 'representation, explanation, exhibition' などの意味で使われている。その 1 つは次の例である。

In housynge, in haterynge, in *to heigh clergie shewynge* (B. XV. 78)
(= 'in housing, in clothing, and in exhibiting great erudition')

実際，Langland は動詞 *shewe* を 'to be seen, be visible, appear' (OED) の意の自動詞では一度も使ってはいない。このことからも。*shewynge* を自動詞的な意味の分詞形容詞と考える解釈は今一つ説得力を欠くように思われる。また，*shewynge* が 'frank, good, open' といったような意味の分詞形容詞として限定的に使われたことは，OED (s.vv. *Show v.* VI. intr. & *Showing ppl.a.*) や MED (s.v. *sheuen v.* (1) 2 (e)) の定義や用例から判断しても，ME 期にはなかったようである。(もっとも，*shewynge* という分詞形容詞が 'evident' の意で，叙述的に使われた例として，OED と MED が共に Chaucer の *Boece* から同一例を引用している。[2])

次に，379 行目の *shewynge* を動名詞と解する考えは当時の動名詞の発達状況にも合致している。本来純粋な抽象名詞にすぎなかった動名詞が，14 世紀，とりわけ Langland の時代には，前置詞 *of* の介在なしに目的語を直接従える動詞的性質を獲得し始めていた。[3] *Piers Plowman* から

---

[2] それは次の例である。

  Bo.4.pr.1.12 The thinges that thou hast said me hidirto ben to me so cleer and so *schewynge* by the devyne lookynge of hem.
  Oizumi (2008, p. 586) によると，*Boece* には同様の例がもう 1 例（4.pr.2.124）ある。そして更にもう 1 例，一見問題の限定用法らしきものがある。

  Bo.2 m.7.3–4 lat hym looke upon the brode schewwynge contrees of the hevene
  しかし，これは 'frank, good, open' の意の限定用法の例ではない。この例は，MED (s.v. *sheuen* v.(1)) にも記録されているが，2(a) の 'to be seen, be visible, be plain to see' の項で引用されており，2(e) の 'clearly true, evident' の意の現在分詞の例ではない。Oizumi (2008, p. 99) はこの "brode sheuinge" を的確に 'wide-open, overstretched' の意に解している。

[3] Tajima 1985, pp. 73–78 参照。

1 例挙げる。

>Confession and knowlichynge and *crauynge thi mercy*
>Shulde amenden us as many shithes as man wolde desire. (B. XIV. 186–7)

　従って，この "This shewynge shrift" の場合も，*shewynge* を，*shrift* という目的語を直接従える動名詞と解釈することは統語上何ら差しつかえない。更に，この 14 世紀にはもう一つの動名詞構文，すなわち，直接に目的語を取る動名詞構文に冠詞，所有代名詞，指示詞等の決定詞 (determiners) が先行する構造も出現している。4) 従って，ここも直接目的語を従えながら，かつ決定詞 *this* に先行された例——その種の構文としてはもっとも早い用例の 1 つ——と考えることもできるのではないか。5)

　最後に，*shewynge* を動名詞と考える解釈は写本の点からも支持されるように思われる。Kane and Donaldson (1975, 1988²) が B-text 編纂に利用した 15 の写本中 3 つ (Cotton Caligula, Additional 10574 BM, Bodley 814) で，*shrift* のところは *of shrifte* となっている。つまり，*shrift* の前に *of* が挿入されている。この読みは，少なくとも 3 人の写字生が，問題の *shewynge* を現在分詞（分詞形容詞）と取らず，*shrifte* を意味上の目的語とする動名詞，つまり 'this showyng of shrift' と解していたことを意味している。この「決定詞 + 動名詞 + of + 目的語」という形式は当時の動名詞の一般的な目的語支配構造であった。6)

4

　以上，Langland の *Piers Plowman* B. V. 379 に見られる "This shewynge shrift" という句の統語構造，とりわけ *shewynge* の用法を文脈，統語法，

---

4) Tajima 1985, pp. 78–84 参照。
5) Koziol (1932, p. 125) も同様の解釈である。
6) Tajima 1985, pp. 60–65 参照。

写本の 3 つの観点から考察した。この *shewynge* を，広く受け入れられている限定用法の現在分詞（あるいは分詞形容詞）と考えて，'This open confession'（「このような率直な告白は」）と解するのではなくて，*shrift* を目的語とする動名詞と取り，直訳的には 'This showing (your) shrift = This making (your) confession'，つまり，'This making of (your) confession'（「（あなたが）このように告白することは」）と解するべきではないか，というのが筆者の結論である。[7]

参考文献
1. Editions
Bennett, J. A. W., ed. 1972. *Langland: Piers Plowman*. Oxford.
Dunn, C. W. and E. T. Byrnes, eds. 1973, 1990². *Middle English Literature*. New York.
Kane, G. and E. T. Donaldson, eds. 1975, 1988². *Piers Plowman: The B Version*. London.
Schmidt, A. V. C., ed. 1978, 1995². *William Langland, The Vision of Piers Plowman: A Critical Edition of the B-Text*. London.
——. 1995. *William Langland, Piers Plowman: A Parallel-Text Edition of the A, B, C and Z Versions*, Vol. I: *Text*. London.
Skeat, W. W., ed. 1869. *The Vision of William concerning Piers the Plowman* (Text B). EETS OS 38.
——, ed. 1886. *The Vision of William concerning Piers the Plowman in Three Parallel Texts*, 2 vols. London.

生地竹郎註釈. 1968–69 & 1973–78.『農夫ピァズの夢』2 巻．篠崎書林．

2. Translations
Attwater, D. 1930. *The Vision of William concerning Piers the Plowman*. London. [re-issued as *William Langland: The Book Concerning the Plowman*. London, 1957.]
Donaldson, E. T. 1990. *William Langland: Will's Vision of Piers Plowman*. New York.
Goodridge, J. F. 1959. *Langland: Piers the Plowman*. Harmondsworth.
Schmidt, A. V. C. 1992. *William Langland, Piers Plowman: A New Translation of the B-Text*. Oxford.

---

[7] 自己宣伝めいて恐縮であるが，拙論の英文版 (Tajima 2000) が掲載された *Notes and Queries* (Oxford) 誌の編集者の一人，Oxford 大学の E. G. Stanley 教授からは，"I think your point is right." という私信を頂いている。なお，最近入手した Schmidt (2008) は，これまでの *Piers Plowman* 研究を集大成した大著であるが，その 'Commentary' (p. 537) で拙論に言及し，"B V 379 *shewynge shrift*: 'making (your) confession': a gerund governing a noun-object, as analysed in Tajima 2000: 18–20." と述べ，'Indexical Glossary' (s.v. *shewen*) でも，B. V. 379 の *shewynge* は *ger.* つまり，動名詞と明記している。

Wells, H. W. 1935 & 1973. *The Vision of Piers Plowman of William Langland*. London.
Williams, M. 1971. *Piers Plowman by William Langland*. New York.

生地竹郎訳. 1974. 『ウィリアムの見たピァズの夢』篠崎書林.
柴田忠作訳注. 1981. 『農夫ピアースの夢』(東海大学古典叢書) 東海大学出版会.

3. Dictionaries and Studies

Koziol, H. 1932. *Grundzüge der Syntax der mittelenglischen Stabreimdichtungen*. Wien und Leipzig.
MED = *Middle English Dictionary*, ed. H. Kurath, S. M. Kuhn and R. E. Lewis. Ann Arbor, 1952–2001.
MED Plan and Bibliography = *Middle English Dictionary: Plan and Bibliography*, Second Edition, ed. R. E. Lewis & M. J. Williams. Ann Arbor, 2007.
OED = *The Oxford English Dictionary*, ed. J. A. H. Murray, et al. Oxford, 1933.
Oizumi, A. 2008. *A Lexicon of the 'Boece'*. 2 vols. Hildesheim・Zürich・New York.
Schmidt, A. V. C. 2008. William Langland, *Piers Plowman: A Parallel-Text Edition of the A, B, C and Z Versions*, Vol. II: *Introduction, Textual Notes, Commentary, Bibliography and Indexical Glossary*. Kalamazoo, MI.
Tajima, M. 1985. *The Syntactic Development of the Gerund in Middle English*. 南雲堂.
——. 2000. "A Syntactic Note on *Piers Plowman* B.V. 379". *Notes and Queries* (Oxford) 245 (n. s. 47), 18–20.

4

中英語頭韻詩 *Pearl*, line 446 について

1

　本章では，14世紀後半の北西中部（Northwest Midland）方言で書かれた頭韻詩 *Pearl*（『真珠』）を取り上げる。*Cleanness (or Purity), Patience, Sir Gawain and the Green Knight* と共に，同一筆蹟による14世紀末頃の写本 Cotton Nero A. x. に収められている。これら4篇は 'the Gawain-poems',すなわち，*Gawain* 詩群と称され，同一詩人の作とする説も有力である。当の *Pearl* は頭韻と脚韻を併用した複雑な詩的技巧で知られ，文学的評価も高い1,212行からなるエレジーである。刊本テキストも，19世紀後半の Morris (1864) 以降，優に20を超え，現代語訳も10点を下らない。重要な作品であることの証左であろう。本論は，その445–46行，とりわけ446行目の後半に関する語法ノートである。

　まず，問題の行を含む数行を *Pearl* の標準版テキストと目される Gordon (1953) から引用（下線は筆者）する。詩人が夢の中で亡き娘 Pearl と霊魂の救いについて議論するくだり（241–976行）の一節である。

> The court of þe kyndom of God alyue
> Hatȝ a property <u>in hytself beyng</u>:
> Alle þat may þerinne aryue
> Of alle þe reme is quen oþer kyng,
> And neuer oþer ȝet shcal depryue,
> Bot vchon fayn of oþereȝ hafyng,

And wolde her corounez wern worþe þo fyue,
If possyble were her mendyng.   (*Pearl*, 445–52)

(生ける神の国の宮廷には／本来備わった特質があります／ここに来ることができるものはすべて／この国全体の女王か王なのです／それでいて他人の物を奪うことなどないのです／それどころかお互いに相手の持ち物を喜び合い／他人の冠が五倍も価値あるものであればよいと願うのです／もしもよりよくすることができるものなら)

ここで取り上げたい冒頭の2行 (445–46) に関する限り，諸テキスト間の異同は，綴り字を多少現代風にしたものは別として，*hytself* を一語として表記しているか，*hyt self* と2語に分かち書きしているか，という点だけである。以下，446行目後半の "in hytself beyng" に関して，1世紀以上にわたり，大方のテキストで受け入れられてきた *hyt* あるいは *hytself* を所有格（属格），後続の *beyng* を名詞とする解釈は果たして妥当か，という問題を考えてみたい。

2

　参照した *Pearl* の刊本テキストは，明らかに学習者用と考えられるものを含め，計22点である。そのうち，446行目に関して注釈等が一切見られないのは，Moorman (1977) と成瀬 (1981) の2点のみである。残る20点で提示されている解釈，説明を見てみよう。
　傍注，脚注，グロッサリー等から判断して，当該箇所の解釈は2つに分かれる。一つは，*hyt* あるいは *hytself* を人称代名詞 *hyt/hit* (= 'it') の所有格（属格），後続の *beyng* を名詞と取る見方である。*Pearl* の最初の刊本テキストである Morris (1864, 1869[2]) では，当該箇所は "in hyt self beyng" となっている。つまり，*hyt* と *self* は分かち書きされ，傍注（ただし，厳密な意味での傍注ではなくて，いわゆる plot summary) では 'in its own being'，後注では 'in its very being' とパラフレーズされている。グロッサリーには，*hyt* の項目はないが，446行目の *beyng* は記載

されており，名詞で 'being, existence' という意味が与えられている。*self* の項目には 'very' と 'same' の意味が付されているが，特に 446 行への言及はない。詰まるところ，Morris の解釈は，*hyt* は 'its' の意の所有格，*self* は 'own, very' の意の形容詞，*beyng* は 'being, existence' の意の名詞ということであろう。この 19 世紀中葉の解釈が，今日に至るまで大多数のテキストで踏襲されている。すなわち，*hyt self* と分かち書きされた刊本テキストの Osgood (1906), deFord (1967), Hillman (1961), Garbáty (1984), Vantuono (1984, 1987, 1995)，更に辞書の MED (s.v. *hit* pron. 3. (a)) である。*hytself* のように 1 語に綴られたテキストの Haskell (1969), Dunn & Byrnes (1973, 1990^2), Andrew & Waldron (1978, 1987, 1996, 2002, 2007), Turville-Petre (1982), Stanbury (2001) も，*hytself* を 'its own' あるいは 'its very' と解している。文法的説明を付したものも 2 点ある。*Pearl* の標準版テキストである Gordon (1953) はグロッサリーで，この *hytself* 自体を属格とし，'its own' という意味を与え，*beyng* は 'nature' の意の名詞としている。最近の Burrow & Turville-Petre (2005) も脚注で，*hytself* をわざわざ属格と注記し，*hytself being* を 'its own nature' と訳している。つまり，分かち書きされた *hyt self* であれ，一語で綴られた *hytself* であれ，*hyt* の所有格（属格）という解釈である。現代語訳は，意訳的な表現が多く判別しにくいものもあるが，直訳的なものはほぼ上記の解釈に従っている。

　もう一つの解釈は，*hytself* を再帰代名詞，*beyng* を現在分詞と取る見方である。しかし，この解釈は小数派で，実質的には 3 つのテキストにしか見られない。まず，Sisam (1921) に付された，かの J. R. R. Tolkien のグロッサリー (s.vv. *Ben & Hit*) が，問題の *beyng* を現在分詞，*hytself* を 'itself' の意の再帰代名詞と解し，この *in hytself beyng* 全体に 'inherent' という訳語を与えている。また，Everyman's Library の Cawley (1962)，その増補版 Cawley & Anderson (1976)，更にはその改訂新版の Anderson (1996) は，くだんの箇所を一貫して 'inherent in itself' と解している。(もっとも，この解釈は，脚注で 446 行目を 'Has a special virture inherent in itself' と訳した最初の編者 Cawley（1962 & 1976）に帰せられるべきであろう。) 文法的説明こそ付されていない

が，上記 Sisam = Tolkien (1921) と同じ解釈である。なお，Gollancz (1921) は *hytself* を *hyt* と *self* の 2 語に分かち書きしながら，この 445–6 行を 'The court of the Kingdom of Living God hath in itself this property' と訳している。これも同じ解釈と見てよい。

　以上のように，従来の解釈では，446 行目の *hyt* あるいは *hytself* を代名詞の所有格（属格），後続の *beyng* を名詞と取る見方が，*hytself* を再帰代名詞，*beyng* を現在分詞と取る見方よりはるかに優勢である。実際のところ，どちらの解釈でも，文意自体は大して変わらない。とはいえ，前者の解釈には，統語的に見て，やや無理があるのではないか。以下で，そのあたりのことを考えてみたい。

3

　今日，*self* との複合形を取る再帰代名詞は *myself, himself, itself* のように 1 語で表記するのが一般的である。*self* はもともと（代）名詞を強めるために，同格的に後に付けて使われた別語である。中英語では，写本では 2 語になっていても，刊本テキストでは 1 語で表記する場合が多いようである。従って，*Pearl* の刊本テキストでも，*hyt self* のように 2 語に表記したテキストと，*hytself* と 1 語で表記したテキストがあることは前節で見た通りである。

　Cotton Nero 写本のファクシミリ版を見ると，*hyt* と *self* との間には確かに間隔が置かれている。（他の再帰代名詞の場合も同様である。）*Pearl* の最初の編者 Morris (1864, 1869²) は，写本の "hyt self" を，*hytself* と 1 語ではなく，写本に忠実に *hyt self* と 2 語に表記し，その上で，*hyt* を 'its' の意の所有格，*self* を 'own, very' の意の形容詞，*beyng* を 'being, existence' の意の名詞と解したのである。先述したように，この 1 世紀半も前の解釈が今日に至るまで，ほとんどすべての刊本テキストで踏襲されている。2 語に分かち書きされていない *hytself* という再帰形をそのままで所有格（属格）と考える解釈も，Morris の流れを汲むものと考えてよいであろう。辞書の MED (s.v. *hit* pron. 3. (a)) も Morris ら多数派に倣ったのであろうか。所有格の *hit* (= 'its') の項で，特に "hit self being" という表現を取り上げ，'its own being or nature' という現代語訳を付している。しかし，その引用例はこの Pearl 446 のみである。他方，OED (s.v. *Itself, pron.* 4) が *itself* の所有格の例として唯一引用している例は，MED (s.v. *hit-self* pron. 1. (d)) では目的格と解されている。[1] 筆者が知る限り，*hit self/hitself* を *hit* の所有格，あるいは *hit* を所有格，*self* を形容詞と解せる明確な例はほかにどこにも記録されていない。仮に MED の解釈が正しいとすれば，Pearl 446 の例は文字通り 'hapax legomenon' ということになる。もっとも，*(h)it* 自体に所有格用法がないわけではない。

中英語では，3 人称単数中性の人称代名詞 *hit/hyt/it* の所有格は男性形と同じ *his* である。しかし，*hit/hyt/it* をそのまま所有格として用いる用法もあり，*Gawain* 詩群に初出する。[2] *Pearl* にも所有格の *hit* (= 'its') が 3 例見られる。そのうちの 1 つは次のものである。

    I wan to a water by schore þat schereʒ—
    Lorde, dere watʒ hit adubbement!　　（*Pearl*　107–08）
    （私は岸辺沿いに曲がりくねって流れる川に辿りついた／ほんとに　その川を飾っているものは見事であった）

所有格の *hit* (= 'its') は，*Pearl* の 3 例以外にも，同じ *Gawain* 詩群の *Cleanness* に 7 例，*Patience* に 2 例見られる。[3] しかし，そのような *hit* が形容詞の *self* と共起して名詞を修飾する例は見られない。いずれも上例のように，いかなる形容詞も介在することなく，名詞を直接修飾している。

一方，人称代名詞 *hit/hyt* と共起する *self/seluen* は，*Gawain* 詩群全体

---

1) OED (s.v. *Itself, pron.* 4.) が挙げる例は次のものである。
    a1300 *Cursor M.* (Gött.) 9466 So hy na thing was neuer wroght, Þat thoru <u>it seluen</u> miss ne moght Fall dun into lauer state.
    OED はこの *it selue*n を 'its own' の意の所有格用法としているが，これは，後続する *miss* を名詞と解したものである。一方，MED (s.v. *hit-self* pron.1. (d)) では，同一例が前置詞 (*thoru* 'through') の目的語の代名詞の例として引用されている。*miss* は副詞と解しているのである。
2) Gordon 1953, p. 110; Mustanoja 1960, pp. 157–58; MED, s.v. *hit* pron.3.(a) など参照。
3) Tajima 1978, p. 196 参照。

では次の3例のみである。

> *Pearl* 446: Hatȝ a property in <u>hytself</u> beyng;
> *Cleanness* 281: When he knew vche contre corrupte in <u>hitseluen</u>,
> *Gawain* 1847: For hit is symple in <u>hitself</u>? And so hit wel semez.

Pearl 446 の例はさておき，他の2例は，間違いなく，通常の 'itself' の意の再帰代名詞である。（この2例とも，写本では "hyt seluen"，"hyt self" とそれぞれ2語に分かち書きされている。）同様に，*Pearl* の例も通常の再帰代名詞と考えることに不都合はないように思われるが，先に見たように歴代の編者たちは所有格（属格）と考えている。

次に，*self* という語を用法の点から考えてみよう。*self, seluen* が人称代名詞の所有格と共起する例は，くだんの *hytself* (*Pearl* 446) を別にすれば，*myself/myseluen, þyself/þyseluen* のみである。*Gawain* 詩群全体でも，それが名詞を修飾する例はほかにない。つまり，人称代名詞の所有格が *self, seluen* という形容詞と共起して名詞を修飾する例は，*Pearl* はもちろん，*Gawain* 詩群の他の作品にも全く見られない。名詞を修飾する *self* はすべて次に示すように，単独で，あるいは冠詞か指示詞を伴って，'same, very' の意を表す純然たる形容詞である。

> *Pearl:* 203 of <u>self</u> sute (= 'of the same colour'); 1076 þe <u>self</u> sunne (= 'the sun itself'); 1046 þe <u>self</u> God (= 'God himself').
> *Cleannes*: 660 Þat <u>selue</u> Sare (= 'That same Sarah'); 1418 bifore þe <u>self</u> lorde (= 'in front of the lord himself'); 1769 at þe <u>self</u> tyme (= 'at the very time').
> *Gawain:* 751 þat <u>self</u> nyȝt (= 'that very night'); 2147 þe <u>self</u> chapel (= 'the very chapel').

このように見てくると，Morris（1864）やMorris 以降の多くの編者，更にはMED のように，*Pearl* 446 の *hyt* を所有格（属格），*self* を形容詞と解する考え方，あるいは，Gordon（1953）や最近の Andrew &

Waldron (1978~2007), Burrow & Turville-Petre (2005) のように，*hytself* そのものを所有格（属格）と取る考え方は *Pearl* 446 に限られた，極めて例外的な解釈であると言わねばならない。理論的にはあり得るとしても，実際には，ほかに用例上の裏付けもない。とすれば，そのような無理な解釈に与するよりも，ここはむしろ，*hit self/hitself* を，中英語でも一般的な 'itself' の意の再帰代名詞と解する方が当を得ているのではないか。

hytself を通常の再帰代名詞と取ることにより，当該箇所に関する語法も無理なく説明できる。つまり，ababab という脚韻形式を満たすためには，446 行目の行末に -*yng* 形をもってくる必要がある (446 *beyng*, 448 *kyng*, 450 *hafyng*, 452 *mendyng*)。そのために，"beyng in hytself" の *beyng* が後置されて，"in hytself beyng" という語順になった，と。そのように考えれば，この *beyng* は先行する *property* を修飾する現在分詞ということになる。Sisam = Tolkien (1921), Cawley = Anderson (1962, 1976, 1996) も，脚韻のことにはふれていないが，同じように考えたのではなかろうか。この解釈でひとつ気になる点は，*Gawain* 詩群が書かれた北西中部方言の現在分詞語尾は，-*ande* が規則的であり，-*yng* はまだ一般化していなかったことである。しかし，その -*yng* 語尾が，*Pearl* に当の 446 *beyng* の他にもう 1 例 (1175 *sykyng*)，*Sir Gawain* に 2 例 (753 *sykyng*, 2126 *gruchyng*) 見られる。[4] 小数とはいえ，同一作品（群）に見られることは，*Pearl* 446 の *beyng* を現在分詞と解せる傍証になる。

筆者の考えが妥当であるとすれば，この 446 行目は，直訳すると，'... has a property being in itself'（「それ自身に内在する特質がある」）となり，Cawley (1962) を借用すれば，'... has a special virtue inherent in itself'（「本来備わった特質がある」）となるのではなかろうか。

4

以上，中世英文学の珠玉とも評される頭韻詩 *Pearl* を取り上げ，446

---

4) *Gawain* 詩群全体では，現在分詞語尾は，-*ande* 157 例，-*and* 1 例，-*ende* 1 例，-*yng* は *Pearl* 446 の例を含めて 4 例という分布を示している (Tajima 1970, p. 51 参照)。

行目後半の "in hytself beyng" に関して，今日最も広く行われている 'in its own being or nature' という解釈の妥当性を統語法の観点から再検討した。

筆者の結論は，*hyt* を無屈折の所有格，*self* を形容詞，*beyng* を名詞と取る Morris (1864) をはじめとする多数派の解釈，その延長線上にある *hytself* という再帰形そのものを所有格，*beyng* を名詞と取る Gordon (1953) や Burrow & Turville-Petre (2005) らの解釈には統語上無理があるのではないか，というものである。文意に大差はないとはいえ，ME でも用例上の裏付けが全くない解釈に従うよりも，Sisam = Tolkien (1921) や Cawley = Anderson (1962, 1976, 1996) ら少数派に倣って，*hytself* を通常の再帰代名詞，*beyng* を押韻のために後置された現在分詞と取るべきではないか。その方が統語上も無理のない解釈ができるのではないか，と考える次第である。

参考文献

1. Facsimile

Pearl, Cleanness, Patience and Sir Gawain, reproduced in facsimile from the unique MS. Cotton Nero A. x in the British Museum, with Introduction by I. Gollancz. EETS OS 162 (1923). London.

2. Editions

Anderson, J. J., ed. 1996. *Sir Gawain and the Green Knight, Pearl, Cleanness, Patience*. London.
Andrew, M. and R. Waldron, eds. 1978[1], 1987[2], 1996[3], 2002[4], 2007[5]. *The Poems of the Pearl Manuscript*. London & Exeter.
Burrow, J. A. and T. Turville-Petre, eds. 2005. *A Book of Middle English*. 3rd ed. Oxford, pp. 203–20.
Cawley, A. C., ed. 1962. '*Pearl*' and '*Sir Gawain and the Green Knight*'. London.
Cawley, A. C. and J. J. Anderson, eds. 1976. *Pearl, Cleanness, Patience, Sir Gawain and the Green Knight*. London.
deFord, S., ed. and tr. 1967. *The Pearl*. New York.
Dunn, C. W. and E. T. Byrnes, eds. 1973, 1990[2]. *Middle English Literature*. New York, pp. 339–75.
Garbáty, T. J., ed. 1984. *Medieval English Literature*. Lexington, MA, pp. 722–53.
Gollancz, I., ed. and tr. 1921. *Pearl: An English Poem of the XIVth Century*. London.
Gordon, E. V., ed. 1953. *Pearl*. Oxford

Haskell, A. S., ed. 1969. *A Middle English Anthology*. Garden City, NY, pp. 278–341.
Hillman, Sr. M. V., ed. and tr. 1961. '*The Pearl*': *Medieval Text with a Literal Translation and Interpretation*. Convent Station, NJ.
Moorman, C., ed. 1977. *The Works of the 'Gawain'-Poet*. Jackson, MS.
Morris, R., ed. 1864, 1869². *Early English Alliterative Poems in the West-Midland Dialect of the Fourteenth Century*. EETS OS 1.
Osgood, C. G., ed. 1906. '*The Pearl*': *A Middle English Poem*. Boston.
Sisam, K., ed. 1921. *Fourteenth Century Verse and Prose*. Oxford.
Stanbury, S., ed. 2001. *Pearl*. Kalamazoo, MI.
Turville-Petre, T., ed. 1982. *Medieval Literature: Chaucer and the Alliterative Tradition*. Vol. 1, Part One. Rev. ed., ed. by Boris Ford. Harmondsworth, pp. 473–523 and 601.
Vantuono, W., ed. and tr. 1984. *The Pearl Poems: An Omnibus Edition*. Vol. 1: '*Pearl*' and '*Cleanness*'. New York.
——, ed. and tr. 1987. *The Pearl Poem in Middle and Modern English*. Lanham, MD.
——, ed. and tr. 1995. *Pearl: An Edition with Verse Translation*. Notre Dame, IN and London.

成瀬正幾.1981.『中世英詩「真珠」の研究』(神戸商科大学研究叢書　XIX) 神戸商科大学学術研究会.

3. Translations

Andrew, M. and R. Waldron, trs. 2008. *The Poems of the Pearl Manuscript in modern English prose translation*. Exeter.
Borroff, M., tr. 1977. *Pearl: A New Verse Translation*. New York.
Chase, S. P., tr. 1932. *The Pearl: The Fourteenth Century English Poem*. Rendered in Modern Verse. New York.
Coulton, G. G., tr. 1907 (1906¹). *Pearl: A Fourteenth-Century Poem, rendered into Modern English*. 2nd ed. London.
Eller, V., tr. 1983. *Pearl of Christian Counsel for the Brokenhearted*. Washington, DC.
Finch, C., tr. 1993. *The Complete Works of the 'Pearl' Poet*. Berkeley.
Gardner, J., tr. 1965. *The Complete Works of the 'Gawain'-Poet*. Chicago.
Gollancz, I. tr. 1918. *Pearl: An English Poem of the Fourteenth Century*. London.
Jewett, S., tr. 1908. *The Pearl: A Modern Version in the Metre of the Original*. New York.
Stone, B., tr. 1964. *Medieval English Verse*. Harmondsworth.
Tolkien, J. R. R., tr. 1975. *Sir Gawain and the Green Knight, Pearl, and Sir Orfeo*. London.
Weston, J. L., tr. 1912. *Romance, Vision and Satire: English Alliterative Poems of the Fourteenth Century*. Boston and New York.
Williams, M., tr. 1967. *The 'Pearl'-Poet: His Complete Works*. New York.

4. Dictionaries and Studies

MED = *Middle English Dictionary*, ed. H. Kurath, S. M. Kuhn and R. E. Lewis. Ann Arbor, MI, 1952–2001.

Mustanoja, T. F. 1960. *A Middle English Syntax. Part I.* Helsinki.

OED = *The Oxford English Dictionary,* ed. J. A. H. Murray, et al. Oxford, 1933.

Tajima, M. 1970. "On the Use of the Participle in the Works of the *Gawain*-Poet" 『文芸と思想』(福岡女子大学) 34, 49–70.

———. 1978. "Additional Syntactical Evidence against the Common Authorship of MS. Cotton Nero A. x.". *English Studies* (Amsterdam) 59, 193–98.

II　統語法研究

5

新しい中英語統語論—Olga Fischer, 'Syntax' (*The Cambridge History of the English Language,* vol.II) をめぐって—

1

[本章は，日本英文学会第 66 回全国大会（1994 年 5 月 21 日，於熊本大学）でのシンポジウム「文献学と歴史言語学の間で — 新たな〈英語史研究〉のために」（司会・大泉昭夫同志社大教授）における発表に基づいたものである。Manchester 大学の R. M. Hogg 教授を編集主幹として刊行された浩瀚な英語史大系 *The Cambridge History of the English Language* (1992–2001) 全 6 巻中の 1 巻で，Sheffield 大学の Norman Blake 教授の編になる Vol. II: *1066–1476* (1992) に収載されている Olga Fischer 担当の第 4 章 '(Middle English) Syntax' (pp. 207–408) に関する評価を出発点として，中英語統語法研究の今後のあり方に関する私見を述べたものである。なお，著者の Fischer は，同書刊行時は Amsterdam 大学の Senior Lecturer，現在は同大学教授である。以下，'Syntax' と略記する場合は，Fischer のこの第 4 章を指すものとする。]

現代英語の統語法はほとんどすべて中英語（ME）期に発達もしくはその萌芽が見られると言っても過言ではない。古英語（OE）末期に始まり 14 世紀にほぼ完了したとされる屈折語尾の水平化・衰退と軌を一にして語順が固定化し，機能語が発達する。受動構造，完了構造，進行構造，準動詞，法助動詞，関係節，否定構造，等々もまた然り。統語法史上最も変化・変動の大きかった ME の統語法に，Fischer がこの種の著作としては異例の 200 頁もの紙幅を割いたのも，蓋し当然のことと言えよう。その 'Syntax' の構成は次に示す通りである。（　）内の数字は頁数である。

1. Introduction (207–10); 2. The noun phrase (210–33); 3. The verb phrase (233–78); 4. Questions (278–80); 5. Negation (280–85); 6. Composite sentences (285–364); 7. Agreement (364–70); 8. Word order (370–83); 9. Some grammatical processes (383–91); Further reading (391–98); Textual sources (398–402); Notes (403–08).

Mustanoja（1960）などの伝統的な，品詞別統語論になじんでいる者にはやや取り付きにくい章立てになっているが，内容的には Mustanoja にない語順や複文構造も含む，ME 統語法のほとんど全分野にわたっている。

　Fischer 自身も明言しているように，この 'Syntax' は用例・記述・説明共に Mustanoja（1960）や Visser（1963–73）らに全面的に依存している。その Mustanoja や Visser ら伝統的なフィロロジストが実証的データに基づいてさまざまな統語現象の構造や体系の推移を記述するのに対して，Fischer はその後の理論的・実証的研究を踏まえながら，随所で言語変化・発達の原因や理由を明らかにしようとする。本章では，Fischer の本領が発揮されていると考えられる知見を幾つか紹介・検討した上で，今なお実証的な個別研究の積み重ねが，とりわけ中英語統語法研究に必要とされていることを具体的に考えてみたいと思う。

2

　Fischer が特に力を入れて論じている点は，近年研究の盛んなところと一致している。例えば，非人称構文衰退の原因，進行形の発達，迂言的な do や gan の発生，関係代名詞，特に wh-関係詞の導入と主格 who 発達遅延の理由，zero-関係詞，不定詞構造，前置詞残留（preposition stranding）や前置詞付き受動構文，等々である。そして，Mustanoja や Visser に全面的に依存してはいるが，決して無批判に受け入れているわけではない。時には Mustanoja 批判（例えば，完了時制増加の理由に関する説明）や Visser 批判（例えば，歴史的現在の起源）も行っている。

最近の言語理論の成果に関しては，Lightfoot（1979）などに対する評言（名詞修飾構造の語順，等々）が示すように，かなり批判的である。その一方で，法助動詞による迂言的仮定法の増加に関する説明や，主語と動詞の数の一致を扱ったところなど，実際には Mustanoja をそっくり引き写ししながら，そのことを明記していないところもある。また，例えば，数詞 one の諸用法に関しては Rissanen（1967）を，初期 ME の関係詞については Kivimaa（1966）を,否定構造については Jack（1978a, b）をただなぞっただけのところもあり，総合的叙述の難しさをのぞかせるが，主要な文献はほとんど参照した上で個々の現象を論じている。[1] 以下，Fischer の論述の一端を具体的に見てみよう。

まず，下の (1) に見られるような「歴史的現在」に関する Fischer（pp. 242–45）の見解はどうであろうか。

(1) She *gropeth* alwey forther with hir hond,
　　 And foond the bed, and thoghte noght but good, (*CT* I.4223–3)

後期 ME に盛んになる「歴史的現在」の起源と機能については諸説がある。古くはラテン語あるいはフランス語といった外国語影響説，そもそも話し言葉に起こり，出来事・状況等を鮮明に描写するためのものであったとする Jespersen（1924）や Fridén（1948），脚韻や韻律の要請によるとする Visser（1966），継続的或いは反復的行為を表すために用いられたとする Benson（1961），これと類似した相（Aspect）としての機能を重視する Steadman（1917）などの説があり，それらを要約・紹介している。Visser 説に最も頁数を費やしているが,「歴史的現在」が頭韻詩にも起こることから，その Visser 説に疑問を投げかけている。しかし諸説のいずれかを支持するわけでもなければ，代案を提示するわけでもない。今日ではほとんど支持されることのない外国語影響説についても曖昧な説明で終わっている。そして頻度の説明等は Mustanoja に依存している。このような姿勢は例外的と言うよりは，例えば，不定代名詞

---

1) もっとも，例えば，初期 ME における副詞，接続詞，関係代名詞用法の *so, al so, as* を詳細に論じた Nummenmaa（1972）などは見落とされている。

man 消失の原因，進行形の起源に関する説明，等々随所に見られる。

　もちろん，Fischer 自身の見解が何らかの形で示されたところもある。例えば，非人称構造消失の原因，不定詞構造や前置詞付受動構文の起源や発達に関する問題などである。Fischer（1988, 1989, 1990, 1991, 1992a & 1992b）からも分かるように，著者が近年最も力を注いできたのは不定詞研究であり，当然のことながらその成果はこの 'Syntax' にも反映されている。常に「なぜ」かを考える姿勢はここに最も端的に現れている。2 点だけ紹介する。

　Fischer（pp. 317–24）は，原形不定詞か（for）to-不定詞かという不定詞標識選択の問題を詳しく論じているが，後期 OE から初期 ME にかけて to-不定詞は原形不定詞の領域に進出拡大し，ME では to-不定詞が一般的な形式となり，原形不定詞は特定の環境に限定されるようになる。この不定詞標識の選択には少なくとも 2 つのパラメーターが働いている。一つは，助動詞と共起する場合のように，主動詞が文法化 (grammaticalised) すればするほど，つまり主動詞と不定詞の関係が密接 (intimate) であればあるほど，原形不定詞が起こるようであるという。この原則に合致しないように見える動詞は，主動詞が文法化しているわけではないのに通常原形不定詞を従える *see, feel, hear* のような知覚動詞である。この一見例外的な知覚動詞に関する Fischer（p. 320）の見方はこうである。知覚動詞は他の動詞と異なり，ほとんど常に不定詞と時制の領域 (tense domain) を共有する。そのような時制の 'intimacy' を示すために原形不定詞（下例 2a）が用いられ，同時性が見られない時には *that*-節（2b）が使われる，と説明する。

(2) a. For sorwe of which she felt hire herte *blede*, ... (*Troilus* V.17)
　　b. Up to the tree he caste his eyen two, / And saugh *that* Damyan his wyf had dressed / In swich manere it may nat been expressed, ... (*CT* IV.2360–2)

現代英語では，ほとんど全ての動詞について to-不定詞を取るか原形不定詞を取るかは決まっているが，ME では多くの動詞が揺れており，ど

ちらの形式を選択するかは時制の領域が同一かどうかが重要な役割を果たしている,と考える。次の例 (3a, b) を見られたい。

(3) a. O brother deere, / If thow a soth of this desirest *knowe*, ... (*Troilus* V.1458)
　　b. wel wostow that I / Desire *to ben* a mayden al my lyf, ... (*CT* 1.2304–5)

上例 (b) のように,不定詞によって表現される行為が何らかの方法で,将来起こると考えられる時には *to*-不定詞が用いられ,(a) のように,同一の時を表す場合は原形不定詞が用いられる,というわけである。Fischer (p. 322) 自身も認めるように,この説が妥当かどうか更なる検証が必要であろう。なお,Fischer (p. 322) は,韻文では不定詞の形式は概して韻律上の制約を受けるという Mustanoja (1960) らの説には同意しない。というのは,両方の形式を許す動詞は限られているからである。ただし,*for to* と *to* の選択に関しては,しばしばリズムや韻律が関係するという考えには同意する。

　不定詞標識選択に関与しているもう一つのパラメーター,すなわち主動詞と不定詞の距離が離れている場合 *to* が挿入されることがあるという点について,特に問題となるのは下例 (4) のように,2 つの不定詞が等位接続詞を介して並置される場合である。

(4) He þowȝt that he wolde *go* / For hys penance to þe pope　þo, / And heuen *for to wynne*. (*Emare* 955–7)

並置された第 2 不定詞の (*for*) *to* の機能は,従来主動詞と不定詞の密接な関係を強調するためとか,韻律上の要請といった点から説明されてきた。しかし,2 つの不定詞が並置される場合に,第 2 不定詞が *to* を取ることはそれほど多くないことから,Fischer (p. 323) は,第 2 不定詞の *to* は時制の領域 (tense domain) の違いを示すために,つまり将来起こる行為を示すために用いられた,と考える。この点についてもなお検

証の余地があるように思われる。

　Fischer が力を注いでいる不定詞に関してもう一つ紹介する。いわゆる「不定詞付対格」構文の発達の問題である。OE では知覚動詞や一部の使役動詞に限られていたが，ME 期に入ると使役動詞全般に拡がり，更には *know, think, find* などの認識動詞にもこの構造が用いられるようになる。その理由としては従来ラテン語の影響や，知覚動詞が認識動詞へ及ぼした類推作用が指摘されているが，それだけですべてを説明することはできない。Fischer（p. 342）は，不定詞付対格構文の発達がこの構文における受動形不定詞の著しい増加と一致することから，これはOE の SOV が ME の SVO へ語順が変化したことと関係があるとする。次の (5) を見られたい。

　　(5) … het on his gesihðe *þone diacon* unscrydan (*ÆCHom*. I, 29 424.11)
　　　… commanded in his presence the deacon undress
　　　'…commanded the deacon to be undressed in his presence'

SOV 型の言語である OE では，不定詞の前の名詞句 *þone diacon* は不定詞の目的語と解されるのに対して，SVO 型になった ME では先行する主動詞の目的語（結果として不定詞の主語）と解される。この語順変化が引き起こす誤解を避けるために，能動形不定詞の代わりに受動形不定詞を使うことがより普通になったという。次の 2 例はいずれもその例である。

　　(6) a　That he ne wol nat suffre it *heled be*, (*CT* VII.3055)
　　　b. And whan he had used hit he ded of hys crowne and comaunded the crowne *to be sett* on the awter. (Malory *Wks*. 908.11–12)

興味深い着想ではあるが，そもそも ME では受動形不定詞そのものが限られている上に，[2] Fischer のデータが Laʒamon's *Brut*, Gower's

---

2)　例えば，Schibsbye 1974, pp. 74–75 参照。

Confessio Amantis, *Paston Letters*, Malory's *Morte Darthur* の僅か 4 点では，裏付けに乏しいと言わざるを得ない。Fischer の仮説を検証するためばかりでなく，不定詞付対格構文が 14 世紀以降大きく発達したとする通説を再検討し，その発達の全貌を明らかにするためにも，ME 全体，とりわけ研究の手薄な初期 ME を対象とした本格的な調査が望まれる。[3]
1 世紀も前の Zeitlin（1908）はもちろん，Visser の関連箇所も大幅な修正が必要であることは明らかである。

3

　以上，Fischer の論点を一部紹介したが，'Syntax' の最大の関心事は中英語統語法の体系的記述より，その仕組みの解明や理論的説明にあると言えるであろう。そのためか Lightfoot（1979）など近年の理論的研究に対する批判が目立つが，Fischer 自身は概して穏当な説を支持している場合が多い。理論的説明に主たる関心がある一方で，冠詞，とくに不定冠詞の用法や語順，等々，随所で実証的研究の不足にも言及している。加えて，語順研究についてはその大半が文レベルにとどまっていることを指摘した上で，単に主節や従属節中の S, V, O の位置だけでなく，名詞句，動詞句，副詞句等の内部構造の語順，例えば，不定詞構造内の目的語の位置も調査する必要があり，その際その目的語が名詞と代名詞とで違いがあるかどうかも考慮する必要がある，といった具体的な研究の手がかりも与えてくれる。

　Fischer の 'Syntax' から学ぶべき点は決して少なくないが，筆者が特に評価したいのは次の 3 点である。まず第 1 の点は，さまざまな構造や体系を記述するに当たって，OE との比較は当然として，ほとんど常に現代英語（PE）との比較がなされていることである。（この点はFischer があらゆる点で下敷きにしている Mustanoja（1960）と大きく異なるところである。）歴史的研究において最も重要なことでありながら，しばしば見落とされがちな「現在」という視点，視座が与えられて

---

[3] そのような試みも多少は行われている。例えば，浦田 (1991) 参照。

いる。そのために OE から PE に至る史的パースペクティブの中で，ME の統語現象が浮き彫りにされている。第 2 の点は，進行形や関係代名詞の発達に関する記述に見られるように，従来，史的統語法研究で軽視されがちであった北部方言（Northern）や中世スコットランド語（Middle Scots）にもしかるべき配慮がなされていることである。第 3 の点はこの 'Syntax' の最後に付された，小さな活字で約 7 頁に及ぶ 'Further reading' である。項目別に実証及び理論研究の両面から重要な文献を網羅し，特に重要なものについては内容も一部紹介しながら，しばしば簡潔で的確なコメントを付したすぐれた研究案内になっている。Fischer の最大の功績は実はこの部分にあるのではないか，と筆者は思っている。

　次に，不満というか，物足りなかった点についても少しふれておきたい。まずは形式的な面で，Fischer の関心のもち様によるのであろうが，伝統的な品詞別の章立てになっていないためか同一の構造が分散して論じられていることである。例えば，仮定法は § 4.3.2.2 [Mood]，§ 4.3.3.3 [Modal auxiliaries]，§ 4.6.3 [Adverbial clauses] の 3 箇所で，それぞれかなりの頁が割かれている。態（Voice）も § 4.3.2.3 [Voice] と § 4.9.1 [Some grammatical processes] の 2 箇所に分かれ，語順も数箇所で扱われている。必ずしも必要性があるとは思われないので，やはり同一箇所でまとめて論じられるべきではなかったか。

　内容的には，ME で起こっている変化・発達の記述よりも，その原因・理由の説明に力点がおかれているが，再三指摘したように，用例・記述・説明共に，全面的に Mustanoja や Visser らに依拠している。理論研究の盛んなところや，著者自身の関心の深いところ（例えば，非人称構文消失の原因や不定詞全般，特に不定詞標識の選択，'for NP to V' 構文，不定詞付対格構文，受動形不定詞構文の起源と発達）にはかなりの紙幅を割いているが，理論的説明が大半を占め，しかもその説明が必ずしも理解しやすくない。おまけにその説明を支えるデータが不足しているために，説得力に欠けることがある。例えば，先にふれた不定詞標識選択の要因に関する説明や，受動形不定詞の増加が不定詞付対格構文の発達を促したとする見解などがそうである。また原形不定詞と *to*-不

定詞の競合に関しても，例えば Mustanoja が客観的事実に基づいて 1 頁で済ませているのに対して，Fischer は両者の選択に関する 理論づけに延々 8 頁も充てている。この種の概説書では全体のバランスを考えると不適切ではないか。

　結論的に言えば，Mustanoja や Visser らの言語事実を重んずるフィロロジカルな研究になじんでいる者にとっては大いに不満の残る ME 統語論になっている。理論的説明の分かりにくさはさておいても，歴史的研究の根幹をなす「言語事実」をどこまで明らかにしたかということになると，依然として Mustanoja や Visser を超えているとは思われない。とはいえ，この点については，ひとり Fischer を責めることはできない。近年，言語研究の流れが記述よりも理論重視に代わったことが言語事実の究明を遅らせ，ひいてはそれに基づく理論化を歪めたり，妨げたりしているのではないか。[4)] Fischer 自身もしばしば指摘しているように，特に統語法が激変の時代であった ME では，今なお多くの分野で実証的研究が求められている。このような観点から，次に，英語史，とりわけ ME 統語法に関心のあるわれわれ日本人フィロロジストに今何ができるのかを少し考えてみたい。

4

　英語史の具体的・個別的事実の解明を目指すフィロロジストにとっては，Jespersen（1909–49）はもとより，van der Gaaf (1904), Fridén (1948), Ellegård (1953), Mustanoja (1960), Söderlind (1951 & 1958), Visser (1963–73), Rissanen (1967), Rydén (1966, 1979, 1987), Schibsbye (1972–77) 等々，ヨーロッパ，とりわけ北欧の学者の，総じて理論的体系化よりも具体的事実を重んずる実証的学風に学ぶべきところが多いのではなかろうか。いずれも明確な問題意識と豊富なデータ，精緻な分析に裏付けられた研究ばかりである。ひるがえってわが国はどうか。研究者数だけでいえば，英語史研究の分野では恐らく世界でも有数であろ

[4)] 最近のもので，例外は Denison (1993) であろう。独自の資料収集に加えて，先行研究を十分に踏まえたすぐれた理論研究書となっている。

う。しかし，さまざまなハンディキャップを差し引いてもなお，決して
レベルの高い研究が行われているとは言いがたいのではないか。試みに
わが国の中世英語英文学研究を網羅した寺澤ほか編『中世英語英文
学研究業績リスト』(1983) と，その続編 Kubouchi et al. (eds.), *A
Bibliography of Publications on Medieval English Language and Literature in
Japan: July 1982–March 1990* (1994) を見ると，無意味な研究上の重複が
いかにも多い。多大な時間と労力を要する歴史的研究ゆえ，問題の所在
を的確に知り，それに関連した内外の研究文献書誌を最大限に活用し，
研究状況を正しく把握することから出発しなければならない。[5] 変化・
発達が激しく，多様性にとんだ ME 統語法にあってはほとんどすべて
の分野で質の高い実証的研究が待たれているのである。

　では，具体的にはどうすればよいのか。理想的には，ME 全体を対象
にすべきであろうが，OE に比べて残存文献が膨大な ME の場合，ひと
りの人間が簡単になし得ることではない。個人言語（*Ancrene Wisse*,
Laʒamon, Gower, Chaucer, Malory など）に絞るなり，限定された時期
（初期 ME，14 世紀，15 世紀，等々）あるいはジャンル（散文，韻文，
あるいは頭韻詩，書簡集，年代記，等々）を対象とせざるを得ないであ
ろう。その際，分析対象が質的に代表的であり，量的に十分である必要
があることは言うまでもない。かくして個別に行われた研究を総合する
ことによって，ME 全体の統語構造が一層明確化されるのではないか。
英語史研究ではまだ一般的とは言えない共同研究ももっと奨励されるべ
きであるし，[6] 近年開発の目覚ましい電子コーパスやインターネットな
どの利用も考えられる。もちろん，わが国にも質の高い，実証的研究は
多数あり，海外で知られていたら Fischer のこの 'Syntax' に大きく寄与
したであろうと思われるものも少なくない。[7] Fischer が論じていること
に関連して，わが国のそのような研究を少し紹介する。

---

5) この点では，1922 年までに行われた英語学研究全般を網羅した Kennedy (1928)，その後
を英語史，OE，ME 研究に限って 1985 年までをカバーした Tajima (1988) や，わが国で
行われた 20 世紀の英語学研究全般を記録した田島 (1998) などが参考になるであろう。
6) 後期 ModE を対象とした研究ではあるが，Rydén & Brorström (1987) などはその好例であ
ろう。
7) この点については，わが国の ME 研究を相当数収録した Burnley & Tajima (1994) によって
今後は多少なりとも是正されることが期待される。

個人言語のすぐれた実証的研究としては，Malory の統語法を詳細に記述した中島邦男氏の研究がある。その Nakashima（1981, p. 214）を見れば，ME では *gar, do, make* などの使役動詞はほとんど常に原形不定詞を伴う，といった類いの Fischer（p. 318）の説明は不正確であることが分かる。また，*to*-不定詞と原形不定詞の競合の問題や不定詞付対格構文に関する信頼できるデータも提供されている。より最近の個人言語研究では岩崎春雄氏の Laȝamon 研究（1993）がある。調査対象が冒頭 3000 行に限られてはいるが，OE と ME の文学言語の接点に位置する Laȝamon's *Brut* の 2 つの校訂版，Caligula 版（c1200）と Otho 版（c1250）に関して，主として名詞と名詞修飾語，それに動詞の形態を徹底的に記述・比較したもので，語順や語彙に関する貴重なデータと考察も含まれている。一例を挙げると，Fischer（p. 217）によれば，肩書や称号を伴った人物名の語順は OE から ME にかけて注目すべき変化をしたという。すなわち，OE では George (the) King 型が最も普通であったが，ME ではフランス語の影響で (the) King George 型が典型的なものになったと述べているが，それ以上の情報は与えてくれない。しかし Iwasaki（p. 156）を見れば，13 世紀前半の Laȝamon's *Brut* にはどのような型があり，どの型が最も一般的であったかを明確に教えてくれる。

	C^1	C^2	O^1	O^2
'King George' type	0 (0%)	4 (6%)	1 (4%)	4 (8%)
'George King' type	7 (26%)	39 (61%)	5 (19%)	23 (43%)
'the King George' type	9 (33%)	7 (11%)	7 (26%)	5 (9%)
'George the King' type	11 (41%)	14 (22%)	14 (52%)	21 (40%)

　この観察から，岩崎氏は，特定の人物名も，主語か目的語かといった文法機能も，リズムも，語順選択に関与していないと述べた上で，2 人の写字生（C^1 と C^2）の間には著しい違いがあること，その違いは 1 人の手になる O-text にもある程度反映されていることなどを指摘してい

る。また，同作品に頻出する 'Adjective + Determiner + Noun' についても詳細なデータが提示されている（pp. 157–68）。

　論文も一つだけ挙げておきたい。Fischer（pp. 214–15）は，名詞修飾構造における形容詞の位置に関する詳細な研究は，*Sir Gawain and the Green Knight* に関する 20 世紀初頭の Schmittbetz（1909）1 点のみであると言うが，わが国には幾つかある。特に，三浦常司氏の Miura（1966）は，Chaucer において 2 個以上の形容詞が名詞主要語に対してどのような配置構造を取るかを詳細に記述したものである。すなわち，複数の形容詞が名詞主要語の前に置かれる型 (I)：(a) Adj. + Adj. + Noun, (b) Adj. + *and* + Adj. + Noun，後に置かれる型 (II)：Noun + Adj. + Adj., (b) Noun + Adj. + *and* + Adj.，そして前後に置かれる型 (III)：(a) Adj. + Noun + Adj., (b) Adj. + Proper Noun + *the* + Adj., (c) Adj. + Adj. + Noun + Adj., (d) Adj . + Noun + Adj. + Adj., (e) Adj. + Noun + *and* + Adj. の 3 つの型 (I, II, III) に分類し，それぞれを更に幾つかの形式（a. b. c, ...）に分ける。そしてそれらが Chaucer の散文，韻文それぞれで，どのような分布状況を示すかを明らかにしている。頻度が数量化されていない点が唯一惜しまれるが，OE から初期 ModE という史的パースペクティブの中で Chaucer の技法を特徴づけたすぐれた研究である。

　以上，3 点はいずれもわが国で行われた個人語の徹底的な記述研究が ME の構造解明に大きく貢献した実例の一部である。[8] 最後に，筆者自身が長年資料収集を続けながら，いまだに最終結果を発表するに至っていない「ME における GAN 迂言法」について少しふれておきたい。[9] まず例を 1 つ挙げる。

(7) Vespasian loked up to þe wall,
　　And to Pilate he *gan call*. (*Titus & V.* 3063–4)

---

8) 最近刊行されたものでは，Nakao (2008) が注目すべき個人語研究である。なお，Fischer が数箇所で取り上げた筆者の Tajima (1975) は個人語を対象としたものであり，Tajima (1985) は ME 全体を対象としたものである。
9) その一部は Tajima (1975)，田島（1988）で発表している。

OE の *onginnan*（= 'begin'）に由来する ME の *gin(nen* は，特にその過去形 gan（*gon, gun*，北部方言や中世スコットランド語では冒頭の *g* が無声化した *con/can/couth*）が迂言的助動詞として，もっぱら脚韻詩に起こり，頭韻詩では比較的少なく，散文ではほとんど見られないことから，主たる機能は後続の不定詞を脚韻語とするための方策であるとする説が有力である。Fischer 自身もこれを支持しているが，*gan* が強調的・叙述的性格を有するとする，文体的機能を主張する考え方も古くからある。更には，近年その文体的機能説の延長線上に 'discourse structure marker' としての機能を認めようとする Brinton (1988, 1990) らの説もある。1200 年頃初出し，1600 年頃にはほぼ完全に姿を消し，その役割は迂言的助動詞 did に取って代わられる，この *gan*（*con*）迂言法に関する議論が今なお決着を見ない理由の一つは，Brinton (1990, p. 47) らも認めるように，何と言っても実証的データの不足である。断片的資料に基づく研究をもう一歩進めるためには，*gan* がよく起こる Chaucer や脚韻ロマンスばかりでなく，頭韻詩，更には一部散文を含む ME 全体にわたる包括的な調査が必要である。とりわけ，*gan* の特異な形態・用法が見られる北部方言（Northern）や中世スコットランド語（Middle Scots, 1400–1600）の詳細な調査が何らかの手がかりを与えてくれるのではないか，と筆者は考えている。参考までにそのような例を少し挙げる。

(8) Thus ather vther *can assaill*
　　With swordis of mettaill;　　(*Rauf Coilʒear* 826–7)
(9) The lyon lansand on loft, lord in effeir,
　　For gud caus, as I ges, is of Galloway.
　　Quhen thai rebellit the croune, and *couth* the king *deir*
　　　　　　　　　　　　　　(= did harm the king)
　　He gaif it to the Douglas heretable ay,
　　　　　　　　　　　(*The Buke of the Howlat* 560–3)

時代，方言，ジャンルの全てにわたってこの迂言法及びその関連形式の分布状況を調査し，その上でどのような統語環境で起こるかを明らかに

する必要があるのではないか。つまり，どのような動詞（不定詞）と共起するのか，どのような副詞を伴うのか，迂言的助動詞 *do/did* との競合関係はどうか，本来類似の意味をもっていた *begin* や *commence* などとの関係はどうか，といった点などを調査する必要がある。それが現代英語からはすっかり消えてしまった *gan* の意味・用法を明らかにする前提条件ではないだろうか。

5

　以上，20 世紀の掉尾を飾る大部の英語史大系中の 1 章，Olga Fischer の '(Middle English) Syntax' (1992) を手がかりに，ME 統語法研究に関して今われわれに何ができるのかといった事などに思いをめぐらせてきた。研究が広がりと深まりをみせている今日，研究論文は益々分析的にならざるを得ず，Fischer が試みたような総合的叙述は一層困難になってきている。誰のための叙述かを考えると尚更の事である。そのような状況下で，はるか遠い昔の言語の変化・発達にもし何らかの原理やシステムを引き出すことができるとすれば，それこそ万巻の書に目を通し，長い時間をかけて体験的・帰納的に作業を続けなくてはならないであろう。Mustanoja や Visser のような総合的叙述は無理でも，個別研究を重ねて行くうちに，変化・発達の仕組みを多少は解明することができるかもしれない。その際，大事なことは，現代に生きるわれわれが「現在」という視点，視座を忘れないことである。「現在」が歴史の集積であることを考えると，われわれ英語史研究者にとっても，遠い過去に連なり，はるかな未来にも通じる現代英語こそが出発点であるべきである。確固とした史的パースペクティブをもって問題に対処すべきであるし，何よりも資料を最重視し，そこから導き出された客観的事実を積み重ねることが，英語史研究，とりわけ統語法が大きく変化しつつあった ME 研究に求められているのではないだろうか。

参考文献

Benson, L. D. 1961. "Chaucer's Historical Present: Its Meaning and Uses". *English*

Studies 42, 65–77.

Blake, N., ed. 1992. *The Cambridge History of the English Language.* Volume II: *1066–1476.* Cambridge.

Brinton, L. J. 1988. *The Development of English Aspectual Systems: Aspectualizers and Postverbal Particles.* Cambridge.

———. 1990. "The Stylistic Function of ME *gan* Reconsidered". *Papers from the 5th International Conference on English Historical Linguistics*, ed. S. Adamson, et al. (Amsterdam), pp. 31–53.

Burnley, D. & M. Tajima. 1994. *The Language of Middle English Literature.* (Annotated Bibliographies of Old and Middle English Literature, 1.) Cambridge.

Denison, D. 1993. *English Historical Syntax.* London and New York.

Ellegård, A. 1953. *The Auxiliary 'Do': The Establishment and Regulation of its Use in English.* Stockholm.

Fischer, O. 1988. "The Rise of the *for NP to VP* Construction: An Explanation", in *An Historic Tongue: Studies in English Linguistics in Memory of Barbara Strang*, ed. G. Nixon and J. Honey (London), pp. 67–88.

———. 1989. "The Origin and Spread of the Accusative and Infinitive Construction in English". *Folia Linguistica Historica* 8, 143–217.

———. 1990. *Syntactic Change and Causation: Developments in Infinitival Constructions in English.* Amsterdam.

———. 1991. "The Rise of the Passive Infinitive in English", in *Papers from the Kellner Conference on English Historical Syntax,* ed. D. Kastovsky (Berlin), pp. 141–88.

———. 1992a. "Syntactic Change and Borrowing: The Case of the Accusative and Infinitive Construction in English", in *Internal and External Factors in Syntactic Change*, ed. M. Gerritsen & D. Stein (Berlin), pp. 17–88.

———. 1992b. "Factors influencing the Choice of Infinitive Marker in Late Middle English". *Dutch Working Papers in English Language and Linguistics* 25, 1–28.

———. 1992c. "Syntax", in *The Cambridge History of the English Language,* Vol. II: *1066–1476,* ed. Norman Blake (Cambridge), pp. 207–408

Fridén, G. 1948. *Studies on the Tenses of the English Verb from Chaucer to Shakespeare with Special Reference to the Late Sixteenth Century.* Uppsala.

Hogg, R. M., gen. ed. 1992–2001. *The Cambridge History of the English Language.* 6 vols. Cambridge.

Iwasaki, H. (岩崎春雄). 1993. *The Language of Laȝamon's 'Brut'.* 研究社 .

Jack, G. B. 1978a. "Negation in Later Middle English Prose". *Archivum Linguisticum* n.s. 9, 58–72.

———. 1978b. "Negative Adverbs in Early Middle English". *English Studies* 59, 295–309.

Jespersen, Otto. 1909–49. *A Modern English Grammar on Historical Principles.* 7 vols. Copenhagen.

———. 1924. *The Philosophy of Grammar.* London.

Kennedy, A. G. 1927. *A Bibliography of Writings on the English Language from the Beginning of Printing to the End of 1922.* New York.

Kivimaa, K. 1966. '*Þe*' and '*Þat*' *as Clause Connectives in Early Middle English with Special Consideration of the Emergence of the Pleonastic* '*Þat*'. Helsinki.

Kubouchi, T. (久保内端郎), et al., eds. 1994. *A Bibliography of Publications on Medieval English Language and Literature in Japan: July 1982–March 1990.* 東京大学中世イギリス研究資料センター .

Lightfoot, D. W. 1979. *Principles of Diachronic Syntax.* Cambridge.

Miura, T. (三浦常司). 1966. "Arrangement of Two or More Attributive Adjectives in Chaucer (1)". *Anglica* (Osaka) 6:1/2, 1–23.

Mustanoja, T. F. 1960. *A Middle English Syntax.* Part I. Helsinki.

Nakao, Y. (中 尾 祐 治). 2008. *Philological and Textual Studies of Sir Thomas Malory's Arthuriad.* 英宝社 .

Nakashima, K. (中島邦男). 1981. *Studies in the Language of Sir Thomas Malory.* 南雲堂 .

Nummenmaa, L. 1973. *The Uses of* '*So*'*,* '*Al So*' *and* '*As*' *in Early Middle English.* Helsinki.

Rissanen, M. 1967. *The Uses of* '*One*' *in Old and Early Middle English.* Helsinki.

Rydén, Mats. 1966. *Relative Constructions in Early Sixteenth Century English.* Uppsala.

——. 1979. *An Introduction to the Historical Study of English Syntax.* Stockholm.

—— & S. Brorström. 1987. *The Be/Have Variation with Intransitives in English, with Special Reference to the Late Modern Period.* Stockholm.

Schibsbye, K. 1972–77. *Origin and Development of the English Language.* I–III. Copenhagen.

Schmittbetz, K. R. 1909. "Das Adjektiv in *Sir Gawayn and the Grene Knyȝt*". *Anglia* 32, 1–60, 163–89 and 359–83.

Söderlind, J. 1951–58. *Verb Syntax in John Dryden's Prose*, I–II. Uppsala.

Steadman, J. M. 1917. "The Origin of the Historical Present in English". *Studies in Philology* 14, 1–46.

Tajima, M. (田 島 松 二). 1975. "The *Gawain*-poet's Use of *Con* as a Periphrastic Auxiliary". *Neuphilologische Mitteilungen* 76, 429–38.

——. 1985. *The Syntactic Development of the Gerund in Middle English.* 南雲堂 .

——. 1988. *Old and Middle English Language Studies: A Classified Bibliography 1923–1985.* Amsterdam.

Van der Gaaf, W. 1904. *The Transition from the Impersonal to the Personal Construction in Middle English.* Heidelberg.

Visser, F. Th. 1963–73. *An Historical Syntax of the English Language.* 4 vols. in 3 parts. Leiden.

Zeitlin, J. 1908. *The Accusative with Infinitive and Some Kindred Constructions in English.* New York.

浦田和幸. 1991.「Katherine Group における不定詞付対格」*LEXICON* (岩崎研究会) 21, 294–307.
田島松二. 1988.「言語・文体と Authorship—Cotton Nero 詩群を中心に」鈴木榮一編『中英語頭韻詩の言語と文体』(学書房), pp. 98–135.
——ほか編 . 1998.『わが国における英語学研究文献書誌　1900–1996』南雲堂 .
寺澤芳雄ほか編 . 1983.『中世英語英文学研究業績リスト』東京大学中世イギリス研究資料センター .

6
中英語における動名詞の発達に関する諸問題*

1. はじめに

　起源的には，動詞由来の純然たる抽象名詞であった動名詞が本来の名詞としての性質・機能は保持しながら，定動詞に類する性質，つまり動詞的性質を発達させるに至ったのは中英語（ME）期，特に14世紀になってからであると言われている。この動詞的性質の発達は他のゲルマン語には見られない英語統語法の著しい特徴といえるものであるが，その起源と発達に関しては従来さまざまな議論がなされてきた。しかし，今もって確たる意見の一致を見ていない。

　本章では，動名詞の発達に関する研究の問題点を整理し，その発達史上最も重要な時期と考えられるME期（1100–1500）に制作された文献の調査に基いて，その発達過程を明らかにしながら，今後の課題を考えてみたいと思う。

2. 動詞的性質の起源

　本来単なる名詞であった -ing (-ung) 形がME期以降徐々に発達させたと考えられる動詞的性質は次の5点に集約される。（便宜上，用例は現代英語で示す。以下，引用例中のイタリック体，下線等は筆者のものである。）

　(1) 前置詞の介在なしに通格の目的語を取ることができる（e.g. I like

---

*　本章は，第40回中世英文学研究会（1984年11月25日，於京都大学）において行なわれた「中世英語研究の展望と課題」と題するシンポジウムで発表した原稿に基づいたものである。動名詞研究は，80年代後半以降も海外では活発であるが，この加筆・修正版では残念ながらその一部にしかふれることができなかった。

playing baseball)。
(2) 補語（述詞）を取ることができる（e.g. the habit of *being* late)。
(3) 副詞（句）を取ることができる（e.g. the habit of *speaking* loosely)。
(4) 受動形，完了形を作ることができる（e.g. the necessity of loving and *being loved*; of *having done* it)。
(5) 意味上の主語を属格（代名詞の場合，所有格）によらず，通格（目的格）によって表わすことができる（e.g. I insist upon Miss Sharp *appearing* [OED]; Do you mind me *smoking*?)。

上に挙げた，動名詞の動詞性を明示する統語法の起源に関してはさまざまな説明がなされてきた。重要なものについては，Langenhove (1925, pp. v–ix), Callaway (1929, pp. 32–40), Mustanoja (1960, pp. 567–72), Irwin (1967, pp. 27–41) などに要約・紹介・批判等があるので繰り返すまでもないが，概略 (1) native origin 説，(2) foreign (esp. French) influence 説，及び (3) 両者の折衷説，の 3 つに分けられる。大部分は native origin 説であるが，その根拠はまちまちである。Curme (1912, pp. 355–57 & 1931, pp. 483–84) は OE の -*ung*/-*ing* に由来するとする説で，becræding > bec-ræding > ræding bec (= reading books) のように複合語が解体し，目的語が -*ing* 形の後位置を占めるようになったことに加えて，現在分詞や不定詞の影響を受けて発達したという。Langenhove (1925, p. 132) や Rooth (1941–42, pp. 71–85) は形態・機能上の混同により不定詞の影響を受けたとする説，Armstrong (1892, pp. 200–11) や Mossé (1952, p. 102) らは動名詞が現在分詞と形態上同一になったことによる現在分詞からの影響説，それに，"gen. obj. + gerund" が後に "gerund + acc. obj." になったとする OE 起源説に加えて，現在分詞の影響と Norman Conquest 後のケルト語の影響を重視する Dal (1952, pp. 5–116) の説などである。

外国語の影響を重視する学者にはまず Einenkel (1914, pp. 1–76) がおり，OE の屈折不定詞と -*ing* 名詞に負うことは認めながら，特に初期 ME における Anglo-Norman (or Norman French) の gérondif (e.g. par *la paiz fesant* 'through the peace making') の影響によるとする。しかし van der Gaaf (1928, pp. 65–72) はこれを疑問視し，通格によって意味上の主語を表わす動名詞構造のみをフランス語起源と考える。Trnka (1930, p. 92) はフランス語の影響に加えてラテン語からの直訳による構造を重視し，Callaway (1929, pp. 32–49) はラテン語の影響を最重要視し，その後の発達にフランス語，動名詞を含む複合語，形態上同一になった後の現在分詞の影響等が促進的役割を果したとする。また，屈折語尾の水平化により動名詞と現在分詞が *-ing* で統一されたことに加えて，フランス語の影響を重視する Poutsma (1926, p. 510), Irwin (1967, p. 196) らがいる。更にはケルト語影響説もしくはケルト語補強説とも言うべき Keller (1925, pp. 61–66), Preusler (1938, pp. 179–80) 及び上記 Dal (1952) らの考え方がある。

いずれの説にも一長一短があり，今のところそれ一つで複雑な発生過程を説明できる説はない。Mustanoja (1960, p. 572) はこれら諸々の意見を包含・折衷して，次のように的確に要約している。

> ... the first sporadic signs of the gerundial function of the noun in *-ing* appear in late OE. They are slavish imitations of Latin gerunds, but they do suggest that the noun in *-ing* is at least capable of acquiring verbal properties. The rise of the gerund seems to take place essentially within the ME period. The influence of the OF gérondif seems to play a significant part in the development of the English gerund. It is difficult to say how far Celtic influence has a part in this development, but the possibility may be worth closer investigation. One significant contributory factor is obviously the analogy of the English present participle, and the gerund no doubt receives several of its functions from the infinitive. The influence of the participle and the infinitive is evidently facilitated by the remarkable confusion between forms ending in *-n, -nd*, and *-ng* in ME.

つまり，ME 期に動名詞と現在分詞及び不定詞が音韻・形態上混同され

た結果,統語上それらの影響を受けたことによるとする説であるが,その発達過程においては外国語,特に OF の gérondif の影響も十分考えられるとし,ケルト語の影響すら完全には無視できないことを示唆している。この折衷説は今日最も有力かつ妥当な論と考えてよく,その後の Visser (1966, §§ 1011 ff.), Kisbye (1971, pp. 55–56), Schibsbye (1974, §§ 7.4.1 ff.) らに受けつがれている。しかし,対格目的語をとる最古の例として引き合いに出される後期 OE の例 (e.g. *Vespasian Psalter* 118/9 in *haldinge word ðin* (L. in custodiendo sermones tuos) 'by keeping thy word') はラテン語の行間注解 (interlinear gloss) に起こり,文字通りラテン語の直訳であって,その後の発達状況を考えても英語の統語法になじんだ構造とは言えず,-*ing* 名詞が動詞的性質を獲得する可能性を示唆するという見方には必ずしも与することはできない。また Einenkel は別として,フランス語の影響を認める Poutsma や Callaway らにしても証拠はあまり挙げていない。なお,最近でも Jack (1988), Fischer (1992), Fanego (2004), Fischer & van der Wurff (2006) などがさまざまな起源論を展開しているが,力点の置き方に多少の違いはあっても,いずれも上に紹介した 3 つの説のどれかである。[1]

　起源に関する諸説に共通していることは,2, 3 の例外 (例えば, Langenhove, Einenkel, Irwin など) はあっても,いずれも極めて限られた少数の資料から一般化して議論を進めている場合が多いことである。動名詞が本来の名詞的性質に加えて,動詞的性質を発達させたのは, Mustanoja らの折衷説に見られるように,後期 OE 以来起った屈折語尾の水平化・消失により -*ing* 名詞が,現在分詞及び不定詞と音韻・形態・統語上混同されたことによるものであり,それに外国語 (特に OF) もその発達に促進的役割を果した,と考えるのが最も妥当なところではなかろうか。しかしこの説明は十分な裏づけを欠いている。何よりも, OE から初期 ME の豊富な文献資料に基づいて,-*ing* 名詞そのものの調査に加えて,現在分詞や不定詞といった準動詞間の音韻・形態・統語上の混同の例を丹念に調査し,その影響関係を実証する必要がある。[2] 上

---

1) 最近の起源論を紹介したものとしては de Smet (2008, pp. 55–59) がある。
2) これまでそのような試みがなかったわけではない。限定的なものではあるが, Few (1896)

にふれた最近の起源論にも，この点に焦点を合わせた研究は見られない。依然として，先に引用したMustanojaの要約を越えるものは提唱されていないのが実情である。

3. 動詞的性質の発達

上述したように，純然たる名詞であった動名詞が動詞的性質を発達させた原因については論の分れるところであるが，その発生時期については実質上ME期，特に14世紀になってからであるという点では諸家の意見はほぼ一致している。[3] しかしながら，従来の研究は，動名詞が「通格の目的語を従える」という性質に関連したものが大半であり，それ以外はせいぜい「副詞的付加語を従える」という性質と，「意味上の主語を属格によらず通格によって表わす」という性質に関するものである。動名詞が補語を従える性質や，複合形を用いて時制 (tense) や態 (voice) を表わす性質に関する研究はほとんど行われていない。史的統語法の代表的研究書である Jespersen の *Modern English Grammar*, Vols. IV & V (1931 & 1940) や Mustanoja の *A Middle English Syntax* (1960)，先学の収集した資料の大部分を網羅的に提示している Visser の大著 *An Historical Syntax of the English Language*, II (1966) も，MEのデータに関しては満足すべきものとは言えない。近年の研究では最も詳しい Irwin (1967) にしても，動名詞語尾 -ing と現在分詞語尾 -ende の混同・融合の過程を論じている点は評価できるが，調査対象が一部の散文テキストに限られているために，これまでの知見を越えるものとはなっていない。最近の Donner (1986) や de Smet (2008) にしても，前者はMEDのA〜Oの分冊に記録された用例に基づいて目的語構造と副詞を伴う構造を取り上げたもの，後者はMEに関しては50万語弱の the Helshinki Corpus (1250–1500) に起こる目的語構造を分析したものであり，両者共に限定的な結果の提示に終わっている。起源論の場合同様，発達過程に関する研究も一部だけを扱ったものが多く，全体像がわかるようなも

や Irwin (1967) らの研究がある

3) 例えば，OED, s.v. -ing[1] 2; Jespersen 1948, § 208; Bøgholm 1939, p. 256; Mustanoja 1960, p. 569 など。Cf. Curme 1912, p. 353.

のはない。動名詞が発達し始めると言われる 14 世紀に限らず，ME 期全体に渡る実証的な研究——それも多くのテキストに基づく研究——が必要なことは明らかである。それが Visser らの通時的研究を補うことになり，ひいては起源論研究にも資することになるのではないだろうか。

以上のような観点から，筆者（Tajima 1985 & 1996）は，ME 期全体を調査対象として，動名詞の統語法に関する調査を行い，多様かつ複雑な発達状況をあるがままに記述してみたので，その一端を紹介したいと思う。調査したのは，ME 期（1100–1500）に書かれた 183 のテキストである。[4] 散文・韻文を問わず，主要な文献はほとんど全て網羅したつもりである。テキストの略称，制作年代，方言については，概ね *MED Plan and Bibliography* (2007) による。

以下，動名詞が動詞性を統語上明示する構造として前節 2 の冒頭に挙げた 5 項目の発達状況を，順次見てゆくことにする。

3.1. 動名詞の目的語

動名詞は本来名詞であったので，その意味上の目的語は当然属格で，後に属格相当の *of*-phrase でも表わされたが，ME 期に通格の目的語も従えるようになる。その結果，ME では目的語を含む動名詞構造は次の 6 つの表現型に大別される。（現代英語の例は便宜的なものである。）

    Ⅰ ＝目的語属格 ＋ 動名詞（e.g. *the king's burying*）
    Ⅱ ＝目的語 ＋ 動名詞（e.g. *the king burying*）
    Ⅲ＝動名詞 ＋ of ＋ 名詞（e.g. *burying of the king*）
    Ⅳ＝決定詞 ＋ 動名詞 ＋ of ＋ 名詞 (e.g. *the burying of the king*)
    Ⅴ ＝動名詞 ＋ 目的語（e.g. *burying the king*）
    Ⅵ＝決定詞 ＋ 動名詞 ＋ 目的語（e.g. *the burying the king*）

このうち I, III, IV は属格の目的語や *of*-目的語をとったり，決定詞を伴うことで動名詞の名詞的性格を明示し，V と VI は前置詞の介在なし

---

[4] 詳細については Tajima 1985, pp. 6–27 参照。なお，ME のテキスト選定に関する諸問題については Kjellmer 1971, pp. 113–17 及び小野 1984, pp. 19–44 を参照。

に直接に目的語を従えることで統語上動詞的性格を有することを示している。OE の総合的表現の名残りをとどめる II は名詞型から動詞型への過渡的構造ともいうべき型である。[5] 次の表 1 は各型の時代的分布状況（頻度と比率）を 50 年毎に分けて示したものである。（但し 1100–1150 年は対象文献が 1 点のみであったので，次の 1150–1200 年と一括して 1100–1200 とした。）

表 1

	I	II	III	IV	V	VI	Total
1100–1200	12 (23.1)	9 (17.3)	23 (44.2)	8 (15.4)	0 (0)	0 (0)	52 (100%)
1200–1250	22 (51.2)	9 (20.9)	3 (7.0)	9 (20.9)	0 (0)	0 (0)	43 (100%)
1250–1300	17 (26.6)	22 (34.4)	19 (29.7)	5 (7.8)	1 (1.5)	0 (0)	64 (100%)
1300–1350	82 (19.5)	51 (12.1)	160 (38.0)	103 (24.5)	23 (5.4)	2 (0.5)	421 (100%)
1350–1400	35 (3.5)	60 (6.0)	594 (59.2)	251 (25.0)	59 (5.9)	4 (0.4)	1003 (100%)
1400–1450	82 (4.8)	227 (13.4)	717 (42.1)	414 (24.4)	253 (14.9)	7 (0.4)	1700 (100%)
1450–1500	74 (4.4)	102 (6.1)	562 (33.5)	594 (35.4)	328 (19.6)	17 (1.0)	1677 (100%)
Total	324 (6.5)	480 (9.7)	2078 (41.9)	1384 (27.9)	664 (13.4)	30 (0.6)	4960 (100%)

残存文献が極めて限られているため，その結果が動名詞の一般的な発達傾向を反映しているとは考えられない 1200 年以前の分布状況は別として，ME 期の前半（1100–1300）では，概して，OE 以来の I の「目的語属格 + 動名詞」型と，OE の総合的表現の名残りと考えられる II の「目的語 + 動名詞」型が最も頻度が高く，14 世紀に入ると両者とも急激に減少して，III の「動名詞 + of + 名詞」型が圧倒的な優位を確立す

---

[5] Van der Gaaf (1928, pp. 33–41) は，この「目的語 + 動名詞」構造の起源を OE の「対格の名詞 + 動名詞」から成る複合語に加えて，OE の「-s で終らない属格単数名詞 + 動名詞」，「属格複数名詞 + 動名詞」構造の属格語尾の衰退により通格と区別がつかなくなったことなどから発達したのであろうと説き，Visser (1966, §§ 1109–12) はこの 3 つに加えて，OE の「目的語 + 現在分詞」構造からの発達も考えられるとしている。

る。しかし，15世紀後半には IV の「決定詞 + 動名詞 + of + 名詞」構造がやや優勢になる。動詞性を明示する構造である V の「動名詞 + 目的語」型，VI の「決定詞 + 動名詞 + 目的語」型は後期 ME に初出し，前者は徐々にではあるが着実に発達してゆく様相を呈しているのに対して，後者は後期 ME 全体を通じて最も頻度の低い型に終始している。15世紀後半の各型の生起状況は，ModE 期（1500–）以降，名詞性の強い構造は IV 型が，動詞性の強い構造は V 型が代表的な構造になり，他は例外的にしか起こらなくなることを予測させるに十分である。I–IV 型に関しても興味深い事実を幾つか指摘できるが（詳細は Tajima 1985, pp. 42–73 参照），ここでは動詞性の発達が当面の関心事であることに鑑み，通格の目的語を従える構造である V 型（「動名詞 + 目的語」）と VI 型（「決定詞 + 動名詞 + 目的語」）に限って，論を進めることにする。

3.1.1 「動名詞 + 目的語」構造

　前置詞の介在なしに，通格の目的語を従える構造の初出例を諸家は14世紀，それも後半の Langland や Chaucer に求めているが，[6] Curme (1912, p. 352) は最古の例として950年頃の次の例を挙げる。

(1) Luke 7:45 (Lindisfarne MS) ne blann *cossetunges foeta mine* (= she has not ceased kissing my feet).

この種の OE 例は，先述したように，ほとんどすべてラテン語の行間注解に起こり，「動名詞 + 目的語」という統語関係が意識された構造とは見なしがたいものである。一方，Mossé (1938, p. 104) は12世紀の終わり頃形態上現在分詞語尾 (*-ende*) と混同されて初出すると説き，次の例を引用している。

(2) (?a1200) *Trin. Hom.* 65　þe thridde is *menende hys synne* before Gode (= the third is lamenting his sin before God).

---

6)　OED, s.v. *-ing*[1] 2; van der Gaaf 1928, p. 41; Trnka 1930, p. 92; Jespersen 1940, § 9.3.1; Brunner 1962, p. 355 など参照。

また，Visser (1966, §1123) は上例 (2) に加えて，12世紀末からもう1例挙げているが，そもそも (2) は現在分詞語尾の形で目的語を従えたものであり，もう1例も副詞を従えたものである（この点については §3.3の注15参照）。このように，これまで指摘されている14世紀以前の例はいずれも通格の目的語を従えた動名詞構造とは見なしがたいものである。（Visser が挙げる明確な例は14世紀初頭のMannyng HS (c1303) 以降のものである。) 従ってこの種の構造の起こりを実質上14世紀とする考えは一応頷けるが，以下に示すように，通説になっている14世紀後半より少なくとも半世紀以上は遡ることができる。

表1に示した手許の資料では，「動名詞＋目的語」構造は1300年頃に初出するが，1400年頃までは非常に稀で，[7] 15世紀に入ってようやく比較的頻繁に用いられるようになる。そして，その生起状況は現代英語における代表的な表現形式となる前兆を感じさせるに十分である。とはいえ，十分に確立した統語法になっていると言えるかというと，意見の分かれるところであろう。なお，発達状況はテキストによって相当の差異がみられるが，方言や文体の違いによるというより，テキストの制作年代が大きく関係しているように思われる。[8] 以下に，手許の資料から1350年以前の最も初期の例を幾つか挙げる。MED の提示方式に従い，( ) 内に示したものは原作の制作年代で，( ) なしは写本の制作年代である。

(3) (?a1300) *Arth.& M.* 1301–2 þe messanger made anon *asking Whi he made swich leiȝeing* (= The messenger made immediately asking why he made such laughing).

(4) (c1300) *NHom.* 112/2–4 Sain Jon was … bisi In ordaining off priestes, and clerkes, And in *casting kirc werkes* (= St. John was … busy in ordaining priests and clerics, and in planning church works).

---

7) この種の構造が1300年頃には十分確立していたとする Kisbye (1971, p. 56) は言うまでもなく，1400年までには十分発達していたとする OED (s.v. *-ing*¹ 2) の説明も適切でないことは明らかである。

8) 詳しくは Tajima 1985, pp. 74–75 を参照。

(5) (c1303) Mannyng *HS* 408 yn *feblyng þe body* with moche fastyng (= In enfeebling the body with much fasting).

(6) (a1325) *Medit.Supper* [*Bonav. Medit.*] 173–4 Yn goyng to þe deþ, he shewed obedyens Yn *fulfyllyng hys faders comoundemens*.

(7) (a1325) *Cursor* 5195 Wit-outen *asking help of sun*.

(8) a1350 *MPPsalter* 18.12 mechel ʒelding is it in *keping hem*.

上例のうち，(3) は名詞節を目的語として従える最古の例，(4) は通格の名詞を従える最古の例で，いずれも 1300 年頃のものである。(3) については異なる見方もあるが，[9] (4) に挙げた 1300 年頃制作の *Northern Homilies* の例は「動名詞 + 目的語」の初出例として最近の研究でも認められているようである。[10]

3.1.2 「決定詞 + 動名詞 + 目的語」構造

通格目的語を従えるもう一つの型「決定詞 + 動名詞 + 目的語」構造は，Shakespeare など初期 ModE では時折見られるが，今日では決定詞が所有代名詞の場合 (e.g. I was surprised at their *returning the money* [Curme]) と，「there is no –ing + 目的語」という慣用表現を除けばほとんど用いられない。この種の構造を論じた研究は少ないが，その一つ Visser (1966, §1124) は，この型の代表的な表現形式である「*the* + 動名詞 + 目的語」構文が 14 世紀初めから起こると説く。しかし，14 世紀の例はすべて誤読・誤解によるものであり，[11] 明確な初出例は次に示す 1400 年頃のものである。

---

9) Jack (1988, pp. 65–66) は筆者の解釈を批判し，*why-* 節を *asking* の目的語と取らず，同格 (apposition) と見なして 'the question why he …' と解している。

10) Jack (1988)，宇賀治 (2000)，Fanego (2004)，de Smet (2008) など参照。なお，筆者はその後も種々の ME テキストを読み続けており，これまで精読したものは優に 300 点を超えるが，上例 (4) より古いものには遭遇していない。

11) Visser が挙げる (a1333) Shoreham *Poems* II.151–3 と (?a1400) *RRose* 2062 は両方とも誤読によるものであり，その他の 14 世紀の例はすべて現在分詞語尾 *-and* を含む「*the* + *-and* + 目的語」 (e.g. c1350 *MPPsalter* 14.5 God glorifies þe dredand our Lord) という形式で，いずれも集合的に「人」を表わしており，動名詞構造というより現在分詞の名詞的用法とでも言うべきものである。

(9) (a1400) *Paul.Epist.* 166/1–2 be ȝee schod þe feet in <u>þe</u> *dyghtynge þe euangelie of pees.*

(10) (c1410) York *MGame* 76 ȝe may know a greet hert (= hart) by <u>þe</u> *beryng þe woode.*

手許の資料では，この構造は後期 ME に起こるものの一貫して最も頻度の低い型である。代表的な「the ＋ 動名詞＋目的語」構造は Visser の挙げる上例より遅く，15 世紀半ば以降のものしか確認できなかった。3 例だけ示す。

(11) (1450) Scrope *DSP* 276/31 in <u>the</u> *biholdinge the feire fethers of his taile.*

(12) (a1460) *DSPhilos.* 19/33–4 of <u>the</u> *seyenge naye* to, he is wors than the ignoraunt Whiche is of euel wille;

(13) (1481) Caxton *Reyn.* 24/7–8 <u>The</u> *wythholding you fro it* can doo yow no good.

このような 15 世紀の生起状況から判断して，1500 年以降「*the* ＋ 動名詞 ＋ 目的語」構造 (VI 型) と「*the* ＋ 動名詞 ＋ *of* ＋ 名詞」構造（IV 型）はほぼ同じ頻度で競合するという Visser (1966, §1124) の見解は，16 世紀英語の詳しい調査を持つまでもなく修正の必要があるのではないか。

なお，*the* 以外の決定詞を伴う構造については Jespersen と Visser が用例を多少提供する程度で，詳しく論じられたことはないようである。手許の収集例から，*this*, 所有代名詞，*no*, 及び *al maner* (= all manner of) に先行された最古の例をそれぞれ 1 つずつ挙げる。いずれもこれまで指摘されているものよりかなり早い例である。

(14) (c1378) *PPLB* V 385 <u>This</u> *shewyng shrifte* (= This showing of (your) shrift)[12] ... shal be meryte to the (= thee).

---

[12] この "This shewyng shirft" の解釈については，本書第 3 章で詳しく論じている。

(15) (1340) *Ayenb.* 270/26–8 wylne myd guode wylle to þolye: be (= by) þyne *ofseruynge þet he þolede* (= suffered) *myd guode wylle.*
(16) (a1325) *Cursor* 23811–2 Quen (= When) we it proue þat es to late, Es þar na *mending* þan *þe state* (= Is there no mending then the state).
(17) (c1445) Pecock *Donet* 108/20–2 in þe first poynt of þe first table ... is tretid of al maner *leernyng, knowing and remembring what god is, and what hise benefetis and punysschingis ben.*

(14) は指示詞 *this* を伴う例が 14 世紀後半に , (15) は所有代名詞を伴う例が 14 世紀前半に出現することを示している。とりわけ興味深いのは (16) である。今日慣用表現となっている '*There is no -ing* + object' (= it is impossible to —) という存在構文の始まりは従来エリザベス朝期の Ben Jonson や Shakespeare あたりと考えられていたが、[13] それよりはるかに早く、14 世紀前半から用いられていたことを裏付けている。

3.2 動名詞 + 補語（述詞）

　動名詞が補語を取る構造は，今日の英語では決して珍しいものではないが，なぜか歴史的にはほとんど研究されておらず，そのため Mustanoja (1960) や Visser (1966) らも全く言及していない。わずかに数人が簡単にふれているだけである。Curme (1912, p. 374) は，目的語の場合同様，OE の複合語 (e.g. Bede *Ecclesiastical Hist* 280/17–8 He wæs bewered from þære *biscopþegnunge* 'He was prevented from serving as bishop') が解体して生じたものと説明するが，その痕跡は ME はおろか 16 世紀になっても見られないことから，この構造はきわめて最近のものであり，動名詞発達の最終段階に属する，と結論している。しかし，Jespersen（1940, § 9.3.10）は最初の例を Sir Thomas More (1551 *Utopia* [Ralph Robynson's transl.] 84 in a *standing reddi* at all occasions) から引き，Söderlind (1958, pp. 197–98) も主として 17 世紀後半に書かれた Dryden の散文から多数の例を記録している。また Schibsbye (1974,

---

[13] Jespersen 1940, §§ 3.4.9 & 9.3.3 参照。

§7.4.5) は 16 世紀末の *Faerie Queene* から 1 例引いている。以上がこれまで指摘されているすべてである。いずれも初期 ModE の例であり，Jespersen の挙げる 1551 年の例が最古ということになる。しかし，手許の資料によれば，それより 1 世紀早く，1450 年に起こる。以下はその全用例である。

(18) (1450) Scrope *DSP* 236/27–8 y haue more reprented me of spekinge than y haue do of *beinge still*.
(19) *Ib*. 244/1–2 good wit is sette in x condicions, þat is to say; ... in *being content* with thingis necessarie to thi life.
(20) *Ib*. 264/11–2 I mervaile of tho that seithe harmefulle thingis when the *beinge stille* were profitable.
(21) (c1450) Capgr.*St.Kath*.1.394–5 She knewe the strengthe and the *stondyng stille* Of alle the planetes þat regnen vp-on hey.
(22) (1485) Caxton *Charles* 56/6–7 thou knowest the comyn prouerbe that sayth that there is a tyme of spekyng and tyme of *beyng stylle*.

5 例中 4 例の補語が形容詞 *still* であることも興味深いが，この補語構造が従来考えられていた初期 ModE 期ではなくて，15 世紀中頃に初出することは注目に値する。しかし，僅かに 3 テキストに 5 例，と非常に稀であり，ME にあっては萌芽的な構造であると言わねばならない。いつ頃一般化するかは初期 ModE の調査を待つほかはない。

3.3 動名詞の副詞的付加語

本来名詞であった -*ing* 形が，動詞と共起する副詞や副詞句といった副詞的付加語を自由に取ることができることも，動詞性を兼ね備えるようになったことを統語上明示する。その発達過程を，OED (s.v. -*ing*[1] 2) は，*up-lifting, in-coming, down-going* のような 副詞を第一要素とする複合語が解体して，*lifting up, coming in, going down* のように副詞が動名詞の後に置かれるようになり，それがあらゆる副詞や副詞句に拡充されて，自由に副詞的付加語を取るようになった，と説明している。 しかし，後

述するように，OED の考え方だけでは説明できないような例が最も早い用例中に見られる。従って，複合語の解体説に加えて，*-ing* 名詞が現在分詞や不定詞と音韻・形態・統語上混同されたことによる発達と考える方が妥当であるように思われる。

Jespersen をはじめ諸家は副詞を伴う例は 14 世紀に初出するとし，最古の例を 14 世紀中頃の *Ayenbite of Inwyt* (262/32 at uerste *guoinge in*) から引いている。[14] Curme (1912, pp. 351–52) はここでも OE まで遡り 9 世紀の Bede の例 (þa þegnunge *fulwihte* 'the serving with baptism') を挙げているが，当該語は名詞の助格であって純粋な副詞の例ではない。Visser (1966, § 1035) は 14 世紀後半の Wyclif (c1382) から 1 例，15 世紀から 2 例記録しているだけである。これまで指摘されている最古の例は Onions (1914–15, p. 170) と Mossé (1938, p. 105) が挙げる 1200 年頃の次例である。

(23) (?a1200) *Trin.Hom.* 55/14–7 we auen ... don us in to helle wite for ure mutes mete on þre wise on *etinge to michel* on estmetes þe bredeð sinnes (= we have ... put us into hell torments on account of our mouth's meat in three modes, in eating too much of dainty meats that breed sins').[15]

この *-ing* 形は *(to) michel* (= (too) much) という副詞と共起しており，先にふれた複合語解体説では説明できない例である。

他方，副詞句 を伴う例としてこれまで指摘されている最古の例は Curme (1912, p. 352) が挙げる 12 世紀後半の例である。

(24) (c1175) *Bod.Hom.* 92/28 *Tactus, repung, oðer grapung on alle limæn* and þæh ʒewunelycost *on þam hondæn* (= *Tactus,* touching, or feeling

---

14) Jespersen 1940, § 9.3.1; Trnka 1930, p. 92; Mustanoja 1960, p. 575; Kisbye 1971, p.58 など参照。
15) Curme (1912, p. 353) や Visser (1966, § 1123) は，この例を「動名詞 + 目的語」構造の最古の例の 1 つとして挙げているが，これは Onions (1914–15, p. 170) も指摘しているように副詞を伴う構造である。

with all limbs and yet most commonly with the hands').

手許の資料を, 副詞を第一要素とする古い複合語の名残りをとどめる構造 (A) と, 新しい分析的構造「動名詞＋副詞（あるいは, 副詞＋動名詞）」(B), 及び「動名詞 ＋副詞句」(C) に分けて, その頻度を示すと次のようになる。

表 2

	A	B	C	Total
1100–1200	2 (16.7)	2 (16.7)	8 (66.6)	12 (100%)
1200–1250	4 (50.0)	4 (50.0)	0 (0)	8 (100%)
1250–1300	9 (40.9)	6 (27.3)	7 (31.8)	22 (100%)
1300–1350	52 (42.3)	32 (26.0)	39 (31.7)	123 (100%)
1350–1400	36 (16.4)	74 (33.6)	110 (50.0)	220 (100%)
1400–1450	37 (10.3)	181 (50.3)	142 (39.4)	360 (100%)
1450–1500	28 (4.6)	329 (54.4)	247 (41.0)	604 (100%)
Total	168 (12.5)	628 (46.5)	553 (41.0)	1349 (100%)

表 2 によって，A と B という新旧両構造の競合関係を見てみると，14 世紀前半までは OE 由来の複合型が優勢で，その後急速に減少し新しい構造に取って代わられる。 その新しい「動名詞 + 副詞」構造は，手許の資料でも先に挙げた (23) と同じ，1200 年頃の *Trini.Hom.* (?a1200) の例に加え，*Ancr.* (?a1200) や *HMaid.* (?c1200) の例が最も早いものである。1200 年頃初出するが，1300 年頃までは稀で，その後徐々に発達し，14 世紀後半以降は旧構造を完全に圧倒し，一般化する。細かな点で従来の諸説を修正するような事実も幾つか見られるが，詳細は Tajima (1985, pp. 95–110) にゆずり，ここでは，副詞を伴う最も初期の例を幾つか挙げるにとどめる。

(25) (?a1200) *Ancr.* 4.718 þe feorðe froure (=comfort) is sikernesse of godes help i þe *fehtunge aʒein* (= in the fighting back) as Seinte Pawel

(26) (?c1200) *HMaid.* 15/26 his *lokynge on* ageasteð (= frightens) þe.
(27) c1225 *Lofsong Lefdi* 47–8 bi his nimung and bindunge, bi his *ledunge forð* (= by his capturing and binding, by his bringing by force).
(28) (c1280) *SLeg.Pass.* 376 þere worþ wop (= weeping) and *gruntyng* (= gnashing) of teþe *ffaste*.
(29) (?a1300) *Tristrem* 2620 wiþ outen *coming oʒain*.

もう一つの「動名詞 + 副詞句」構造 も，Curme の挙げる (24) と同じ，12 世紀後半の *Bod.Hom.* (c1175) 以降見られるが，頻繁となるのは副詞の場合同様 14 世紀後半からである。最も初期の例を幾つか示す。

(30) (c1175) *Bod.Hom.* 92/27–8 Ða anʒite beoð þus ihaten: ... *Gustus, fondung on þam mute* (= The senses are thus called: ... *Gustus,* tasting in the mouth).
(31) (?a1200) *Trin.Hom.* 151/17–8 þe teares þe man wepeð for *longenge to heuene* ben cleped rein water oðer deu water.
(32) (c1280) *SLeg.Pass.* 394 Of þi *comyng at domesday*.
(33) (?a1300) *KAlex.* 3285–6 he ordeyneþ his *wendyng Toward Darrye* þe riche kyng.

筆者の調査結果は，最古の用例という点では，副詞については Onions と Mossé を，副詞句については Curme を遡るものではなかったが，副詞的付加語を伴う動名詞は通説より約 1 世紀半早く，1200 年前後から見られることを裏付けている。[16]

3.4 動名詞の時制と態
　動名詞は，名詞同様，元々時制や態に関しては中立的 (neutral) であり，文脈によってどの「時」でも表わすことができ，かつ能動的にも受

---

16) この点は，Fischer (1992, p. 252) らにも支持されている。

動的にも用いられた。（現在でも多分にそうである。）それが複合形を用いて，「being + 過去分詞」の形で受動態を，「having + 過去分詞」の形で完了時制を，更には「having been + 過去分詞」の形で完了受動態を表わすことができるようになり，更に一段と動詞的性質を拡大して，今日に至っている。複合形のうち，最も早く出現する受動動名詞から見てみよう。

3.4.1 受動動名詞（'being done'）

複合形による受動動名詞は，一般的には1600年頃初出すると考えられているが，[17] Mossé (1938, §§ 259–60) は下に挙げる15世紀初頭の例を初めとして，15世紀から3例を記録している。

(34) (1417) Ellis *Orig. Lett* II. i 59 but now your sayd leiges ... may suffer their goods and cattels to remayne in the feilds day and night without *being stolen*.

手許の資料では，次に示す15世紀中頃の Pecock *Fol.* (c1454) に起こる4例のみであるが，そのうち (36) に見られる2例は Mossé も挙げているものである。

(35) (c1454) Pecock *Fol.* 126/14–7 þouȝ þe stoon have a wirching, ȝit he wirchiþ not and dooþ not þilk wirchyng bi him silf and bi his owen strengþ, as in a *being restid,* but in strengiþ of þilk vertu, and in a *beyng movid.*

(36) *Ib.* 126/26–9 þe instrument is not wircher of þe same actyue deede principali and þouȝ his owen strengþ in *being restid*, but instrengþ of an oþir, and in *being movid.*

上の (34) に挙げた Mossé の例を含めて5例が，これまで見つかってい

---

17) 例えば，Jespersen 1940, § 9.2.5 参照。

る ME 期の受動動名詞の全用例である。Visser (1946, §384) は, 1600 年頃までは稀で, Shakespeare 以降一般化すると述べているが, 筆者 (Tajima 1999 & 2005) が行った初期 ModE の調査では, 1600 年代に徐々に拡がり, 後半になって一般化, 確立する。

3.4.2 完了動名詞 ('having done')

複合形による完了動名詞が出現するのは初期 ModE 期, 特に 16 世紀末というのが諸家の一致した意見であり,[18] これまで指摘されている Sidney, Spenser, Shakespeare の用例のうち, 最古のものは Blume (1880, p. 41) と Visser (1966, § 2053) の挙げる 16 世紀末のもの (1580–81 Sidney *Arcadia* I. 36 He should have suffered death for *having slaine* the Kings Nephew) であった。果して, 手許の ME 資料にも全く見られない。筆者 (Tajima 1999 & 2005) が行った初期 ModE の調査によると, 先の Sidney よりもっと早く, 16 世紀初頭に出現する (?1503–5 Watson *Valentine* 315/14–6 I must doo a message to ynge Pepyn of Fraunce from a sister of his named Bellyssant that of long time was banyshed out of Constantynoble, without wrong, and without *havyng deserved* it)。このように, 16 世紀初頭に初出するものの 17 世紀の前半までは非常に稀で, 17 世紀の後半, それも終わり頃にようやく一般化しつつある, といった状況である。

なお, 完了受動動名詞 ('having been done') は 18 世紀か 19 世紀になるまで発達しないと考えられていたが,[19] 筆者 (Tajima 2005) の調査では, 17 世紀後半に起こる (1667 Evelyn *Diary*, August 8 : Home, by the way visiting Mr. Oldenburg now a close Prisoner in the Tower, for *having ben suspected* to write intelligence &c.)。ついでながら, 進行形の動名詞 ('being doing') も 17 世紀後半に現れる (1667 Pepys *Diary*, March 25: but my heart was sad; and so home after supper and to bed, and much troubled in my sleep with dreams of my *being crying* by my mother's

---

18) Curme 1912, p. 362; Trnka 1930, pp. 93–94; Jespersen 1931, § 7.8(2) & 1948, § 209; Mustanoja 1960, p. 573 など参照。
19) Jespersen 1931, § 7.8(4) 及び Kisbye 1971, p.65 & 1992, p. 133 参照。

bedside).しかし，完了進行形の動名詞 ('having been doing') は 17 世紀末になっても起こらない．末松（2004, p. 40）に 19 世紀初頭の例 (1816 Austen *Emma*, p. 399: and there was every appearance of his *having been feeling* a great deal) が記録されているので，もっと早く，18 世紀に生起している可能性もある．

　このように動名詞の時制と態を表す複合形は，受動形がようやく 15 世紀に出現するが一般化せず，完了形は ME 期には起こらない．初出は 16 世紀初頭である．複合形がすべて出揃い，ある程度発達するのは近代英語期，それも 17 世紀後半から 18 世紀になってからのようである．

3.5　動名詞の主語
　起源的には名詞である動名詞は，その意味上の主語を示す場合，OE 以来今日に至るまで属格（または属格相当の *of*-phrase）で表わしてきたが，そのほかに ME 以来属格形によらず，通格（代名詞の場合は目的格）の形（e.g. 1848 Thackeray *Vanity Fair* XI 48 I insist upon *Miss Sharp appearing*; Do you mind *me smoking*?）で表わすという動詞的性格の強い構造も発達させるに至っている．そのため，-ing 形が動名詞なのか現在分詞なのか，形の上だけでは判然としない構造も生じてきている (e.g. I remember *Tom saying* so).

　この動名詞の主語を通格（目的格）で表わす構造も，その発達過程に関しては少なからぬ論議を呼んできた．[20] 例えば, Jespersen (1926, p.155 及び 1940, §9.4.1) は 1700 年頃初出する（後に 1700 年頃「頻繁になる」に訂正）と説き，かつ英語独自の発達とするのに対して，van der Gaaf (1928, pp. 65–72) はもっとずっと早く，1300 年頃から起こり，かつフランス語の影響によると主張している．フランス語の影響に関しては最近の Jack (1988, pp. 58–60) もある程度認めている．一方，Visser (1966, §§ 1096–99) は最古の例を 13 世紀初頭 (c1225 *King Horn* (MS Ld)

---

[20]　この点については，Tajima (1996) 参照．

874 To morwe schal be þe fiʒtyng At *þe sonne op rysyng*) から引き，その起源は屈折語尾の衰退によるとする．しかし，近年では，1300 年頃起こり始め，[21] 1600 年頃までは稀であるが，その後着実に地歩を固めてゆく，と考えられているようである．[22]

手許の資料では，意味上の主語を伴う動名詞の場合，その主語は圧倒的多数が属格（所有格）で表現されている (e.g. *Emare* 962 abyde *þat lordys komyng*; *Tristrem* 806 of *his coming*)．しかし，以下に示すように，アポストロフィ(')が考案されていなかった ME では，属格の単数形，通格の複数形，属格の複数形が形の上では識別できない場合もある．

- (37) (?a1300) *Arth.& M.* 8801–2 Þo bigan <u>kniʒtes</u> rideing ... <u>tabours</u> dassing.
- (38) (a1325) *Cursor* 25487–9 Iesus, þat wald after mid-night, Þi swete face, þat was sa bright, With <u>Iuus</u> *spitting* file.
- (39) (c1380) Chaucer *Bo.* I.pr.4, 110–1 thurw <u>the same accusours</u> *accusynge* I am condempned.
- (40) (?a1400) *Dest. Troy* 1625–6 And in the moneth of may mekil þay vsit, With <u>floures and fresshe bowes</u> *fecchyng* of somer.

このような曖昧な例（見たところ -*s* で終わる複数名詞の例）を除いた結果は次の表 3 に示した通りである．

表 3

	Common Case	Objective Case	Total
1100–1200	0	0	0
1200–1250	0	0	0
1250–1300	1	0	1
1300–1350	9	0	9
1350–1400	14	1	15

---

21) Mustanoja 1960, p. 574; Brunner 1962, p. 357; Kisbye 1971, p. 58; Schibsbye 1974, § 7.4.6 など参照．
22) Söderlind 1958, p. 171, n.2 及び Visser 1966, § 1100 参照．

1400–1450	21	3	24
1450–1500	8	5	13
Total	53	9	62

この表は，通格（の名詞）を主語に取る動名詞は 13 世紀後半に，目的格 (の代名詞) を取る動名詞は 14 世紀後半に初出するが，両構造とも ME 末に至っても頻繁とは言えないことを示している。(先述したように，圧倒的多数は属格（所有格）主語をとっている。) 以下，通格主語の収集例のうち，1350 年以前の例を幾つか挙げる。

(41) (?a1300) *Arth.& M*. 5131–2 Lete we now ben her cominge And speke we of þe children *fiȝting* (= Let us turn our attention from their coming and let us speak of the children fighting).

(42) (a1325) *Cursor* 2395–7 Bot son quen he had seised þe land, þat in þan fel a hunger strong, Thoru corn *wanting* (= through the lacking of corn) or thoru werre.

(43) *Ib*. 8445 His fader *biding* wel he heild.

(44) (a1338) Mannyng *Chron*. 1.682 ffor þe quene comynge he was fol glad.

(45) *Ib*. 1.1187 at morn y (= at) þe sonne *rysynge*.

見られる如く，(42) 以外は全て別の解釈，例えば，同格分詞（appositive participle），複合語，無屈折の属格形などによる説明が可能である。(同様のことが 1350 年以降の多くの例についても言える。) これら別解釈可能な例を「通格 + 動名詞」の例と見なせば，Visser の言うとおり 13 世紀初めから起こる。それらを考慮に入れなければ，諸家の考える上例 (42)，すなわち，14 世紀初頭の (a1325) *Cursor* 2397 が明確な初出例ということになる。いずれにしても 後期 ME 全体を通じて非常に稀な構造であることは間違いない。

目的格の代名詞を意味上の主語とする動名詞は，従来，1500 年頃か

ら起こるが 1800 年頃までは一般化しないと考えられてきた。[23] ただし，Kellner (1892, §418) と Visser (1966, §1102) は 15 世紀末の Caxton の例を 3 つ挙げている。手許の資料では，それより半世紀以上早い 1400 年頃の例を初めとして，以下に挙げる 9 例が確認されている。

(46) (?a1400) *RRose* 2061–2 Sire, if thee lyst to undirstande, I merveile the (= thee) *askyng this demande*.[24]

(47) (c1400) *Ld. Troy* 6317–8 he was war of hem *comyng* And of here malice and here thynkyng.

(48) (c1420) *Alph. Tales* 11/22–5 hur accusers ... desirid hym to com vnto þer place and see hur ... þe day of hym *commyng* drew nere.

(49) *Ib*. 178/12–3 þer was so many fendis in þer quere, þat with sight of þaim *goyng vp and doun*, þe ta side falid in þe psalm.

(50) (1477) Caxton *Prose* 29a.151–2 Humbly requyryng and besechyng my sayd lord to take no displaysir on me *so presumyng*.

(51) (c1477) *Ib*. 71a.65–7 Moost humblie besekyng my... lorde, the Kyng, and also the Quene to pardon me *so presumyng*.

(52) (1481) *Ib*. 79a.118 and of his moost bounteuous grace to pardonne me *so presumyng*.

(53) (1481) *Ib*. 96a.159–62 besechyng his moost bounteous and haboundaunt grace to receyve it of me ... and to pardonne me *so presumynge*.

(54) (1481) *Ib*. 96b. 24–5 humbly besechyng his Hyenes to take no displesyr at me *so presumyng*.

上に挙げた 9 例中 5 例は Caxton からであり，それ以外では僅かに 3 つのテキストに 4 例しか起こらない。目的格の代名詞を伴った構造も後

---

23) Kisbye 1971, pp. 53 & 68; Schibsbye 1974, § 7.4.7. Cf. also Visser 1966, § 1102.
24) Einenkel (1914, p. 67) や Visser (1966, § 1124) らは，この "the" を冠詞の *the* と取っているが，これは文脈上も 2 人称代名詞の目的格 *thee* と解すべきところである。MED (s.v. *merveillen* 3.(c)) も 'to wonder at (sb. doing sth.)' の意で，この箇所を引用している。

期 ME において極めて稀であったことを物語っている。

　このように，現代英語では珍しいことではない，動名詞の主語が通格（目的格）で表わされる構造は，後期 ME に初出するが散発的であり，確立からほど遠かったことは明らかである。

4.　むすび

　以上，本来名詞であった動名詞が新たに獲得するに至った動詞的性質の起源と発達過程を検討してきたが，今後に残された課題も少なくない。ただ，筆者の今回の調査で，初期の発達過程の全貌はある程度明らかにできたのではないかと思う。

　要約すれば，本来名詞的機能・性質しか有しなかった動名詞は 12 世紀の終わり頃に副詞や副詞句を伴うようになるが，1300 年頃までの初期 ME にあってはもっぱら単なる名詞として機能している。しかし，1300 年頃からは通格の目的語を従えるようになる。このような動詞的性質を備えた構造がある程度発達したと言えるのは 1400 年以降である。一方，補語を取ったり，複合形によって受動態を表わしたり，通格の主語を取る構造は 15 世紀に生起こそするが極めて散発的であり，いわば萌芽期にあると言ってよい。複合形によって完了時制を表わす構造は全く未発達である。にもかかわらず，動詞性を明示する統語構造がほとんどすべて出揃っていること，一部は確立しつつあると言ってもよいくらいに発達していることを考えると，ME 期，とりわけ後期 ME 期が動名詞の生成・発達過程において最も重要な時期であったことは明らかである。

　今日見るような，動詞的特徴をすべて兼ね備えた動名詞が英語統語法の中に真に確立するのは ModE 期に入ってから，それも恐らくは 17 世紀後半，あるいは 18 世紀以降ではなかろうか。18 世紀を含む初期 ModE を対象とした広範な調査が待たれる所以である。[25] 残されたもう一つの大きな課題は，OE から初期 ME における動名詞と現在分詞及び

---

[25]　初期 ModE における目的語付き動名詞構文を扱った論文 3 篇が齊藤（1997）に収録されているが，信頼できるデータと分析が提供されており，先駆的研究として高く評価できるものである。海外では Fanego（1996）や de Smet（2008）などがある。

不定詞の音韻・形態・統語上の混同・融合の実態を明らかにすることではなかろうか。そのような研究が動詞性獲得の起源解明に資すると考えられるからである。

　本章で筆者が強調したかったことは，何よりも資料を最重視し，そこから導き出される客観的事実を積み重ねることが英語史研究，就中，書かれた文献に頼るほかない中世研究に求められているのではないか，ということである。

参考文献
〈第一次資料〉
　本章で言及したテキストについては，EETS 版もしくは標準的な刊本と目されるものを使用したが，詳しくは巻末の参考文献を参照。

〈第二次資料〉
Armstrong, J. L. 1892. "The Gerund in Nineteenth-Century English". *PMLA* 7, 200–11.
Blume, R. 1880. *Über den Ursprung und die Entwicklung des Gerundiums im Englischen*. Jena diss. Bremen.
Bøgholm, N. 1939. *English Speech from an Historical Point of View*. Copenhagen.
Brunner, K. 1962. *Die englische Sprache*, II. 2nd ed. Tübingen.
Callaway, M. 1929. "Concerning the Origin of the Gerund in English". *Studies in English Philology: A Miscellany in Honor of F. Klaeber* (Minneapolis), pp. 32–49.
Curme, G. O. 1912. "History of the English Gerund". *Englische Studien* 45, 349–80.
――. 1931. *Syntax*. Boston.
Dal, I. 1952. "Zur Entstehung des englischen Participium Praesentis auf -*ing*". *Norsk Tidsskrift for Sprogvidenskap* 16, 5–116.
De Smet, H. 2008. "Functional motivations in the development of nominal and verbal gerunds in Middle and Early Modern English". *English Language and Linguistics* 12, 55–102.
Donner, M. 1986. "The Gerund in Middle English". *English Studies* 67, 394–400.
Einenkel, E. 1914. "Die Entwickelung des englischen Gerundiums". *Anglia* 38, 1–76.
Fanego, T. 1996. "The Gerund in Early Modern English: Evidence from the Helsinki Corpus". *Folia Linguistica Historica* 17, 97–152.
――. 2004. "On reanalysis and actualization in syntactic change: The rise and development of English verbal gerunds". *Diachronica* 21, 5–55.
Few, W. P. 1896. "Verbal Nouns in -*inde* in Middle English and the Participial -*ing* Suffix". *Harvard Studies and Notes in Philology and Literature* 5, 269–76.
Fischer, O. 1992. "Syntax", in *The Cambridge History of the English Language*, ed.

Norman Blake (Cambridge), II, pp. 207–408.
——— and Wim van der Wurff. 2006. "Syntax", in *A History of the English Language*, ed. Richard Hogg and David Denison (Cambridge), pp. 109–98.
Irwin, B. 1967. *The Development of the '-ing' of the Verbal Noun and the Present Participle from c. 700 to c. 1400*. Univ. of Wisconsin diss.
Jack, G. 1988. "The Origins of the English Gerund". *NOWELE* (Odense) 12, 15–75.
Jespersen, O. 1926. "On Some Disputed Points in English Grammar". *SPE Tract* 25, 147–72.
———. 1931 & 1940. *A Modern English Grammar on Historical Principles*. IV & V. Copenhagen.
———. 1948. *Growth and Structure of the English Language*. 9th ed. Oxford.
Keller, W. 1925. "Keltisches im englischen Verbum". *Anglica. Uutersuchungen zur englischen Philologie. Alois Brandl zum siebzigsten Geburtstage überreicht*, Vol. I (Palaestra 147), pp. 55–66.
Kellner, L. 1892. *Historical Outlines of English Syntax*. London.
Kisbye, T. 1971. *An Historical Outline of English Syntax*. Part I. Aarhus.
———. 1992. *A Short History of the English Language*. Aarhus.
Kjellmer, G. 1971. *Context and Meaning*. Stockholm.
Langenhove, G. Ch. van. 1925. *On the Origin of the Gerund in English (Phonology)*. Gand.
MED = *Middle English Dictionary*. Ann Arbor, 1952–2001.
MED Plan and Bibliography = *Middle English Dictionary: Plan and Bibliography*, 2nd ed., ed. R. E. Lewis and M. J. Williams. Ann Arbor, 2007.
Mossé, F. 1938. *Histoire de la forme périphrastique 'étre + participe présent' en germanique*, II. Paris.
———. 1952. *A Handbook of Middle English*. Transl. by J. A. Walker. Baltimore.
Mustanoja, T. F. 1960. *A Middle English Syntax*. Part I. Helsinki.
OED = *The Oxford English Dictionary*. Oxford. 1933.
Onions, C. T. 1914–15. "The History of the English Gerund". *Engliche Studien* 48, 169–71.
Poutsma, H. 1926. *A Grammar of Late Modern English*. Part II, Section II. Groningen.
Preusler, W. 1938. "Keltischer Einfluss im Englischen". *Indogermanische Forschungen: Zeitschrift für indogermanistik und allgemeine Sprachwissenschaft* 56, 178–91.
Rooth, E. 1941–42. "Zur Geschichte der englischen Partizip-Präsens-Form auf *-ing*". *Studia Neophilologica* 14, 71–85.
Schibsbye, K. 1974. *Origin and Development of the English Language*. II. Copenhagen.
Söderlind, J. 1958. *Verb Syntax in John Dryden's Prose*. II. Uppsala.
Tajima, M. 1985. *The Syntactic Development of the Gerund in Middle English*. 南雲堂.
———. 1996. "The Common-/Objective-Case Subject of the Gerund in Middle English", in *A Frisian and Germanic Miscellany: Published in Honour of Nils Århammar on his Sixty-Fifth Birthday, 7 August 1996* (Odense, Denmark), pp. 569–78.

———. 1999. "The Compound Gerund in Early Modern English", in *The Emergence of the Modern Language Sciences: Studies on the transition from historical-comparative to structural linguistics in Honour of E. F. K. Koerner,* ed. S. Embleton, et al. (Amsterdam), Vol. II, pp. 265–77.

———. 2005. "The Compound Gerund in 17th-Century English", in *Papers on Scandinavian and Germanic Language and Culture, Published in Honour of Michael Burnes on his Sixty-Fifth Birthday, 28 June 2005* (Odense), pp. 249–62.

Trnka, B. 1930. *On the Syntax of the English Verb from Caxton to Dryden.* Prague.

Van der Gaaf, W. 1928. "The Gerund Preceded by the Common Case: A Study in Historical Syntax". *English Studies* 10, 33–41 & 65–72.

Visser, F. Th. 1946. *A Syntax of the English Language of St. Thomas More.* Part I. Louvain.

———. 1966. *An Historical Syntax of the English Language.* II. Leiden.

宇賀治正朋．2000.『英語史』開拓社．
小野　茂．1984.『英語史の諸問題』南雲堂．
齊藤俊雄．1997.『英語史研究の軌跡 ── フィロロジー的研究からコーパス言語学的研究へ』英宝社．
末松信子．2004.『ジェイン・オースティンの英語 ── その歴史・社会言語学的研究』開文社出版．

7

後期中英語における法助動詞 *Ought* の発達
―特に Chaucer の用法に関連して―

1

　現代英語の法助動詞 *ought* と本動詞 *owe* は意味・用法共に一見関係がないように思われるかもしれないが，歴史を遡れば，同一動詞の過去形と現在形である。一方は通例 *to*-infinitive を伴って 'duty or obligation' の意を表わす不変化の法助動詞となり，もう一方は新たな過去形 owed を持つ弱変化動詞となったものである。意味的にも，両語共に「所有する」の原義から遠く離れたものになってしまっている。

　Owe, ought の意味・用法の発達に関する概要は OED や MED といった歴史的大辞典や，Visser (1963, §§ 563–73 & 1969, §§ 1711–26) などで得られる。とりわけ，OED は古英語 (OE) から近代英語 (ModE) に至る発達過程を詳細に例示してくれる。しかしながら，そしてある意味では当然のことであるが，今日見るような法助動詞 *ought* の確立が実際にはいつ頃かとか，ある時期におけるそれぞれの意味・用法の相対的頻度等に関する情報は与えてくれない。*ought* と *owe* を含む OED の分冊が刊行されたのはそれぞれ 1902 年と 1903 年であるが，それ以降で，*owe, ought* の初期の発達過程に関して OED 以上に確かな情報を提供してくれるのは，わが国の小野茂教授の論文「Āgan (Ought) の発達」(1969)[1] だけである。この論文は，OE の *Beowulf, Anglo-Saxon Chronicle*

---

1) 『英語法助動詞の発達』(研究社，1969), pp. 199–227 所収。元々は "The Early Development of the Auxiliary *Ought*" と題して，*The Hitotsubashi Journal of Arts and Sciences*, Vol. l, No.1 (1960), pp. 41–61 に発表された論文の日本語版である。その後，元の英語版は *On Early English Syntax and Vocabulary* (南雲堂, 1989) に再録されている。本章での小野論文への言及はすべて 1969 年版による。

[E], 初期 ME の *Trinity Homilies, Ancrene Riwle, Havelok the Dane*, それに後期 ME の Chaucer (*Canterbury Tales*), Malory を調査して *āgan* (> ME *owe(n* > ModE *owe*) の発達をたどったものである。とりわけ過去形 *āhte* (*ought*) の機能が 'duty or obligation' を表わす助動詞として特殊化する過程, 及び *āhte* (*ought*) + *to*-infinitive という統語法の確立を実証したものである。OE から後期 ME までを射程に収めた本論文で *ought* の歴史的発達の全容はほぼ解明されたと言ってよい。

その小野論文で特に興味深い点は, Chaucer の *ought* は現代の用法に近く, 相当程度まで助動詞として確立していたが, 特に (1) 不定詞の形態, (2) 非人称構文, の2点で現代の用法と著しい相違を示しているという指摘である (小野 1969, pp. 216–20)。詰まるところ, *Canterbury Tales* では *ought* が伴う不定詞は *(for) to*-infinitive より simple infinitive がきわだって多いが, このことは Chaucer 以前以後を通じて一般的傾向に反しているという点, 及び *ought* の非人称用法が Malory と比べて Chaucer には相当見られるという点である。第1の, Chaucer の *ought* が simple infinitive を伴うことが多いという点は, 通常 *to*-infinitive を伴う現代の用法と著しく異なることはその通りである。一方, 小野 (1969) の英語版 (1960) が発表されたのと同時期に刊行された Mustanoja (1960, p. 533) の中に次のような記述が見られる。

> *ought (owe):* accompanied by both kinds of infinitive: ... In the case of this verb the ME usage is very unsettled. The infinitive with *to* prevails in early texts, and in *Piers Plowman* and the Wyclifite Bible the plain infinitive is rare. Only the infinitive with *to* is recorded in *The Book of London English*, but Chaucer and Occleve, and above all Pecock favour the plain infinitive.

Mustanoja は具体的な頻度数などは示していないが, もしこの説明が当を得ているとすれば, simple infinitive が多いのはひとり Chaucer だけとは限らないことになり, 上述した第1の論点は多少修正を要するように思われる。また, 第2の非人称用法が多いことも現代の用法と異

なることはその通りであるが，15世紀の間に衰退したと結論するのにMaloryとの比較だけでは証拠が十分とは言えないのではないか。もちろんこの点は小野教授も先刻ご承知で，Chaucerの用法が真に独自のものであったかどうかを決定するには一層の調査が必要である，と述べておられる（小野 1969, p. 219）。

　数少ない先行研究から判断するかぎり，法助動詞 ought が最終的に確立するのはどうやら後期 ME の頃ではないかと推測されるが，近年の ought に関する研究は理論的なものが主であり，[2] その歴史解明に必要な実証的研究は調査対象がやや限定された小野 (1969) しかないのが実情である。そこで本章では，Chaucer と同時代のテキストを中心に後期 ME (1300–1500) の 37 の文献（詳しくは本章末尾のテキスト一覧参照）を調査し，まず現在形 owe と過去形 ought の意味・用法の分化を観察し，その後で，(1) 不定詞の形態，(2) 非人称構文，の 2 点に関して，小野教授の見解及び Mustanoja の説明の妥当性を検証してみたいと思う。テキストの略称，制作年代等については，概ね MED Plan and Bibliography (2007) によった。（なお，ME の owe, ought の綴り字は多種多様であるので，本文中では引用例を除いて現代英語の語形を使用する。）

2

　まず最初に，後期 ME のテキストで owe と ought が実際にどのように使用されているかを確認し，その上で，ought が 'duty or obligation' を表わす助動詞として特殊化する過程を観察する。

　OED (s.vv. Owe & Ought) によれば，OE āgan (> ME owe(n)) は本来 'to have, to possess' を意味していた。これから 'to have to pay' の意味が発達し，さらに不定詞を伴って 'to have as a duty; to be under obligation (to do something)' の意味が生じた。更に過去形 āhte (> ME ought) はそれぞれの意味の過去用法のほかに，1200 年以前に 'duty or obligation' を表す現在の意味でも用いられ始める。つまり，今日の法助動詞として

---

2) 例えば，Denison (1993, pp. 71–72 & 314–16), Warner (1993, pp. 102, 148–49 & 204), Allen (1995, pp. 250, 261 & 263–64) などである。

の ought の用法が発生する。(従って，ME では現在の 'duty or obligation' を表わすのに現在形 owe と過去形 ought の 2 つが併存していた。)かくして 13 世紀初頭にはほとんどすべての意味・用法が出揃っていたことになる。その後の変化・発達を経て，owe は 'to have to pay' の意味でしか用いられなくなり，新しい過去形 owed をもつ弱変化動詞となり，ought は不定詞を伴って 'to have as a duty (to do)' の意を表わす法助動詞となって今日に至っている。以下に，ME における owe, ought それぞれの意味・用法を 1 例ずつ示す。便宜上，例文はすべて Malory から（ただし，該当例の見られない IIIa については Jacob's W. から）挙げる。(下線等は筆者のもの。)

  I. "To possess; have; own"
      a. 現在形：Malory *Wks.* 94/34–5 There is a knyght in this contrey that <u>owyth</u> this whyght shelde.
      b. 過去形：Malory *Wks.* 283/33–4 So this knyght that <u>ought</u> the shylde sawe none other way but he muste dye.
  II. "To have to pay" (= ModE *owe*)
      a. 現在形：Malory *Wks.* 406/13 wyte you well I <u>owghe</u> you my servyse.
      b. 過去形：Malory *Wks.* 5/34 by the feith she <u>ought</u> to hym.
  III. "To have as a duty or obligation (*to do*)" (= ModE *ought, should*)
      a. 現在形：*Jacob's W.* 51/12–3 þey <u>owyn</u> to be departyd asunder.
      b. 過去形の過去用法：[3] Malory *Wks.* 5/42–43 and soo I went unto bed with hym as I <u>ought</u> to do with my lord.
      c. 過去形の現在用法：Malory *Wks.* 23/20 for they do as good men <u>ought</u> to do.

---

3) OED (s.v. Ought III. 5) によれば，この用法は今日ではふつう従属節に見出されるとしているが，ME にあっても事情は同じで，OED, MED (s.v. *ouen*), Visser (1969, §1716) らの引用例を見ても単独で過去の意味を表わすものはなく，すべて過去時制の主節と共起する従属節で用いられている。つまり文脈上過去を表わすと考えられるものばかりである。

表 1

	I 'to have, to possess'		II 'to have to pay'		III 'to have as a duty (to do)'			Total
	owe	ought	owe	ought	owe	ought pt.	ought pr.	
Arth.& M. (?a1300)	–	–	–	–	–	–	4	4
Havelok (c1300)	2	2	1	–	–	1	3	9
Mannyng HS (c1303)	1	–	1	–	8	–	32	42
Horn Child (c1320)	–	–	–	–	–	–	1	1
Otuel & R. (?a1325)	1	3	–	–	–	–	1	5
Harley Lyrics (c1325)	–	–	–	–	–	–	2	2
Orfeo (c1330)	–	–	–	–	–	1	–	1
Shoreham Poems (a1333)	–	–	–	–	–	–	3	3
Octavian (c1350)	–	–	–	–	–	–	1	1
Yvain (?c1350)	1	–	3	–	1	1	–	6
Winner & W. (c1353)	2	1	1	–	1	–	–	5
WPal. (a1375)	–	2	1	1	–	10	6	20
Barbour's Bruce (1375)	–	1	0	1	3	2	6	13
Chaucer (1369–a1400)	1	–	10	3[1]	3	23	169	209
PPl.B (c1378)	–	1	2	–	–	1	3	7
Firumb. (c1380)	–	–	1	–	–	1	4	5
Pearl (?c1380)	–	–	1	–	1	1	1	4
Cleanness (?c1380)	–	–	–	–	–	1	–	1
Patience (?c1380)	–	–	–	–	–	–	–	–
St.Erk. (c1386)	–	2	–	–	–	–	–	2
Gawain (?c1380)	–	4	–	–	1	–	–	5

									Total
Gower *C.A* (a1393)	–	–	–	–	1	1	6	42	51
Morte *Arth.* (a1400)	–	8	1	–	–	1	–	5	15
Le Morte *Arth.* (?a1400)	–	1	–	–	–	–	–	1	2
Mandev. (c1400)	–	–	–	–	–	–	–	6	6
Chancery (1384–1462)	–	–	6	–	–	4	2	11[2]	23
Hoccl. *RP* (c1412)	–	–	–	–	–	4	1	29	34
Audelay Poems (c1426)	–	–	–	–	–	–	–	1	1
Jacob's W. (c1440)	–	–	–	–	–	47	–	9	60
Pecock *Donet* (c1445)	–	–	4	–	–	6	5	52	64
Shillingford (1447–48)	–	–	1	1[3]	–	–	3	36	40
Towneley *Pl.* (a1460)	2	–	–	2	2	9	–	8	23
Paston [Selections](1426–84)	–	1	4	1	–	–	3	9	18
Malory *Wks.* (a1470)	5	8	23	9[4]	–	–	12	74	131
Caxton *Prose* (1474–90)	–	–	1	–	–	–	3	30	34
Treat. L. (c1493)	–	–	1	–	–	–	1	43	45
Everyman (c1495)	–	–	–	–	–	–	–	1	1
Total	15	35	64	19	90	77	593	893
(%)	(1.7)	(3.9)	(7.2)	(2.1)	(10.1)	(8.6)	(66.4)	(100%)
	(5.6)	(9.3)	(85.1)			

1. 過去分詞 owed 1 例を含む。
2. 過去形 owed 1 例を含む．
3. 過去形 owed 1 例を含む．
4. 過去分詞 ought 1 例，過去形 owed 1 例，過去分詞 owed 2 例を含む．

表1は手許の資料を，上記の各意味・用法に分類して，それぞれの用例数をテキスト別に示したものである。

この表を見る前に，小野 (1969, pp. 210–11 & 216) の調査結果をもとに OE より Chaucer に至るまでの owe, ought の意味・用法を概観してみよう。OE では 'to have, to possess' がほとんど唯一の意味であったが，13 世紀初期には āgan (owe) の主な用法はほとんどすべて出揃っていた。ただし初期 ME では 'to have, to possess' の意味は減少してくる。他方，過去形 ought の現在用法は 13 世紀初期ではまだ少なく，現在の 'obligation' を表わすには現在形 owe の方がふつうであった。ところが 14 世紀後半の Chaucer になると，owe の現在形はふつう 'to have to pay' の意味，稀に原義の 'to have, to possess' の意味で用いられ，過去形 ought はほとんど常に 'to have as a duty (to do)' の意味で用いられている。しかも多くの場合現在用法，つまり現在の意味である。かくして Chaucer の ought は現代の用法に近く，相当程度にまで助動詞として確立しているという。以上のことを念頭において表1を見てみよう。

表1に示された owe, ought の意味の分布状況はどうかというと，後期 ME 全体では，'to have, to possess' の意味での使用は 5.6%, 'to have to pay' 9.3%, 'to have as a duty (to do)' 85.1% である。初期 ME 以来続いている，本来の 'to have, to possess' の意味の減少はきわめて顕著である。殊に 15 世紀では Malory を除けば実質上皆無である。現代英語で廃用に帰する徴候はすでにここにはっきり見てとれる。他方，今日一般的な 'to have to pay' の意味の用例は，'to have, to possess' のそれよりはやや多いが，14 世紀の前半ではまだ稀で，後半以降散見されるようになる。15 世紀も後半の Malory になると極めて頻繁に起こり，現代の用法に近くなっている。ただし，この意味の過去形 ought は非常に稀である。そして，全体の八割以上は 'to have as a duty (to do)' の意味で，不定詞を伴う。この意味の時制を見ると，現在形 owe 90 例 (10.1%)，過去形 ought の過去用法 77 例 (8.6%)，現在用法 593 例 (66.4%)，と過去形 ought の現在用法が大半である。過去形 ought そのものは全部で 724 (35 + 19 + 77 + 593) 例であるが，そのうちの 670 (77 + 593)，つまり

92.5％が 'obligation' の意味で使われている．それに対して，'obligation' の意味の *owe* は，ごく一部のテキスト，とりわけ 15 世紀中頃の *Jacob's W.* と *Towneley Pl.* を除けば，非常に稀である．後期 ME 期のほとんどすべてのテキストでは，過去形 *ought* が 'obligation' の意を表わす実質上唯一の形と言ってよい．現在形 *owe* がふつうであった初期 ME の状況とは完全に逆転している．

　以上のことを総合すると，後期 ME では，現在形 *owe* は，*Jacob's W.* と *Towneley Pl.* における例外的現象を別にすれば，通例 'to have to pay' の意味，稀に 'to have, to possess' 及び 'to have as a duty (*to do*)' の意味，過去形 *ought* は圧倒的に 'to have as a duty (*to do*)' の意味，ごく稀に 'to have, to possess' と 'to have to pay' の意味で用いられる．このように *owe* と *ought* の意味の分化はかなり明確になっている．更に 'to have as a duty (*to do*)' の意味を表す *ought* は，多くの場合（670 例中 593，つまり 88.5％）現在用法と考えることができるので，多少の例外はあっても，'duty or obligation' を表わす助動詞としてほぼ確立していると言える．しかもこの傾向は 14 世紀後半の Chaucer の頃からというよりも，14 世紀初頭から確認できる．（13 世紀の調査いかんでは，もっと遡ることも可能かもしれない．）

　後期 ME における *owe, ought* の具体的な意味・用法については本節の冒頭で例示したので，ここでは形態面に関して次の点にふれておきたい．*owe* の過去形は ME 全体を通じて，意味に関係なく *ought* が規則的であるが，新しい過去形 *owed*，及び過去分詞形 *owed* も後期 ME に初出する．OED や MED の引用例を見ると，'to possess' の意の過去形 *owed* は (a1400) *Siege Jerus.* に，'to have to pay' の意の過去形 *owed* は (1447) *Shillingford* に，'to have as a duty (*to do*)' の意の過去形 *owed* は (a1396) Hilton *CPerf.* に初出する．いずれも 1400 年前後である．過去分詞形は，'to have to pay' の意の過去分詞形 *owed* が (c1380) Chaucer *Bo.* に起こる．とはいえ，新しい形の用例自体はまだきわめて少ない．手許の資料でも 6 例しか確認できなかった．過去形は 3 例，そのうち 2 例が (1) と (2) に示す今日的な 'to have to pay' の例，残る 1 例は (3) に挙げる 'to have as a duty (*to do*)' の例である．(1) は OED, MED の初出例と同じも

のである。(3) については非人称構文を扱う第4節で再度取り上げる。

(1) (1447) *Shillingford* 8/5–6 and therfor he <u>oowde</u> me grete thanke.
(2) (a1470) Malory *Wks*. 434/1–2 for the trewe feythe I <u>owed</u> unto hym.
(3) (1430–31) *Chancery* 182.13–4 þe which by þe lawe of god him <u>owed</u> to pursue and folowe.

過去分詞形 *owed* も手許には3例しかないが、いずれも今日的な 'to have to pay' の例であり、(4) は OED、MED の初出例と同じものである。

(4) (c1380) Chaucer *Bo*. 4 pr.5.16–7 prisown, lawe, and thise othere tormentz of laweful peynes ben rather <u>owed</u> to felonus citezeins.
(5) (a1470) Malory *Wks*. 426/29 And thereas I have <u>owed</u> you evyll wyll me sore repentes.
(6) (a1470) Malory *Wks*. 474/15–6 ... of youre treson that ye have <u>owed</u> me longe.

ここで興味深い点は、Malory で、'to have to pay' の意の過去形及び過去分詞形が今日と同じ *owed* になっていることである。しかし、その Malory でも、過去形としては *ought* がより一般的である。(内訳は過去形 *ought* 5, *owed* 1, 過去分詞形 *ought* 1, *owed* 2 である。) ともあれ、法助動詞 *ought* とは別の道を歩くことになる弱変化動詞としての *owe* の過去形 *owed* は、文献上は15世紀中頃に、過去分詞形 *owed* は14世紀後半に初出するが、ME 期ではまだ確立していなかったと結論できるであろう。

3

先述したように、小野 (1969, p. 216) によれば、'duty or obligation' を

表わす ought (owe) に関する Chaucer の用法は，特に (1) 不定詞の形態，(2) 非人称構文，の2点で現代の用法と著しい相違を示しているという。ここではまず第1の点を検証するが，その前に owe, ought に伴う4つの不定詞の形態を例示する。

1. *To*-infinitive:[4]
    (7) Mannyng *HS* 1189–90 Þou <u>owst</u> *to do* no þyng stylle Wyþ oute leue of þy fadrys wylle.
    (8) *Arth. & M.* 1330 For blis he <u>ouʒt</u> *to sing and lepe*.

2. *For to*-infinitive:[5]
    (9) *Barbour's Bruce* 9.742–3 ʒe chasty me, bot ʒhe <u>Aw</u> bettir chastyit *for till be*.
    (10) *Havelok* 2801–2 For Englond <u>auhte</u> *for to ben* Youres, and we youre men.

3. Simple infinitive:
    (11) *Winner & W.* 287 Iche freke one felde <u>ogh</u> þe ferdere (= more eager) *be* to wirche.
    (12) Hoccl.*RP* 2489–90 His brother <u>ought</u> hym *counceille & rede* To correcte & amende his wikked dede.

4. Implied infinitive:
    (13) *Barbour's Bruce* 11.429–30 I trow thai stalwardly sail stand, And do thair deuour as thai <u>aw</u>.
    (14) *WPal.* 122 Þe kinges furst child was fostered fayre as it <u>ouʒt</u>.

上記 4. の implied infinitive（含意不定詞）は ought (owe) に伴う不定詞

---

4) 北部方言 (Northern) の不定詞標識 *at* (*Ywain* 3668) 及び *till* (*Barbour's Bruce* 12.232, 15.518) の例を含む。
5) 北部方言 *for till* (= 'for to') の例 (*Barbour's Bruce* 9.743) を含む。

が表現されず，文脈から推定される形式で，いわゆる独立用法（absolute use）である。

次に示す表2は，手許の資料を上に挙げた不定詞の形態別に分類したものである。ただし，2. の for to-infinitive は後期 ME では単に to-infinitive の異形態に過ぎず，しかも当面の問題は，本来 to-inf. を伴う ought が後期 ME においてどの程度 simple inf. を伴うかを明らかにすることであるので，煩を避ける意味からも to-inf. と for to-inf. は prepositional inf. として一括して示す。なお，先の表1では，ought の過去用法と現在用法を区別して表示したが，これは文脈による意味の区別であり，統語構造の問題ではないので，以下の議論ではこの区別は行わない。

表2

	owe			ought			Total
	prep. inf.	simple inf.	implied inf.	prep. inf.	simple inf.	implied inf..	
Arth.& M. (?a1300)	-	-	-	1	3	-	4
Havelok (c1300)	-	-	-	3	1	-	4
Mannyng *HS* (c1303)	7	1	-	23	8	1	40
Horn Child (c1320)	-	-	-	-	1	-	1
Otuel & R. (?a1325)	-	-	-	-	1	-	1
Harley Lyrics (c1325)	-	-	-	1	1	-	2
Orfeo (c1330)	-	-	-	1	-	-	1
Shoreham *Poems* (a1333)	-	-	-	1	2	-	3
Octavian (c1350)	-	-	-	1	-	-	1
Ywain (?c1350)	-	1	-	1	-	-	2
Winner & W. (c1353)	-	1	-	-	-	-	1
WPal. (a1375)	-	-	-	3	3	10	16
Barbour's Bruce (1375)	1	-	2	8	-	-	11
Chaucer (1369–a1400)	3	-	-	47	129	16	195
PPl.B (c1378)	-	-	-	3	1	-	4
Firumb. (c1380)	-	-	-	4	-	-	4
Pearl (?c1380)	1	-	-	-	2	-	3
Cleanness (?c1380)	-	-	-	-	1	-	1
Patience (?c1380)	-	-	-	-	-	-	0
St.Erk. (c1386)	-	-	-	-	-	-	0
Gawain (?c1380)	1	-	-	-	-	-	1
Gower *CA* (a1393)	1	-	-	22	25	1	49

Morte Arth. (a1400)	1	-	-	5	-	-	6
Le Morte Arth. (?a1400)	-	-	-	1	-	-	1
Mandev. (c1400)	-	-	-	6	-	-	6
Chancery (1384–1462)	4	-	-	12	-	1	17
Hoccl.*RP* (c1412)	-	4	-	3	24	3	34
Audelay *Poems* (c1426)	-	-	-	-	1	-	1
Jacob's W. (c1440)	47	-	-	9	-	-	56
Pecock *Donet* (c1445)	6	-	-	18	39	-	63
Shillingford (1447–48)	-	-	-	33	5	1	39
Towneley Pl. (a1460)	6	-	3	8	-	-	17
Paston [Selections](1426–84)	-	-	-	11	-	-	12
Malory *Wks.* (a1470)	-	-	-	82	3	3	86
Caxton *Prose* (1474–90)	-	-	-	30	3	3	33
Treat.L. (c1493)	-	-	-	41	2	2	44
Everyman (c1495)	-	-	-	1	-	-	1
Total	78	7	5	379	255	36	760

　表 2 によれば，現在形 *owe* は全部で 90 例，そのうち prepositional inf. を伴う例 78 (86.7%), simple inf. 7 (7.8%), implied inf. 5 (5.5%) であり，過去形 *ought* は全部で 670 例，そのうち prepositional inf. を伴う例 379 (56.5%), simple inf. 255 (38.1%), implied inf. 36 (5.4%) である。*owe* は用例こそ少ないが，圧倒的多数が prepositional inf. を伴っている。一方，*ought* は prepositional inf. を伴う例が多いが，simple inf. も決して少なくない。そして，多少の例外はあるが，概して 15 世紀半ばには *ought* + *to*-inf. という統語構造がほぼ確立していたと言ってよい。以下の議論では，*owe* の用例自体が少ないので，特記しない限り *owe*, *ought* をひとまとめに論じることにしたい。

　まず，*ought* (*owe*) の用例数の比較的多いところから見てみよう。Chaucer では prepositional inf. 50 (27.9%), simple inf. 129 (72.1%), Hoccl.*RP* では 3 (9.7%) 対 28 (90.3%), Pecock *Donet* では 24 (38.1%) 対 39 (61.9%) といった具合に，simple inf. の比率がきわめて高い。また Chaucer と同時代の Gower *CA* では prepositional inf. 23 (47.9%) に対して simple inf. 25 (52.1%) と両者はほぼ拮抗している。他方，Mannyng *HS* では prepositional inf. 30 (76.9%), simple inf. 9 (23.1%), *Shillingford* では 33 (86.8%) 対 5 (13.2%), Malory *Wks* では 82 (96.5%) 対 3 (3.5%),

Caxton *Prose* では 30 (90.9%) 対 3 (9.1%), *Treat.L.* では 41(95.3%) 対 2 (4.7%), といった具合に prepositional inf. が simple inf. を圧倒し, *Chancery* (13 : 0), *Jacob's W.* (56 : 0), *Towneley Pl.* (14 : 0), *Paston* (11 : 0) では prepositional inf. しか用いられない。用例数の少ないところではどうか。*Arth & M* (1:3), Shoreham *Poems* (1 : 2), *Pearl* (1 : 2) で simple inf. がやや多く, *WPal* (3 : 3), *Harley Lyrics* (1 : 1), *Ywain* (1 : 1) で両者は同数, 一方, *Havelok* (3 : 1), *PPl.B* (3 : 1) では prepositional inf. がやや多く, *Barbour's Bruce* (9 : 0), *Firumb.* (4 : 0), *Morte Arth.* (6 : 0), *Mandev.* (6 : 0) では prepositional inf. しか用いられない。残りは *Winner & W., Cleanness,* Audelay *Poems* などで simple inf. が 1 回ずつ, *Orfeo, Gawain, Le Morte Arth.* などでは prepositional inf. が 1 回ずつ用いられている。

　本来 to-inf. を伴っていた *ought* (*owe*) が, 初期 ME より, 他の助動詞, 特に意味の類似している *shall* (*should*) との類推もあって simple inf. を伴うようになる。この状況は初期 ModE まで続くが, [6] 後期 ME の全体的傾向としては本来の prepositional inf. が一般的である。その意味では simple inf. が圧倒的に多い Chaucer の用法は確かに一般的傾向と異なるとは言えよう。そして現代の用法と著しく異なることもその通りである。が, 同時代の Gower (a1393), それに続く Hoccleve (c1412), その後の Pecock (c1445), 更には, 用例数こそ少ないが Chaucer 以前の *Arth. & M.* (?a1300), Shoreham *Poems* (a1333), ほぼ同時代の *WPal* (a1375), *Pearl* (c1375) などの使用状況を併せ考えると, 必ずしも Chaucer の用法が「Chaucer 以前及び以後を通じて一般的傾向に反している」(小野 1969, p. 217) とは言えないのではないか。また, Mustanoja (1960, p. 533) は simple inf. を多用する作家として Chaucer, Hoccleve, Pecock を挙げ, 特に Pecock がそうであると述べている。実際, この 3 人は手許の資料でも simple inf. を最も多用している。すなわち, Chaucer では 179 例中 129 (72.1%), Hoccl.*RP* では 31 例中 28 (90.3%), Pecock *Donet* では 63 例中 39 (61.9%) が simple inf. である。しかし, 頻度順でいうと Hoccleve, Chaucer, Pecock の順に simple inf. を多用してお

---

6)　Kenyon 1909, p. 98 n.2; Kisbye1971, p. 18 n.2; Barber 1976, p. 257; Visser 1969, § 1712 参照。

り，3 人の中で殊更 Pecock を強調する理由はないように思われる。

　また，小野 (1969, p. 219) は，Chaucer の全作品における *ought* (*owe*) と共に用いられた不定詞を韻文と散文に分けて比較し，韻文より散文の方が *to*-inf. の比率が高いが，いずれにおいても simple inf. が多いと言う。手許の資料では，*Mandev., Chancery, Jacob's W., Pecock Donet, Shillingford, Paston*, Malory, Caxton, *Treat.L.* が散文で，他はすべて韻文である。確かに，Pecock Donet を除けば散文では *ought* (*owe*) と共に用いられる不定詞は *to*-inf. がほとんど唯一の形態といってよい。韻文では，simple inf. がきわだって多い Chaucer, Gower, Hoccleve を別にしても，simple inf. が優勢なテキストが多いのも事実であるが，用例数が少なすぎる。逆に *to*-inf. が唯一の形態の韻文テキストも少なくない。このような状況から判断する限り，韻文と散文の間に有意味な差があるとは考えられない。むしろ，韻文，散文を問わず，今日みるような *to*-inf. を伴う形式が十分には確立しておらず，揺れていたと考えるべきであろう。

　なお，それぞれの不定詞の形態については本節の冒頭で例示しているので，ここでは繰り返さない。ただ，今日の用法と比較して注目すべき相違が認められる点について少しふれておきたい。現在形 *owe* が本来同義の shall と並置され，しかも 'owe and shall' という語順にもかかわらず *for to*-inf. を共有している珍しい例が 1 つあった。

(15) Mannyng *HS* 821–2 And þat day þou <u>owyst</u> and *shal For to here* þy seruyse al.

Shall 以外の助動詞と並置されている例も，散文の *Shillingford* に 2 例，Caxton *Prose* に 3 例あるが，不定詞の形態は明らかに隣接する助動詞に左右されている。

(16) *Shillingford* 108/4 ham <u>oughte</u> and *myghte* have be assessed and payed.
(17) *Shillingford* 112/27–8 as they *woll* and <u>aughte</u> *to do* with and …
(18) Caxton *Prose* 29a.49–51 he <u>ought</u> not ne *shold not be belevyd* in hys

other dyctes and sayinges.

(19) Caxton *Prose* 86a.64–7 And thus the pryncipal laude and cause of delectable and amyable thynges in whiche mannes felycyte stondeth and resteth <u>ought</u> and *maye* wel *be attributed* to hystoryes.

(20) Caxton *Prose* 93b.17 it *may* and <u>ought</u> *to be called* ...

Shillingford でも，Caxton でも，*to*-inf. が規則的であるが，(16) では 'might'，(18) では 'should'，(19) では 'may' の影響で不定詞は *to* を取っていない。逆に (17) と (20) では 'will'，'may' といった助動詞と *ought* の語順が入れかわっているために *to*-inf. を伴っているのであろう。

一方，不定詞を 2 つ伴って，第一不定詞が simple inf. を，第二不定詞が *to*-inf. を伴っている例も散文の Pecock に 1 例起こる。

(21) Pecock *Donet* 130/16–7 þer <u>ouȝt</u> no þing *be grauntid*, or *to be holden* sadly and surely for treuþe aboute cristis dedis.

更には，*ought* + simple inf. と *ought* + *to*-inf. が同一文に起こる，興味深い例が 15 世紀末の散文 *Treat.L.* に見られる。

(22) *Treat.L.* 112/21–23 She <u>oughte</u> not *answere* by sharpe wordes, but rather <u>oughte</u> *to yelde* good odour by true pacyence to all theym that done hyr ony offence, soo that she maye saye wyth saynt poul.

最初の simple infinitive の使用は否定辞 not の影響ではないようである。というのは同作品では，否定辞と共起する *ought* は *to*-inf. を伴う例が 3，simple inf. を伴う例が 2 で，前者が多いからである。

　Ought が完了不定詞 (perfect infinitive) を伴う構造については，OED (s.v. *Ought* III. 5. c.) の初出例は 1551 年のものである。しかし，Visser (1969, §1721) は初期 ME より散見されることを例示している。それによると，'ought to have + *pp.*' の最古の例は *Ancrene Wisse* (c1225) に，'ought for to have + *pp.*' の例は *Ancrene Riwle* (c1225) に，'ought have +

pp.' の例は Chaucer *Anel.* (c1375) に起こるが，記録されている ME の例は全部で 6 (*to*-inf. 1, *for to*-inf. 2, simple inf. 3) である。後期 ME の手許の資料では，「be + 自動詞の過去分詞」で完了を表わす 1 例を含めて合計 13 例確認できる。そのうち，下の (27) に示す simple inf. の例 (c1303 Mannyng *HS* 9953) は上記 Chaucer の例よりはるかに古く，かつ，大半はこれまで指摘されていないものである。(ちなみに，*owe* が完了不定詞を伴う例は全く起こらない。) 見たところ，先の Visser の 6 例を除けば，OED や MED にも記録されていないようなので，以下にすべて挙げるが，複数例見られる Malory と Gower に関しては，(26) と (31) の最後に生起箇所のみ記したものもある。

Prepositional infinitive の例：
(23) (c1303) Mannyng *HS* 6245–7 Loke þarfore, executore, ȝyf þou haue ȝyt holden store Þat þou <u>oghtest</u> *for to haue ȝyue.*
(24) (1414) *Chancery* 163.18–9 I myghte not haue ben remedied ne myne neyghebores nother so sone at that tyme lyk as we <u>oughten</u> *to haue ben* of right.
(25) (1469) *Paston* 60.16–8 yf anythyng have be amysse any othere wyse than yt <u>howte</u> *to have ben* before thys.
(26) (a1470) Malory *Wks.* 549/10–1 And of that grete beawt I had a litill pryde, more than I <u>oughte</u> *to have had.* (Also in Malory *Wks.* 471/8–9).

Simple infinitive の例：
(27) (c1303) Mannyng *HS* 9953–4 To whom <u>oghte</u> þan oure loue *be went* But to þe beleue of þys sacrament?
(28) (c1375) Chaucer *Anel.* 307 Ful longe agoon I <u>oghte</u> *have taken* hede.
(29) (c1380) Chaucer *Bo.*1 pr.4.136–7 yit <u>oughte</u> sche *han hedde* schame of the fylthe of myn accusours.
(30) (?1380) *Pearl* 1139-40 Ani breste for bale <u>aȝt</u> *haf forbrent* Er he þerto

hade had delyt.

(31) (a1393) Gower *CA* 5.1701–3 Whan Lucifer was best in hevene And <u>oghte</u> moste *have stonde* in evene, Towardes god he tok debat. (Also in Gower *CA* 3.1666, 5.3304, and 5.5866).

13世紀初頭に出現する完了不定詞が後期 ME である程度見られることは，本来過去形であった *ought* にもはや過去の意味はなく，完了不定詞が過去時圏を表わしていたことを物語っている。

最後に ought (owe) に伴う不定詞が表現されない用法，つまり不定詞が文脈から推定される implied infinitive（含意不定詞）の例を見ておこう。この用法は MED (s.v. *ouen* 4c, 4e & 5.(f)) に豊富に引用されているように，*owe, ought* 共に初期 ME から見られる。手許の後期 ME の資料にも *owe* が5例，*ought* が36例起こる。それぞれ1例ずつ示す。

(32) *Barbour's Bruce* 11.429–30 I trow thai sall ... do thair deuour as thai <u>aw</u>.
(33) *WPal*. 4825 ful godli þei him gret gladli, as þei <u>ouȝt</u>.

このような場合，現代英語では 'I think you ought to' のように *to* を残すのがふつうであるが，MED が記録している implied inf. の引用例の中にも，後期 ME の手許の資料にもそのような例は全く見られない。[7]

4

Ought (owe) に関して，Chaucer の用法が現代の用法と著しい相違を示す点として，小野 (1969) が指摘するもう一つは非人称構文の問題である。ME では 'duty or obligation' を表わす *owe, ought* が人称代名詞の

[7) 一般に 'pro-infinitive'（代不定詞）としての *to* は14世紀から用例が見られるが（OED, s.v. *To* 21），この用法が真に確立したのは19世紀中頃になってからであるという (Jespersen 1940, § 20.5.8)。*ought* の場合，不定詞を伴わない *ought to* という構造がいつ頃出現したかは定かでない。OED, MED, Visser などにもその点に関する言及はない。]

表 3

	owe			ought			Total	非人称 総数
	prep. inf.	simple inf.	implied inf.	prep. inf.	simple inf.	implied inf.		
Chaucer (1369–a1400)	3	–	–	47 (10)	129 (19)	16 (12)	195 (41)	21.0%
Pearl (?c1380)	1 (1)	–	–	–	2 (1)	–	3 (2)	66.7%
Gower CA (a1393)	1	–	–	22 (7)	25 (8)	1	49 (15)	30.6%
Morth Arth. (?a1400)	1 (1)	–	–	5 (4)	–	–	6 (5)	83.3%
Mandev. (c1400)	–	–	–	6 (1)	–	–	6 (1)	16.7%
Chancery (1384–1462)	4	–	–	12 (4)*	–	1	17 (4)	23.5%
Hoccl.RP (c1412)	–	4 (1)	–	3 (2)	24 (8)	3 (1)	34 (12)	35.3%
Audelay Poems (c1426)	–	–	–	–	1 (1)	–	1 (1)	100.0%
Pecock Donet (c1445)	6 (1)	–	–	18	39	–	63 (1)	1.6%
Shillingford (1447–48)	–	–	–	33 (5)	5 (3)	1	39 (8)	20.5%
Towneley Pl. (a1460)	6	–	3 (1)	8 (3)	–	–	17 (4)	23.5%
Malory Wks. (a1470)	–	–	–	82 (8)	3	1 (1)	86 (9)	10.5%
Total (impersonals)	22 (3)	4 (1)	3 (1)	236 (44)	228 (40)	23 (14)	516 (103)	

* 過去形 owed 1 例を含む.

与格(稀に,明らかに与格に相当すると考えられる名詞句)を伴って,*me oweþ, me ought* のような非人称構文を取ることがあった。この用法は 'duty or obligation' を表わす他の非人称動詞 (*me bird, me behoveþ, me nedeþ*) の類推によって生じたものであろうと説明されている。[8]

非人称の *owe, ought* の歴史は比較的短命であったようで,OED, MED, Visser などに記録されている例から判断して,明確な例は,現在形 *owe* の場合 13 世紀中頃の *Bestiary* (a1250) から,過去形 *ought* は 14 世紀初頭の *Cursor Mundi* (a1325) あたりから見られるが,15 世紀後半には急速に衰退していったようである。[9] 手許の資料ではどうか。表 3 は,表 1 から非人称構文を含むテキストのみを抜粋し,それを *owe, ought* と共に用いられる不定詞の形態別に分類して示したものである。( )内の数字が非人称構文の用例数で,最終列に示したものは,非人称構文の割合である。

表 3 を,表 1 と比べると分かるように,非人称の *ought* (*owe*) は Chaucer 以前のテキストには,例えば *ought* (*owe*) を多用する Mannyng *HS* にも全く起こらない。Chaucer あたりから Malory (a1470) に至るまでの幾つかのテキスト(正確には 37 のうち 12)に散見される程度である。15 世紀後半には急速に衰退した様子は,*owe, ought* の多い *Jacob's W.* (c1440), Pecock *Donet* (c1445), *Paston* (1426–84),[10] Caxton *Prose* (1474–90) にほぼ皆無であることからも窺われる。このように,後期 ME 全体で見れば,稀としか言いようがない。それでも幾つかのテキストには比較的よく見られる。まず,*ought* (*owe*) 自体の用例数の多いところを見ると,Chaucer では 21.0%, Gower *CA* 30.6%, Chancery 23.5%, Hoccl.*RP* 35.3%, *Shillingford* 20.5%, *Towneley Pl.* 23.5%, と非人称用法が 2〜3 割を占める。しかし,Malory *Wks.* (10.5%) では 1 割程度であり,Pecock *Donet* (1.6%) では極端に少ない。*ought* (*owe*) の用例数の少ない *Pearl*,

---

8) Van der Gaaf 1904, § 175; Kenyon 1909, p. 98, n. 2; Visser 1969, § 1715 など参照。
9) OED, s.vv. *Owe* III.6 & *Ought* III.6; MED s.v. *ouen* 4d, 4e, & 5g, 5h, 5i; Visser, 1969, §§ 1715 &1720 参照。なお,OED (s.v. *Ought* III. 6) は *ought* の初出例として a1225 *Ancr. R.* 2 Þis nis nowt ibet ȝet al se wel hit *ouhte* を挙げているが,これは非人称構文とは見なしがたい例である。
10) *Paston* 全体では,本章で調査対象にしなかったところに 1 例 (692.1–3 I recommaunde me vn-to yow with all maner of due reuerence in the moste louly wyse as *me* ovght *to do*.) 見られる。

Morte Arth., *Audelay Poems* では，非人称構文が優勢，あるいは唯一の用法である。たまたま手許の資料には Chaucer 以前の例はなかったが，Chaucer が最初の使用者でなかったことは先にふれた通りである。*ought* の非人称用法が現代英語で廃用であることを考えると，Chaucer の用法が現代の用法と著しい相違を示すことは小野（1969, pp. 46–49）の指摘通りであるが，Chaucer 独自のものでなかったことは上述したことからも明らかである。一時期，つまり 14 世紀後半から 15 世紀中頃まで，一部でよく行なわれた用法であると考える方が妥当ではなかろうか。

以下で，非人称 *owe*, *ought* の実例を見てみよう。先に述べたように，後期 ME では 'duty or obligation' を表わす現在形の *owe* は一部を除いて，稀にしか見られないが，非人称の *owe* も同様で，次に示す 5 例だけである。3 例は *to*-inf., 1 例は simple inf. を伴っており，それに不定詞が表現されない implied inf. 1 例である。[11]

(34) *Pearl* 552 Vus þynk *vus* <u>oȝe</u> *to take more.*
(35) *Morte Arth.* 455 There <u>awes</u> *none alyenes to ayer* (= wander) *appon nyghttys.*[12]
(36) Hoccl. *RP* 3107 And fulfille it in dede: *hym* <u>owyþ</u> *knowe.*
(37) Pecock *Donet* 64/13–5 enuye to oure neigbore is ... a willing þat oure neiȝbore lack hise sum certeyn goodis which resoun deemeþ *him* <u>owe</u> *to haue.*
(38) *Towneley Pl.* 18.103–4 And powere haue I plene[r] and playn To say and answere as *me* <u>aw</u>.

非人称の *ought* は全部で 98 例を数えるが，それに伴う不定詞は prepositional inf. 44, simple inf. 40, それに implied inf. 14 である。simple inf.

---

11) このことは，Visser (1969, §1715) が 'us oweþ' 型構文はふつう *to*-inf. を伴い，simple inf. や *for to*-inf. は比較的稀であると述べていることを裏付ける。
12) 意味上の主語は人称代名詞の与格ではなく，通格の複数名詞（*none alyenes* 'no aliens'）であるが，動詞（*awes*）は明らかに 3 人称単数であることからも，ここは非人称用法とみるべきところである。Krishna (1976, 'Glossary' s.v. *awe*) や Hamel (1984, 'Glossary' s.v. *awe*) も同じ見解である。

を伴う例が意外に多いという印象を与えるかもしれないが，それは非人称構文に限らず，*ought* が simple inf. を伴うことが多い Chaucer, Gower, Hoccleve の用例数の多さによるものであり，全体的には特にどの形態の不定詞が好まれるとも言えないように思われる。手許の資料では非人称の *ought* も Chaucer の例が最古のものであるが，Chaucer 及びそれ以前の例は OED (s.v. *Ought* III. 6), MED (s.v. *ouen* v. 4d), Visser (1969, § 1720) に記録されているので，ここでは Chaucer 以外の例を数例ずつ挙げる。

Prepositional infinitive を伴う例：
(39) Gower *CA* 6.1250: Wherof *him* oghte wel *to drede*.
(40) *Mandev.* 2/20–2: Right wel aughte *vs for to loue t worscipe* to drede t serue such a lord.
(41) *Towneley Pl.* 30.604: Man, for sorow aght *the to qwake*.
(42) Malory *Wks.* 692/8: for ever mesemyth I do nat as *me* ought *to do*.

Simple infinitive を伴う例：
(43) *Pearl* 341 *þe* oȝte better *þyseluen blesse*.
(44) Hoccl.*RP* 2216 What he do schal, *hym* oghte *auyse* hym wel.
(45) Audelay *Poems* 20.114 *Vs* aȝt *þe loue*, loue of grete.
(46) *Shillingford* 32/25–6 y shall the utmyst as *me* aughte *do* to my lordis pleasure.

Implied infinitive を伴う例：
(47) Hoccl.*RP* 1443–4 But neuerþeles I wote wel þere-agayn, þat many of hem gye hem as *hem* oghte.
(48) Malory *Wks.* 605/35–37 the three knyghtes ... buryed her as rychely as *them* oughte a kynges doughter.

先の第 2 節でもふれたが，*owe* の新しい過去形 *owed* は 15 世紀に初出する。その *owed* が，今日一般的な 'to have to pay' の意味ではなくて，

'duty or obligation' の意味で非人称的に使われている例が *Chancery* の 1430–31 年の文書に起こるので，もう一度引用する．

(3) *Chancery* 182.13–4 þe which by þe lawe of god *him* <u>owed</u> *to pursue and folowe.*

ちなみに *Chancery* (1384–1462) では 'to have to pay' の意味の *owe* が 6 例，'obligation' を表わす *owe* が 4 例ある以外はすべて 'obligation' の *ought* である．この新しい過去形 *owed* (= ought) の非人称用法は，OED, MED, Visser などにも記録されていない極めて珍しい例である．

5

以上，法助動詞 *ought* の発達史上最も重要と考えられる後期 ME (1300–1500) に焦点を絞り，*owe, ought* の発達状況を，特に Chaucer の用法に関連して，観察した．主な点をまとめると次のようになる．

1. 後期 ME では，現在形 *owe* はふつう，今日と同じ 'to have to pay' の意味，稀に原義の 'to have, to possess' ，及び 'to have as a duty (*to do*)' の意味で用いられる．(ただし，15 世紀中頃の *Jacob's W.* は例外的で，*owe* はほとんど常に，それも過去形 *ought* よりはるかに頻繁に，'obligation' の意味で用いられている．) 一方，過去形 *ought* は圧倒的に，今日と同じ 'to have as a duty (*to do*)' の意味，ごく稀に 'to have, to possess' と 'to have to pay' の意味で用いられている．かくして *owe* と *ought* の意味の分化はかなり明確になっている．しかも *ought* はほとんど常に現在用法であり，'duty or obligation' を表わす法助動詞としてほぼ確立していると言える．この傾向は本章が調査対象とした 14 世紀初頭から確認できる．

2. 'duty or obligation' を表わす *ought* (*owe*) が伴う不定詞は，後期 ME でも本来の prepositional infinitive，つまり *to*-infinitive が一般的である．特に 15 世紀後半の Malory や Caxton あたりになるとほぼ規則的である．ただし，Chaucer, Gower, Hoccleve, Pecock など一部では

simple infinitive，つまり原形不定詞が圧倒的，もしくは優勢である。

3. 非人称の owe, ought は後期 ME 全体でみるとそれほど多くないが，Chaucer, Gower, Hoccleve, *Morte Arth.*, *Chancery* など，14 世紀後半から 15 世紀前半の一部のテキストで比較的よく見られる。ただし，それに伴う不定詞は simple infinitive が特に多いとは言えない。

小野 (1969, p. 226) は，Chaucer と Malory の用法を比較して「15 世紀末の Malory には Chaucer とはかなりはっきりした相違があって，多少の制限は必要としても，助動詞 ought の過去形の現在用法及び ought + *to*-infinitive の結合はほぼ確立していたといってもよいと思われる」と結論しているが，14 世紀初めから 15 世紀末までの後期 ME テキストを調査した本章もこの結論を支持している。もっとはっきり言えば，多少の例外はあるが，助動詞としての *ought* は実際にはもっと早く，14 世紀前半にほぼ確立し，*ought* + *to*-infinitive の結合は 15 世紀中頃，遅くとも 15 世紀後半には確立していた，と特定してよいかもしれない。また，Chaucer において *ought* が伴う不定詞に simple infinitive が多いことと，非人称構文の *ought* が多いことの 2 点が現代の用法と著しく異なることはその通りであるが，Chaucer 独自のものというより，むしろ 14 世紀後半から 15 世紀前半にかけて一部で行われた用法を反映したものではないかということを明らかにした。内外のすぐれた先行研究を幾つかの点で補足できたのではないかと思っている。[13]

参考文献
〈第一次資料（制作年代順）〉（詳しくは巻末の参考文献を参照）
Arth.& M = *Of Arthour and of Merlin*.
Havelok = *Havelok the Dane*.
Mannyng HS = Robert Mannyng of Brunne: *Handlyng Synne*.
Horn Child = *Horn Childe and Maiden Rimnild*.
Otuel & R. = *Otuel and Roland*.
Harley Lyrics = *The Harley Lyrics*.
Orfeo = *Sir Orfeo*.

---

13) 本章で述べたことは，Tajima (2000) としても発表している。

Shoreham *Poems* = *The Poems of William of Shoreham*.
Octavian = *Octovian*.
Ywain = *Ywain and Gawain*.
Winner & W. = *Wynnere and Wastoure*.
WPal. = *William of Palerne: An Alliterative Romance*.
Barbour's Bruce = John Barbour, *The Bruce*.
Chaucer = *The Riverside Chaucer*.
PPl.B. = William Langland, *Piers Plowman, B-text*.
Firumb. = *Sir Ferumbras*.
Pearl.
Cleanness.
Patience.
St.Erk. = *St. Erkenwald*.
Gawain = *Sir Gawain and the Green Knight*.
Gower *CA* = John Gower, *Confessio Amantis*.
Morte Arth. = *Morte Arthure* [alliterative].
Le Morte Arth. = *Le Morte Arthur* [stanzaic].
Mandev. = *Mandeville's Travels*.
Chancery = *An Anthology of Chancery English*.
Hoccl.RP = *Hoccleve's Regement of Princes*.
Audelay *Poems* = *The Poems of John Audelay*.
Jacob's W. = *Jacob's Well*.
Pecock *Donet* = *The Donet by Reginald Pecock*.
Shillingford = *Letters and Papers of John Shillingford*.
Towneley Pl. = *The Towneley Plays*.
Paston [Selections] = *Paston Letters* (1426–84).
Malory *Wks.* = *The Works of Sir Thomas Malory*.
Caxton *Prose* = *Caxton's Own Prose*.
Treat.L. = *The Tretyse of Love*.
Everyman = *Everyman*.

＜第二次資料＞
Allen, C. L. 1995. *Case Marking and Reanalysis: Grammatical Relations from Old to Early Modern English*. Oxford.
Barber, Charles. 1976. *Early Modern English*. London.
Denison, D. 1993. *English Historical Syntax: Verbal Constructions*. London.
Hamel, M., ed. 1984. *Morte Arthure*. New York.
Jespersen, Otto. 1940. *Modern English Grammar*, V. Copenhagen.
Kenyon, J. S. 1909. *The Syntax of the Infinitive in Chaucer*. London.
Kisbye, T. 1971. *An Historical Outline of English Syntax, Part I*. Aarhus.

Krishna, V., ed. 1976. *The Alliterative Morte Arthure*. New York.
MED = *Middle English Dictionary*, ed. H. Kurath, S. M. Kuhn and R. E. Lewis. Ann Arbor, 1952–2001.
MED Plan and Bibliography = *Middle English Dictionary: Plan and Bibliography,* 2nd ed., ed. R. E. Lewis and M. J. Williams. Ann Arbor, 2007.
Mustanoja, T. F. 1960. *A Middle English Syntax, Part I.* Helsinki.
OED = *The Oxford English Dictionary,* ed. J. A. H. Murray, et al. Oxford, 1933.
Ono, S. 1960. "The Early Development of the Auxiliary *Ought*". *The Hitotsubashi Journal of Arts and Sciences* (Tokyo) 1:1, 41–61.
——. 1989. *On Early English Syntax and Vocabulary.* 南雲堂.
Tajima, M. 2000. "Chaucer and the Development of the Modal Auxiliary *Ought* in Late Middle English", in *Manuscript, Narrative and Lexicon: Essays on Literary and Cultural Transmission in Honor of Whitney F. Bolton,* ed. Robert Boenig and Kathleen Davis (Lewisburg), 195–217.
Van der Gaaf, Willem. 1904. *The Transition from the Impersonal to the Personal Construction in Middle English.* Heidelberg.
Visser, F. Th. 1963 &1969. *An Historical Syntax of the English Language,* I & III:1. Leiden.
Warner, A. R. 1993. *English Auxiliaries: Structure and History.* Cambridge.

小野　茂．1969.「Āgan (Ought) の発達」『英語法助動詞の発達』（研究社），pp. 199–227.

8

中英語における 'one the best (man)' 型構文

1

　現代英語では，最上級を強調する語句としては *much, quite, by far, far and away* といった副詞（句）や形容詞の *very, possible, imaginable* などがある。例えば，'He is *by far* the best player on the team' とか，'He is the *very* best player on the team' である。これらはいずれも主として近代英語 (ModE) 期に入って発達した表現である。中英語 (ME) では *alre-best* 'best of all, (the) very best' のように接頭辞 *alre-/alder-/aller-* (< OE *ealra* 'of all') を付加したり，*of al oþer, of al thing, alive/olive* といった語句を添えることで最上級の意味を強めた。これらは，*of all (others/things), alive* と言った形式で今でも用いられている。現代英語では廃用となってしまったが，ME にはもう 1 つ，数詞 *one* (< OE *an*) を使って最上級を強める形式もあった。「the ＋最上級形容詞（＋単数名詞）」に *one* が前置された構造である。例えば，'one the best'，名詞を伴う場合 'one the best man' である。時に *one* の位置に *two, three* といった複数の数詞が用いられることもあり，その場合後続の名詞は複数形，つまり 'two/three the best men' である。歴史的には古英語 (OE) に起こり，17 世紀の前半に廃れたとされる語法である。これまでの研究で，OE 末期に初出するが，1300 年頃までの初期 ME まではまだ極めて稀であることが明らかにされている。ところが，後期 ME に関しては，「一般的」とか，「かなり一般的」とか，「しばしば見られる」といった記述は見られるが，実際にどの程度そうであったのか詳らかでない。そこで，本章では，ME 全体，とりわけ後期 ME（1300–1500）における 'one the best (man)'

型構文の生起状況を明らかにしたいと思う。

2

　この 'one the best man' 型構文は Abbott (1870) 以降多くの研究者が注目し，論じた語法であるが，その起源や解釈に関する考え方はいろいろである。ラテン語やフランス語の模倣説，'one (who is) the best man' という同格構文的解釈，'one of the best men' という部分属格的解釈，つまり of の省略説，数詞 one の強意用法 ('only', 'alone', 'above all')，最上級の単なる迂言的表現などである。しかし，本格的な研究といえば，Mustanoja (1958 & 1960) に尽きるであろう。

　その Mustanoja (1958) は，Abbott (1870) 以降の主要な研究を数頁にわたって要約・論評し，その上でゲルマン諸語も視野に入れて，'one the best man' 型構文の起源や意味を詳細に考察したモノグラフである。起源的には，この構文のラテン語やフランス語模倣説を受け入れず，他のゲルマン諸語 (Middle and Early Modern High German, Middle Low German, Middle Dutch, Old Norse, etc.) にも起こることから，ゲルマン語に共通の表現型であり，OE *min se leofa/leofesta freond* (= mine the dear/dearest friend) 型などと類似した英語本来の発達であるとする。そして，*one* と最上級形容詞 *best (man)* との間に定冠詞 *the* が介在することで，*one* という数詞の強意性 ('oneness', 'one among others', 'one distinct from all others') が，更には語句全体が一層強められており，その意味は 'the very best (man)' であるという。また，*one* の位置に複数の数詞がくる 'two the best men' 型にも同様の解釈が当てはまるが，'the two best men' 型の単なる変異形という解釈や，'two of the best men' という部分属格的解釈の可能性も考えられるという。'one the best man' 型は 11 世紀から，'two/three the best men' のような複数数詞型は 10 世紀から例証されるが，16 世紀には稀になり，Spenser や Shakespeare らのエリザベス朝時代を最後に消失する。ただし複数数詞型はもう少し後まで残存する。この間，後期 ME には部分属格構造の 'one of the best men' と混淆した 'one of the best man' 型も多数見られるようになったとい

う。この語法に関する限り論じ尽くされた感はあるが，惜しむらくは実証が十分でない。Mustanoja 自身も認めるように代表例の提示にとどまっており，そのために，14, 15 世紀にはかなりの用例が見られるとか，Chaucer では頻繁に用いられたという類のコメントはあるが，ME で実際にどの程度一般的な構文であったのかは明らかでない。なお，Mustanoja (1960, pp. 295–301) は Mustanoja (1958) の要約である。

その Mustanoja の見解を一部実証的に補完したのが Rissanen (1967, pp. 189–200) である。OE 及び初期 ME の残存テキストのほとんどすべてを精査した研究であり，この構造に関する限り，OE と初期 ME に関しては用例収集も網羅的である。それによると，OE 全体では 'one the best man' 型 1 例，'three the best men' 型 2 例の計 3 例のみであり，Mustanoja (1958, pp. 11 & 14–15) の挙げる以下の例と同じものである。(以下，引用例中の下線等は筆者のものである。)

 Exodus xxxii 21 (MS Laud. Misc. 509) þis folc . . . hæfþ geworht **ane** þa mæstan synne (= one the greatest sin) and Gode þa laþustan.

 Blickling Homilies 7/24–5 þær wæron **þreo** þa bestan ele (= three the best kinds of ointments); *Alexander's Letter to Aristotle* 45 ic eac in mid mec gelædde mine **þrie** þa getreowestan frynd (= three the truest friends).

初期 ME に関しては，Rissanen (1967, pp. 190–94) が記録している 'one the best (man)' 型の用例数は 5, それに *the* のない 'one best' 型 3 である。とてもしばしば見られる構文とは言いがたい。詳細な調査を行ったわけではない後期 ME に関しては，'one the best man' 型は「かなり一般的 ('fairly common')」，名詞を伴わない 'one (the) best' 型は「一般的 ('common')」であるとし，代表例を挙げているだけである。

比較的最近の刊本テキストでも，とりわけ初学者向けテキストの注釈等に，'one the best man' = one of the best men / one who is the best man といった旧来の解釈や,[1] おそらく MED (s.v. *on* pron. 7b) に従ったと考えられる,最上級の単なる迂言的表現とする解釈も散見される。[2] しかし今では,Mustanoja の解釈が広く受け入れられているように思われる。[3] つまり,'one the best (man)' 型構文は,起源的には他のゲルマン語にも共通する英語本来の発達で,*one* は最上級の形容詞を強調する語であり,'the very best (man)' の意味であるとする見解である。筆者もこれまで遭遇した用例に照らして,この Mustanoja 説を支持したいと思う。

3

本章で取り上げる構造は,数詞 *one* (ME では *a, an, ane, o, on, one, oon, oone*) が「the + 最上級形容詞(+ 単数名詞)」に前置された 'one the best (man)' 型,韻律,リズム,あるいは脚韻の要請により *one* が後置された 'the best man one' 型,それに *one* の位置に複数の数詞が用いられ,従って後続の名詞も複数形になっている 'two (three, ...) the best (men)' 型である。ただし,*the* が表現されない 'one best' 型については,この *one* を 'one the best (man)' 型の *one* と同じように解すべきかどうかについては意見の分かれるところであるので,[4] 以下の統計には入れず,用例を示す際,参考例として挙げるにとどめる。なお,最上級の形容詞には,*first* のような概念上最上級に相当する形容詞も含める。最後に,'one the best man' 型の類似構文として,最上級の代わりに原級が用い

---

1) 'one of the best (men)' という部分属格的解釈は Robinson (1957, p. 710), Baugh (1963, p. xxxiii) らの影響であろうし,'one (who is) the best man' という同格構文的解釈は Skeat (1894, Vol. II, p. 470) や OED (s.v. *One, numeral, a., pron.*, etc. †26) に倣ったものであろう。
2) この語法に関する限り,MED の解釈は一貫していない。1957 年刊の分冊 B.2 (s.v. *best* adj. (sup.) (a)) では *on* [sic] *the best* を 'one of the best',同じ B.2 (s.v. *best* adj. as n. 1.(a)) でも *on the best* を 'one of the best ones' と,部分属格的に解している。また,Mustanoja (1958 & 1960) 刊行後の 1980 年に刊行された分冊 O.2 (s.v. *on* pron. 7b) でも,*on the fairest town* = 'the fairest town',つまり最上級の単なる迂言的 (pleonastic) な表現と解している。'two (three) the best men' 型の場合,1994 年刊の分冊 T.5 (s.v. *thre* num. 2.(a)) では *thre the best* = 'three of the best (horses)' という部分属格的解釈,1997 年刊の分冊 T.10 (s.v. *two* num. 1a.(e)) では *two the bremest beres* = 'the two biggest bears',つまり,単なる変異形という解釈である。
3) 例えば,Kerkhof 1966, § 246 & 1982, § 749; Tolkien–Gordon–Davis 1967, p. 80; Benson 1987, p. xxxviii; Windeatt 2003, p. 374; Fischer 1992, p. 216; Burrow & Turville-Petre 2005, § 5.5.2 など参照。
4) Mustanoja 1958, p. 41; Rissanen 1967, pp. 192–94 参照。

られた 'one the good (man)' 型，最上級が含意された 'one the man' 型，更には 'one the best man' 型から部分属格 (partitive genitive) 構文の 'one of the best men' 型へ推移する過程で生じた混淆文 'one of the best man' 型にもふれたいと思う。

先述したように，Rissanen (1967) は OE 及び初期 ME の残存テキストのほとんど全てを調査した 'one' の実証的研究である。一方，筆者の調査したテキストは ME 全体 (1100–1500) にわたっており，大小約 300 点にのぼる。主要な文献はほとんどすべて網羅したつもりであるが，膨大な数のテキストが残されている後期 ME (1300–1500) に関しては，Wycliffite Bible が未調査である。また，Pecock，Caxton など多数の作品を残している作者については一部しか扱っていない場合もある。

まず，これまで調査が終了したテキストのうち，'one the best (man)' 型構文と 'two (three, ...) the best (men)' 型構文が確認されたものに限って，その生起数を以下に示す。(従って，調査済みのテキストで用例が見られないものについては，紙幅の関係もあるので列挙せず，本文中で折にふれ言及するにとどめる。) 表中のアステリスク (*) を付した数字は複数数詞 (*two, three* など) 型構文の用例数である。作品名，制作 (推定) 年代，方言は，概ね *MED Plan and Bibliography* (2007) によるが，適宜補充したものもある。なお，方言欄の NE = Northeast, NW = Northwest, SE = Southeast, SW = Southwest(ern), Midl. = Midland である。

初期中英語（1100–1300）

Text (A = Alliterative, R = Rhymed, P = Prose)	Year of Composition	Dialect	No. of ocurrences
Peterborough Chronicle (P)	a1100	SE Midl.	0 + 2*
Proverbs of Alfred (A + R)	?c1150	SW Midl.	1
South English Legendary (R)	c1300	SW	2
Havelok (R)	c1300	NE Midl.	1
Gloucester Chronicle (R)	c1300	SW	1 + 2*

14 世紀 (1300–1400)

Mannyng *HS* (R)	c1303	NE Midl.	2
Cursor Mundi (R)	a1325	Northern	1
Roland & Vernagu (R)	c1330	SE Midl.	0 + 2*
Mannyng *Chronicle* (R)	a1338	NE Midl.	1 + 1*
Joseph of Arimathie (A)	?c1350	West Midl.	1
Alisaunder of Macedoine (A)	c1350	West Midl.	4
Chaucer *Comp.L.* (R)	c1370	East Midl.	1
William of Palerne (A)	a1375	SE Midl.	9 + 2*
Chaucer *PF* (R)	c1380	SE Midl.	1
Sir Ferumbras (R+A)	c1380	SW	2
Cleanness (A)	?c1380	NW Midl.	1
Wyclif *English Wks.* (P)	a1384	SE Midl.	0 + 2*
Chaucer *TC* (R)	c1385	SE Midl.	9
Book of London English (P)	1386	SE Midl.	1
Trevisa *Higden* (P)	a1387	SW	1 + 5*
Chaucer *CT* (R)	c1387–a1400	SE Midl.	2
Chancery English (P)	1388	SE Midl.	1
Sir Gawain (A)	?c1390	NW Midl.	3
Gower *Confessio Amantis* (R)	a1393	SE Midl.	2
Richard the Redeles (A)	c1399	SW Midl.	1
Lybeaus Desconus (R)	a1400	East Midl.	0 + 1*
Sege off Melayne (R)	?a1400	Northern	2
Wars of Alexander (Ashm)(R)	?a1400	Northern	2
Wars of Alexander (Dub) (R)	?a1400	Northern	1 + 1*
Destruction of Troy (A)	?a1400	West Midl.	4
Five Wits (P)	c1400	SW	1
Seven Sages(3) (R)	c1400	SE Midl.	2
St. Erkenwald (A)	c1400	NW Midl.	1
Mandeville's Travels (P)	c1400	SE Midl.	1

15 世紀（1400–1500）

Lydgate's *Reson* (R)	?c1408	SE Midl.	2
Love *Mirror* (P)	a1410	SE Midl.	1
Lydgate's *Troy Book* (R)	a1420	SE Midl.	12
Lydgate's *Fall of Princes* (R)	?a1439	SE Midl.	19
Earliest English Wills (P)	a1439	SE Midl.	0 + 3*
Shillingford's *Letters* (P)	1447–54	SE Midl.	0 + 1*
Wedding Gawain (R)	?c1450	SE Midl.	1
Merlin (P)	?c1450	SE Midl.	1 + 4*
Chancery English (P)	1450–54	SE Midl.	0 + 2*
Paston Letters (P)	1425–1520	SE Midl.	2
Malory *Wks.* (P)	a1470	SE Midl.	2 + 3*
Fortescue *Governance* (P)	a1475	SE Midl.	1 + 1*
Guy of Warwick (Cmb) (R)	?a1475	SE Midl.	0 + 1*
Caxton *Jason* (P)	c1477	SE Midl.	0 + 1*
Caxton *Reynard the Fox* (P)	1481	SE Midl.	1 + 1*
Isle of Ladies (R)	a1500	SE Midl.	1

　調査した約 300 点のうち，'one the best (man)' 型構文は 41 のテキストに 105 例，複数数詞型は 18 のテキストに 35 例しか見られない。（両型が起るのは 9 テキストのみである。）しかも，生起数は 1，2 例が大半であり，圧倒的多数の，もっと正確に言えば 8 割強の作品には皆無である。Robinson (1957^2, pp. 710–11) の「OE, ME では規則的（'regular'）な構文である」とか，Fischer (1992, p. 216) の「後期 ME では規則的である」といった説明は言うまでもなく，後期 ME にはかなりたくさんの用例が見られると言う Mustanoja (1958, pp. 11–12) も，かなり頻繁に見られると言う Visser (1963, §249) も，一般的とか，かなり一般的であると言う Rissanen (1967, pp. 191 & 194) らの見解も，程度の差こそあれ実際とは遠くかけ離れていると言わねばならない。OE でも *one* 型は 1 例，複数数詞型も 2 例しか確認されていないし，初期 ME でもごく僅かである。後期 ME に入り，14 世紀，それも後半に多少見られるよう

になるものの，15世紀になると，Lydgate を除けば散発的といったところであり，隆盛期に入る前に衰退傾向を示している。また，一部の方言に特有ということもなく，北部から南部まで，どの方言にも見られる。文体的には，韻文に多いことは事実であるが，散文にも見られることから，特に詩的な語法とも言えないようである。以下，ME を初期 (1100–1300) と後期 (1300–1500) に分けて，そのあたりの事情をもう少し詳しく見てみよう。

3.1 初期 ME における 'one the best (man)' 型構文

先の表に示したように，1300 年頃までの初期 ME テキストで筆者が確認できた用例は 'one the best (man)' 型 5 例，複数数詞型 4 例の計 9 例である。one 型は韻文に，複数数詞型は韻文，散文の両方に見られる。すなわち，*Peterborough Chronicle* に 2 例，*Proverbs of Alfred* に 1 例，*South English Legendary* に 2 例，*Havelok* に 1 例，Gloucester's *Chronicle* に 3 例である。韻文でも *The Owl and the Nightingale, Ormulum, Laʒamon's Brut, King Horn, Genesis and Exodus, Kyng Alisaunder, Of Arthour and of Merlin, The Romance of Guy of Warwick*, 散文の *Ancrene Wisse*, Katherine Group などには全く起こらない。OE 同様，生起数は極めて限られている。OE と初期 ME の残存文献をほとんどすべて調査したと考えられる Rissanen (1967) は，初期 ME に関しては 'one the best (man)' 型を 4 例，複数数詞型を 1 例記録しているが，筆者はそれらに加え，one 型をもう 1 例，複数数詞型をもう 3 例確認している。まず，2 例しか見られない，厳密な意味での 'one the best (man)' 型の用例を示す。

   (c1300) *SLeg.* 187/98 Mani Ioye ichabbe i–haued: ake þis is **on þe meste** (= one the greatest); (c1300) *Havelok* 1287–9 Me þouthe Y was in Denemark set, But on **on þe most hil** (= one the greatest hill) Þat euere yete kam I til.

次の 3 例は脚韻，韻律，リズム等の関係で 'one' が後置された 'the best man one' 型であるが，最後の例は先の Rissanen が挙げていないも

のである。

 (?c1150) *Prov.Alf.* (MS Trin–C) 23–4 He was þe wisiste mon; þat was in engelonde **on**; [5] (c1300) *SLeg.* 352/264 Þe nobleste relike it is **on** þar-of; þat is in þe chruche of rome; (c1300) *Glo.Chron.* 11894–5 Maister peris of radenore þat was ... Þe stalwardeste clerc **on** of al engelonde.

初期 ME で確認できた複数数詞型は以下に示す 4 例であるが, そのうち Rissanen が挙げているのは 1 例 (*Glo.Chron.* 34) のみである。なお, 数詞は 'one' ではなくて, 'three' など複数であるので, 後続の名詞が表現される場合複数形である。

 *Peterb.Chron.*1091/17–8 Ðas forewarde gesworan **xii þa betste** of þes cynges healfe (= This treaty was ratified by twelve the noblest men on the king's behalf); *Peterb.Chron.* 1101/22–3 þis ... gefestnodan **xii þa hihste** of ægre healfe (= This was ratified ... by twelve the highest men from each side); (c1300) *Glo.Chron.* 34–5 **Þre þe beste yles** (= isles) þese beþ; (c1300) *Glo.Chron.* 10671 He leide **viue þe verste stones**.

先の表には入れていないが, 数詞 *one* の位置に所有格の代名詞を用いた型もある。これも OE 以来見られるもので, Rissanen (1968, p. 192) も OE から 1 例, そして ME からは筆者のものと同じ次の例を記録している。

 Peterb.Chron. 1093 Ða þa seo gode cwen Margarita þis gehyrde,

---

5) この *on* (= one) は前行末尾の *mon* と韻を踏み, かつ先行する最上級表現を強調するという 2 つの役割を果たしている。Arngart (1942, pp. 19–21 & 1955, p. 152) は, 他の写本 (MS J þat wes engleonde on; MS C þat was on Enȝelond) に照らして, これを写字生の誤記か, 余分な前置詞 "on" が付加されたものと説明している。

hyre þa leofstan halford 7 sunu þus beswikene (= When the good queen Margaret heard her very dearest lord and son thus betrayed).

なお，Rissanen (1967, p. 194) は 'one the best' 型の中に，*the* のない 'one best' 型を加えている。[6] 筆者は Rissanen が挙げる 3 例に加え，もう 1 例 (*Ancrne Wisse*) 確認したので，それら 4 例を以下に示す。しかし，先述したように，両者を同一構造とみなすことに躊躇を覚えるので上表には含めていない。本章では 'one best' 型は参考例として記録するにとどめる。

(?a1200) *Ancr.* 4.313 ant is þah of alle <u>an laðest</u> Godd (= and yet of them all [it] is one most hateful to God); (?a1200) Lay.*Brut* 10576 mi seolf ic wullen on-fon, <u>An alre freomest</u> (= one first of all); (?c1200) *St.Marg.* 30/9 swa lanhure leoþe me, meiden <u>an eadiest</u> (= so at least loosen me, one most blessed maiden); (a1250) *Lofsong Louerde* 209/3 ich of alle sunfulle am <u>on mest ifuled</u> (= one most fouled) of sunne.

3.2　後期 ME における 'one the best (man)' 型構文

14, 15 世紀の後期 ME になると，'one the best (man)' 型構文を確認できるテキスト数は大幅に増加するが，そもそも文献自体の数が格段に多いことも考慮しなければならない。この後期 ME に関しては，唯一実証的な研究とも言うべき Koziol (1932, pp. 90–91) の広範囲にわたる頭韻詩の調査があり，ごく僅かの漏れはあるが，ほぼ全用例が記録されている。これ以外では，Mustanoja (1958 & 1960) と一部の先行研究に代表的な例が示されているだけである。筆者が調査した後期 ME の文献は 250 点を超えるが，先の表に示したように，ごく一部の作品に，それも主に 14 世紀後半の作品に多少見られるだけである。15 世紀に入

---

6)　Rissanen (1967, pp. 192–94) は，'one best' に加え，主として OE に稀に見られる 'the one best man', 'one best man', '(the) best one man', 'the one best', '(the) best one' 型にもふれているが，この場合 one の強意性にも問題があり，多分不定冠詞，もしくは支柱語 (prop-word) と解すべき例もあるのではないか，と述べている。

ると Lydgate はともかく，衰退傾向は顕著であり，大半は散文にしか見られず，それも複数数詞型が多い。Chaucer の頃にはすでに紋切り型（stereotyped）の表現になっていたのではないかという Mustanoja (1958, p. 21) の見解を裏付ける生起数である。一見用例が目立つ作品でも，*one* 型は，1,247 行の *Alisaunder of Macedoine* の 4 例はむしろ例外的で，5,540 行の *William of Palerne* に 9 例，8,239 行からなる Chaucer の *Troilus and Criseyde* に 9 例，1 万 4 千余行の *The Destruction of Troy* に 4 例，3 万行余の Lydgate's *Troy Book* に 12 例，3 万 6 千行余の Lydgate's *Fall of Princes* に 19 例といった具合である。とても頻繁とか一般的とは言えない頻度である。逆に，約 3 万行の *Cursor Mundi* でも 1 例，2 万 4 千行余の Mannyng's *Chronicle* でも 1 例，1 万 7 千行余の韻文と若干の散文からなる Chaucer の *Canterbury Tales* でも 2 例，3 万 3 千行余の Gower's *Confessio Amantis* でも 2 例，最上級形容詞が頻出する 200 頁余の散文 *Mandeville's Travels* でも 1 例，膨大な頁数からなる散文 Trevisa's *Higden's Polichronicon* でも 1 例，*Paston Letters* でも 2 例，*Merlin* でも 1 例しかない。更には Malory でも，*one* が後置された 'the best man one' 型が 2 例起こるだけであり，厳密な意味での 'one the best man' 型は皆無である。他方，*Piers Plowman, Morte Arthure* などの頭韻詩，*Ywain and Gawain, The Laud Troy Book, Le Morte Arthur,* Hoccleve's *Regement of Princes* などの脚韻詩，*Towneley Plays, York Plays* などの戯曲，*Ayenbite of Inwyt, Chancery English, An Alphabet of Tales,* Pecock, *Stonor Letters* などの散文，15 世紀末から 16 世紀初頭の Skelton などには全く見られない。ME，特に後期 ME では「規則的」とか，「（かなり）一般的」であるとは，とても言えない生起状況である。それほど珍しい，特異な表現型ということになる。かくして，用例自体が貴重であると思われるので，作品毎に，それもおおよそ制作年代順に，筆者が収集した用例をすべて列挙する。ただし，同一作者の場合はまとめて示す。なお，引用例冒頭の制作年代，略称等は *MED Plan and Bibliography* (2007) による。( ) 内の年代は制作年代，( ) なしは写本年代である。

Robert Mannyng of Brunne: (c1303) Mannyng *HS* 159–60 For þys ys **one þe most synne** þat any man may fallyn ynne; 3999–4000 Enuye ys **one þe werst synne** þat þe deuyl makth any man falle ynne. // (a1338) Mannyng *Chron.* 2.2879 his dedis were more to mone (= remember) þan **sex þe best** þer were; 2.6592–4 Now has þe Baliol a stounde lorn issu & entre, & **on þe fairest toun** þat was in his pouste.

Cursor Mundi: (a1325) *Cursor* 26960–1 Þe fijftend point es **an þe last**, Þat þi scrift be mad sothfast.

Roland and Vernagu: c1330 *Roland & V.* 65 **Four þe best** he sent of them; 516-7 Oȝain **ten such the best**, to fiȝt ich wold go.

Joseph of Arimathie: (?c1350) *Jos.Arim.* 253–4 Ichul bi-take þe to-day in a good tyme **on þe hiȝeste þing** holden on eorþe.

Alisaunder of Macedoine: (c1350) *Alex.Maced.* 8–10 I shall sigge forsothe ensaumples ynow Of **one þe boldest berun** and best of his deedes, That ever steede bestrode; 119–20 Larissea hyght þat holde ... **One þe klenist coste** þat any king aught; 257 **One þe hugest holde** and hard for too wynne; 578 For **one þe brightest** of blee þat bore was in erthe.

William of Palerne: a1375 *WPal.* 264 **on þe feirest frek**, for soþe, þat I have seie; 1263 he was **on þe gladdest gome** þat miȝt go on erþe; 1443–4 **on þe triest man** toward of alle douȝti dedes þat any man upon molde may of here; 2032–3 sche hadde leid hire love ... on **on þe boldest** barn þat ever bistrod stede; 2160–2 I sai a selkouþe siȝt miself ȝisterneve, ... **tvo þe bremest white beres** þat ever burn on loked,; 2633–5 Sche had a derworþe douȝter ... **on þe fairest** on face and frelokest ischapen þat evere man upon molde miȝt divise; 3046–7 for sche had arst leide hure love ... on **on þe kuddest kniȝt** knowen in þis worlde; 3225–7 Also þat comli quen ... hade **on þe sturnest** stede ... þat ever man upon molde miȝt of here; 3418–9 Þe stiward had a newe bot of ȝong age, **on þe manlokest man** þat men schold of heren; 3943–4 and treuli astit after him **tvo hundred and seven** þe realest rinkes (= splendid men) of þe reaume dede riȝt þat ilke; 4077–8 And in þat seson gete we samen togedere **on þe fairst freke** þat ever seg (= man) on loked.[7]

Sir Ferumbras: (c1380) *Firumb.(1)* 121 Hit is **on þe grettest kyng** for soþ þat dwelleþ in heþenisse; 4467–70 Of such chaffar as we haue ... þanne schal he **on þe beste** chuse.

Cleanness: (?c1380) *Cleanness* 891–2 Bot þay wern wakned awrank ... Of **on þe uglokest unhap** þat ever on erd suffred.

Wyclif, *English Works:* (a1384) *Wycl.E Wks* 2/10 of **two þe firste** mathew spekeþ in his gospel; 265/6 **two þe firste** heresies.

A Book of London English 1384–1425: (1386) III.129 for **oon the grettest remedye** with othere forto ayein-stonde many of thilke diseses afore saide amonges vs.

Trevisa's Translation of the '*Polichronicon***' of Higden**: (a1387) *Trev. Hygd.* 1.23 **þre þe noblest ryueres** of al Europa; 2.7 of **þre þe firste** kyngdoms; 2.10 **foure þe grettest** patriarkes were i-buryed þere; 3.38 he ȝaf dome aȝenst **oon þe grettest** of þe paleys þat his heed schulde of; 4.10 in **thre þe firste batailles**; 6.29 at day William lost **þre þe beste** hors þat he hadde.

Chancery English: (1388) *Proceedings of Parliament* 161.70–1 for **oon the**

---

7) Koziol (1932, p. 91) では ll. 3943–4 の例が見落とされている。

grettest remedye with othere; (1450-54) 219.7 duryng **twoo** the ferst yeres of the seid terme; (1450-54) 220.7 duryng **two** the furst yeres (of the said terme ...).

Sir Gawain and the Green Knight: (?c1390) *Gawain* 136 Þer hales in at þe halle dor an aghlich mayster, **On** þe most on þe molde on mesure hyghte; 1439 **On** þe sellokest swyn swenged out þere; 2362–3 I sende hir to asay þe, and sothly me þynkkez **On** þe fautlest freke þat euer on fote 3ede.

Gower, *Confessio Amantis*: (a1393) Gower *CA* IV.2606–7 Hermes was on the ferste of alle, To whom this art is most applied; VII.3092–4 For therto lawe is **on** the beste Above alle other erthly thing, To make a liege drede his king.

Chaucer: (c1370) Chaucer *Comp.L.* 88–9 For ye be **oon** the worthiest on-lyve And I the most unlykyly for to thryve // (c1380) Chaucer *PF* 512–3 I am a sed-foul, **oon** the unworthieste, That wot I wel, and litel of connynge // (c1385) Chaucer *TC* I.473–6 And yet was he, where so men wente or riden, founde **oon** the beste; *TC* I.1079–82 For he bicom the frendlieste wight, The gentilest, and ek the mooste fre, The thriftiest, and **oon** the beste knyght, That in his tyme was or myghte be; *TC* II.746–8 I am **oon** the faireste, out of drede, And goodlieste ... in al the town of Troie; *TC* III.779–82 Ye woot youre self ... How that youre loue al fully graunted is To Troilus, the worthieste knyght, **Oon** of this world; *TC* III.1310–11 Of hire delit or ioies **oon** the leeste Were impossible to my wit to seye; *TC* IV.192 He is ek **oon** the grettest of this town; *TC* V.1056–7 For I have falsed **oon** the gentileste That evere was and **oon** the worthieste; *TC* V.1472–3 Amonges which ther com, this boor to se, A mayde, **oon** of this world the beste ypreysed // (c1395) Chaucer *CT* IV (E) 211–2 But for to speke of vertuous beautee, Thanne was she **oon** the faireste under sonne; (c1395) Chaucer *CTV* (F) 734 For she was **oon** th faireste under sonne.

Richard the Redeless: (c1389) *RR* 3.8–9 þe moste myscheff vppon molde **on** Is demed þe dede ydo aȝeins kynde.

Lybeaus Desconus: (a1400) *Libeaus* 205–9 Kyng Artour ... Hette of þe Table Rounde **Four** þe beste knyȝtes, Jn armes hole and sounde, Arme Lybeaus anoon ryȝtes. [8]

The Sege off Melayne: (?a1400) *Siege Milan* 173–4 The falseste traytoure was he **one**, Þat euer with fode was fedde; 859–61 In visebill a full riche stone, A safre þe beste þat myghte be **one** To seke alle Crysiauntee.

The Wars of Alexander [MS Ashm]: (?a1400) *Wars Alex.* 3329–31 Sire Darius awen dyademe þai did on his hede, A coron, ane þe costious þat euire kyng weryd, **On** þe propurest of proiecte þat euire prince bere; 5614 þis baratour ... Was **ane** þe proudest of hys pirs & prince of his ward.

The Wars of Alexander [MS Dub]: (?a1400) *Wars Alex.* 1589–92 Than he heldes vp on hegh beheld on hys myter, Before he se of fyne gold forgett a playte, An þar-on grauen **on** þe grethest of all godez names, [9] This title, tetragramaton for so þe text wittnesse; 1909 And to **two** þe derrest of hys dukes ditez he þis pistell. [10]

---

8) MS Lamb では当該箇所は Foure of the best knyghtis (l. 231), と部分属格構文になっている。
9) MS Ashm では当該行は Þar-in grauen þe grettest of all gods names となっており, *on* (= one) は表現されていない。
10) MS Ashm では当該行は To twa of þe derrest of his dukis ditis he þis pistill, と部分属格構文になっている。

The Destruction of Troy: (?a1400) *Dest. Troy* 1961 Thou sot with vnsell, seruand of **o** þe werst; 3901-2 He was bowman **O** þe best, bolde with a speire; 4401-2 But **on** the oddist of other ordant our lord, Brightest of bemes in blisse for to dwelle; 10322-3 And Troiell the triet knight, his owne tru brother, **One,** the strongist in stoure, þat on stede rode.[11]

Cf. 9096 Þen ordant was **on**, —oddist of all, A ffyneral fest; 11254-6 Hit is lelly me lef to lyston ʒour wordis And, as ʒe demyn, to do, if hit be **one** best.

The Fyve Wyttes: (c1400) *5 Wits* 20/30-1 **On** þe fyrste is for to here þe lawe and þe wyl of oure Lord Iesu Crist.

The Seven Sages of Rome (Midland Version): (c1400) *7 Sages(3)* 2000-3 The ton sayed, "Sire Emperour, Vndir the pyler that berys merour Ther hys a goldehord bygune, **One** the noblest vndir sone."; 2810-3 The lord of the castel Hadde [a swythe] fayere iuwel, **On** the fayerest woman to wife That euer might bere lyffe.

St. Erkenwald: (c1400) *St. Erk.* 197-8 Fyrst to say the þe vnhapnest hathel quo my selfe were–: **One** þe vnhapnest þat euer on erthe ʒode.

Mandeville's Travels: (c1400) *Mandev.(1)* 136/21-3 And fro þat cytee passynge many iourneyes is anoþer cytee **on** the grettest of the world þat men clepen Cassay þat is to seyne the cytee of heuene.

Lydgate: (?c1408) *Lydg.RS* 2356-61 I shal yive in-to thyn honde A

---

11) Koziol (1932, p. 91) では 2 例（ll. 1961, 3901）が見落とされている。

mayden **oon** <u>the gentylest, The fairest, and the goodlyest</u>, Both of shap and of visage, And also **oon** <u>the most[e] sage</u> That any man may se or fynde // (a1420) Lydg. *TB* 1.1602–4 sche Was of bewte and of wommanhede, **On** <u>þe faireste</u> þat I can of rede; 1.3833–4 þe worþi Thelamoun, ... Þat in arymys was **on** <u>þe manlyest</u> Þat was alive; 2.287 **Oon** <u>þe best</u> in his tyme found;2.4736-7 Þat was in soth of alle þo on-lyue <u>On þe fayrest</u>, þis Calchas douȝter dere; 2.4793 In his tyme **on** <u>þe worþiest</u> Of alle kynges, and he þat loued best Worþi knyȝtes; 2.4906 as Dares likith hym discryue, <u>Þe best</u> archer **on** þer-of a-lyue; 3.3167–70 How Kyng Thoas is <u>oon the principal</u> Amonge Grekis & of the blood royal; 4.2679–80 Þe deth of **oon** <u>þe worthiest[e] wyȝt</u> That euere was, and þe beste knyght!; 4.6467-8 **On** <u>þe gretest</u> of reputacioun Of alle þe lordis dwellyng in þis toun; 5.855-7 he ... With **oon** <u>þe first</u> gan [him] to excuse; 5.1002-3 she was <u>þe falsest *oon*</u> alyue (= one the falsest alive), Vn-to hir lord in his longe absence; 5.1909–11 Þis myȝti man ... A suster had ... **Oon** <u>þe fairest</u> þat euer ȝit was born // (?a1439) Lydg.*FP* 1.4427–8 **On** <u>the firste</u>, as Bochas list endite, Was whan he lay in Crete among his fon; 1.5979 Fro a-mong kynges he was **oon** <u>the beste</u>; 3.1114–5 Alas, alas! among my sorwes all, This **oon** <u>the moste</u> that doth myn herte agrise; 3.1611 It is in erthe **oon** <u>the moste pereilous thyng</u>; 3.2301–3 ther noble famous kyng, Which among Grekys, off prowesse & forsiht, Was in tho daies holde **on** <u>the best knyht</u>; 3.2518An[d] **oon** <u>the laste myscheef</u> that he hadde; 3.3289–90 He was ... **oon** <u>the strengest & manli</u> in his daies; 4.1373-5 Another kniht ... **On** <u>the grettest</u> of the kyngis hous; 4.2088 Which amonge alle was **oon** <u>the best kniht</u>; 4.2656–8 **On** <u>the moste contrarious myscheeff</u> Founde in this erthe ... Is onli this: 4.2817-8 **Oon** <u>the most worthi prince</u> tho lyuyng That sat in chaier of mageste roiall; 4.3102–3 **Oon** <u>the firste</u> was worthi Tholome, Kyng of Egipt; 4.3283 He ... holde (= considered) **oon the beste kniht**; 5.447–8 Marcus Regulus ... **Oon** <u>the most worthi & trewe</u> founde in deede

Of knihtli policie that I can of reede; 6.1506–9 Thus Mitridate ... Was ... in tho daies **oon** the grettest kyng; 6.2456–7 that prince ... Holde in his tyme ... Thoruh al the world[e] **oon** the beste kniht; 6.2904 Among princis hold **oon** the moste famous; 8.3227 Which thoruh al Affrik was **oon** the bes[t] kniht; 9.3159–60 That Prince Edward ... That day on lyue **oon** the beste kniht, Brouht hom King Iohn, maugre al his miht.

Cf. (?a1439) Lydg.*FP* 4.1696–7 He wan Isaurea, a prouynce wonder strong, In Asia **oon** cheuest off the nyne.

Nicholas Love's *Mirror of the Blessed Life of Jesus Christ*: (a1410) Love *Mirror* 54/12-3 For þis vice of curiosite is **one** þe most perilouse vice þat is.

The Fifty Earliest English Wills: (1395) *EEWills* 5/9 I deuyse (= **bequeath**) to Iohane my dougħter, ... **iij.** the beste pilwes after choys of the forseyde Thomas my sone; (1420) *EEWills* 46/17 Also a peyr of Aundyrus, & **ij.** þe best of yren broches, & a chafur; (1434) 101/23–4 y bequethe to Robert Sharp ... **too** the beste sanapes (= hand-napkin).

Letters and Papers of John Shillingford: (1447) *Shillingford* 28/ 1–3 as ye have supposed and claymed and alleged by **two** the furst divers articlulis therof made yn your furst articulis of compleynts.

The Weddynge of Sir Gawen and Dame Ragnell: (?c1450)*Wedding Gawain* 659–62 Wheder ye wolle haue me fayre on nyghtes, And as foulle on dayes to alle men sightes, Or els to haue me fayre on dayes, And on nyghtes **on** the fowlyst wyfe, The one ye must nede haue.

Merlin: (?c1450) *Merlin* 49/17–8 Dere frende, I have herde moche spek of yow, that ye be **oon** the wisest man that is in the worlde; 136/23–4 and also they were **thre** the beste of all the turnement; 370/18–9 thei fonde a vessell of lether, and ther-in **xij** the beste swerdes and the feirest that eny man nede to seche; 487/2–3 he ... bar to the erthe **foure** the firste that thei mette; 530/19–20 **thre** the firste that thei mette thei drof deed to the erthe.

Paston Letters and Papers of the Fifteenth Century: (c1456) *Paston* 558.12–3 that ys **one** the grettist thing nedeful for the seurtee of hys lyfelode; (1459) *Paston* 579.44–5 one Richard Phelip, grocer vppon London Bryg, ys **one** the grettist mayntenour that the seyd Laurens Donne hath.

Malory Works: (a1470) Malory *Wks*. 357/26–8 ye have sente mo worshypfull knyghtes this twelve-monthe than **fyve** the beste of the Rounde Table hath done excepte sir Launcelot; 465/14 at **two** the fyrste strokys he slew two of the knyghtes; 568/18–20 Merlyon profecied that in that same place sholde fyght **two** the beste knyghtes that ever were in kynge Arthurs dayes, and two of the beste lovers; 971/18–9 Woll ye sle youre brothir, the worthyest knyght **one** of the worlde?; 1149/7–9 sir Lamorak, the moste nobeleste knyght **one** of them that ever was in kynge Arthurs dayes as for a wor[l]dly knyght. 12)

John Fortescue, The Governance of England: (a1475) Fortescue *Gov.E.* 114/32–115/1 But verely thai liven in the most extreme pouertie and miserie, and yet dwellyn thai in **on** the most fertile reaume of the

---

12) 上に引用した Vinaver 編 Winchester 版の 5 例は，Sommer 編 Caxton 版でもほぼ同じ表現で対応しているが，4 番目の例のみ，次に示すように one が更に後置されている。
   Bk XVI, Chap. 15 wylle ye slee your broder the worthyest knyghte of the world **one**?

worlde; 152/5-7 nor **ij. the gretteste lordes off Englond** mey make so gret a myghte as þe kynge / mey haue only off his officers.

The Romance of Guy of Warwick: The Second or 15th–Century Version: (?a1475) *Guy(4)* 8097 **Two** the beste then slayne had y.

Caxton: (c1477) Caxton *Jason* 29/1–2 I offer my self allon ayenst **viij the best knightes** that ben in the cite of Oliferne // (1481) Caxton *Reynard* 10/25 they were **two** the fayrest hennes that were bytwene hollad and arderne;[13] 33/20–1 I was wened ... **one** the best chylde that coude ouwher be founden.

The Isle of Ladies: (a1500) 110–2 For **on** the coningest creature She was, and so sayd everychone That ever her knew.

先の表 (pp. 121–25) には入れていないが，数詞の代わりに *some, other, such* といった不定形容詞が用いられている例がある。そのうち，数詞と共起する *such* の例は上の *Roland and Vernagu* のところで挙げたので，その他の例を示す。（ちなみに，*some* は脚韻のために2例とも後置されている。）

(a1338) Mannyng *Chron.* 1.13136–8 Whan he wist þat hard cas, of his frendes & of his kynde, & **oþer þe beste** þat he myght fynde; (c1386) Chaucer *LGW* 1050–1 For which the gretteste of hir lordes **some** By aventuree ben to the cite come; (a1393) Gower *CA* 2.1692-4 And the falshede goth at large, Which thurgh beheste hath overcome The greteste

---

13) 編者の Blake (p. 116) は，この複数数詞型の例を OED (s.v. *Two*, B. I.1.b) に従い，'the two most beautiful hens' と注記している，つまり単なる変異形と解しているが，次例の 33/20 *one the best chylde* については Mustanoja (1960, pp. 299–300) など参照，としており，one 型と複数型とでは異なる解釈をしている。なお，Mustanoja (1958, p. 11) は，この箇所はオランダ語の原典（*Reinaert*）の *een dat beste kin* の直訳であるという C. Stoffel (*Englische Studien* 27 [1900], p. 256) の指摘を紹介している。

of the lordes **some**.

もう 1 例,'two the best men' 型の *the* の位置に所有格の代名詞が用いられた珍しい例がある。

> (1415) *EEWills* 23/23-4 And I woll (= bequath) that Richard my son haue tweyne **my** best hors, And .xl. pounde.

不注意や誤読による見落としは免れ得ないが,以上が,筆者がこれまで収集したすべてである。繰り返しになるが,中英語全体では,'one the best (man)' 型 105 例(初期 ME 5, 後期 ME 100),複数数詞型 35 例(初期 ME 4, 後期 ME 31)である。'one the best (man)' 型は OE 期に初出するものの,(残存文献が少ないことも関係しているかもしれないが)初期 ME でもごく稀で,後期 ME にやや目につく程度の極めて珍しい構文であり,複数数詞型はさらに一段と稀少な構文であることは間違いないところであろう。では ME 期最後の使用者あるいは作品はなにか。先の表で最後に挙げた *The Isle of Ladies* は MED にも未収録の作品であり,編者の Pearsall (1990, p. 63) によると,創作年代は 15 世紀後半,写本年代は 16 世紀半ば,ということぐらいしかわからない作品であるので,明確なところでは,ME 期での最後の使用者は Caxton ということになる。

OED (s.v. *One, numeral a., pron.*, etc.), MED (s.v. *on* pron.), Mustanoja (1958 & 1960) などの先行研究に記録されている例で,筆者の収集例に含まれないものはごく僅かである。このことからも,一部の詩人あるいは一部の作品でごく稀に使われることはあっても,一般化することはなかったと言ってよいであろう。

3.3 'one the best (man)' 型の類似構文
'one the best (man)' 型の類似構文として 2 つの表現型を取り上げる。
3.3.(1) 'one the good man' 型
Mustanoja (1958, p. 46 & 1960, p. 297) と Rissanen (1967, p. 191) は

'one the best man' 型の類似構文として，形容詞の最上級の代わりに原級を用いた 'one the good man' 型にも言及している。両者共に1例しかないとした上で，初期 ME から次の例を挙げている。

 (?a1200) *Trin.Hom.* 185/8 þat is þat bihotene lond, þar is **on þe wunsume bureh** and **on þe hevenliche wuninge** þar alle englen inne wunien (= That is the promised land in which is that very winsome city and that truly heavenly abode wherein all angels dwell).

筆者は，実際には2例の上例に加え，14世紀末の *The Wars of Alexander* [MS Ashm] と15世紀前半の Lydgate's *Fall of Princes* にそれぞれ1例，計4例確認している。Mustanoja (1958)，Rissanen (1967) はもちろん，MED (s.v. on *pron.*) にも記録されていない。うち1例は同一文の中で 'one the best man' 型と並置されている。

 (?a1400)*Wars Alex.* 3329–31 Sire Darius awen dyademe þai did on his hede, A coron, **ane þe costious**[14] þat euire kyng weryd, On þe propurest of proiecte þat euire prince bere; (?a1439) Lydg.*FP* 7.1286–8 Thus Baptist Iohn bi his moderat foode The cheef tryumphe of abstynence hath begunne, This patriark[e] rekned **oon the goode**, Content with litil, al suffisaunce hath conne,

3.3.(2) 'one the man' 型
 'one the best man' 型に類似した構文として，もう一つ，最上級形容詞が含意された 'one the man' 型がある。Mustanoja (1958 & 1960) も Rissanen (1967) もふれていないが，MED (s.v. *on* pron. 7b.(d)) は次の例を記録している。筆者がこれまで確認できた例もこの1例だけである。

---

14) Skeat (1886, 'Glossary') はこの *costious* (= costly, rich) を最上級 (*costiousest*) の代わりに用いられたものと正しく解釈しているが，Duggan & Turville-Petre (1989, 'Glossary') は *costious* をそのままで最上級の形容詞としている。

(?a1439) Lydg.*FP* III.2255–60 And **oon the merueile** that euer I dede reede ... Is how Xerses . . . Into Europe made a myhti bregge.

この *oon the merueile* の意味は，EETS 版（Glossary）にある 'one of the marvels' ではなくて，MED の解釈通り 'the greatest marvel' とするか，Mustanoja の 'one the best man' 型構文の解釈に倣って 'the very greatest marvel' とすべきところであろう。また，*one* の位置に *some* が，従って名詞は複数形が用いられている次のような例もある。これは Musatanoja (1958, p. 15) も記録している。

(c1300) *Glo.Chron.* 2718 **some þe messagers** to kermerdin come.

3.4 'one of the best man' 型構文

再三繰り返したように，数詞 *one* が「the ＋ 最上級形容詞（＋単数名詞）」に前置された構造は 14, 15 世紀に散見されるが，一般化することなく 15 世紀には衰退し，やがて 17 世紀前半に消失する。その主な理由は，OE 末期から見られ，14 世紀以降一般化する 'one of the best men' という部分属格構文と混淆したことによる。つまり，強意の数詞 *one* が部分属格構造の *one* と誤解されたことによると考えられている。[15] この後期 ME における 'one the best man' 型から 'one of the best men' 型への推移の過程で，'one of the best man' という，名詞が単数形になっている非論理的な混淆文も散見される。Mustanoja (1958, p. 14 & 1960, p. 299) は後期 ME には用例が多数見られると言い，Chaucer から 4 例，*Wars of Alexander* から 1 例，Caxton から 1 例引用している。実際には，Chaucer よりももっと早く，1300 年頃から見られるが，Mustanoja が言うほど多いわけではない。これまた極めて珍しい構文と考えられるので，筆者が確認できた全用例，28 例を（推定）制作年代順に挙げる。もっとも，最初の *South English Legendary* からの例は Rissanen (1967, p.

15） Mustanoja 1958, p. 14; Rissanen 1967, p. 196; Fischer 1992, p. 217 参照。

196) も記録しているが,'frend' は初期 ME では複数形の可能性もある (cf. MED s.v. *frend* n.)。

(c1300) *SLeg.* 349/124–5 him þouȝte þat **on of is nexte frend** ... On þe grounde stod bi-neþe; (c1300) *Glo.Chron.A* 8179 He smot þoru out wiþ a launce **on of hor hexte kinge**; (?c1300)*Amis* 1978–80 & **on of þe most fole** he is Þat euer þou herdest speke, ywis, In þis worldes won; (a1338) Mannyng *Chron.* 2.4811–2 He sent to Kyng Richard a stede for curteisie, **On of þe best reward** þat was in paemie; (1340) *Ayenb.* 142/31–2 ane holy ssamnesse þet is **one of þe uariste doþter** (= daughter) of mildenesse; (a1349) Rolle *MPass.(2)* 29/68–9 hit was **oon of þe grettest syn** þat ever was; (?1348) Rolle *FLiving* 95/35 for þat es **ane of þe maste sorrow** þat may be; (?c1350) *Ywain* 2399–400 I sal hir gif to warisowne (= as prize) **Ane of þe foulest quisteroun** (= scullion) Þat ever ȝit ete any brede; (1384) *Bk.Lond.E.* 25/9–12 John More was **on of the chief cause** to procur that a bille sholde be put vp be the comunes conseyl; (a1384) Wyclif *EWks.* 23/33–4 and þis is **on of þe most vengaunce** þat god takiþ on synful men; (c1385) Chaucer *TC* V.832–3 **Oon of the beste entecched (= endowed) creature** That is, or shal, whil that the world may dure; (c1390) Chaucer *CT* VII 1678 (B 2868) And ye knowen wel that **oon of the gretteste and moost sovereyn thing** that is in this world is unytee and pees; (c1390) Chaucer *CT* VII 2984–5 (B 4174–5) **Oon of the gretteste auctour** that men rede Seith thus; (c1395) Chaucer *CT* IV (F) 931–2 he was ... **Oon of the beste farynge man** on lyve; (a1400) *Amadace* 463–5 And thou art **one of the semelist knyghte** That evyr yette I see with syghte; (a1400) *Ipom.(1)* 8658–9 **One of the preveyst knyght** That euer was borne be day or nyght; (?a1400) *Wars Alex.* (Ashm) 2388 For **ane of þe curtast kyng** þat euir croune werid; (?a1400) *Wars Alex.* (Dub) 2388 For **one of þe curtasest kyng** þat euer crowne weryd; (a1410) Love *Mirror* 105/2–5 For soþe it is, þat wirchipe is **one** of þe most perilouse [**gnarre**] (= snare) of þe enemy to cacche & bygile mannus soule, & **one** of þe heuyest **birþen** (= burden) þat draweþ don & ouercomeþ þe soule dedely (= mortal); (a1438) *MKempe* 82/29–30 he ... had **on** of þe gettest **office** of any preste in Rome; (1447–8) *Shillingford* 75 the saide Cite of Exceter of right olde tyme y called Penholtkeyre the most or **one** of the most auncion **cite** of this lond; (1447–8) *Shillingford* 78 the most or **one** of the most misgoverned (= criminal) **man** of all the cite of Excetre … made affray aponn oon Richard Wode; (?c1450) *Merlin* 90/1–2 And I pray yow and require that ... ye take it to **oon** of youre moste secrete **woman**; (?c1450) *Merlin* 296/35–6 and yet is it **oon** of the moste honourable **a-uenture** in this worlde; (?c1450) *Merlin* 508/8–9 she hadde **oon** of the ffeirest **heed**, and the feirest handes vnder hevene; (?c1450) *Merlin* 558/19–20 the lorde of Northumbirlonde that was **oon** of the gentillist and deboneir **prince** of the worlde; (1485) Caxton *Charles* 199/19–20 ye haue **one** of the valyauntest **body** that is from hens in to Affryque.

<h1 style="text-align:center">4</h1>

　以上，主として中英語 (ME) に見られる最上級形容詞の強意形式 'one the best (man)' 型構文が，実際にどの程度見られるのかを観察した。まとめると次のようになろうか。
　'one the best (man)' 型構文（韻律，脚韻，リズム等の関係で *one* が後置された 'the best man one' 型を含む）は，OE では散文にのみ 3 例（*one* 型 1，複数数詞型 2）確認されているだけであるが，1300 年頃までの初期 ME でも OE 同様全く例外的にしか起こらず，僅かに 9 例（*one* 型 5，複数数詞型 4）を数えるのみである。*one* 型は韻文に，複数数詞型は韻文，散文の両方に見られる。後期 ME（1300–1500）になると，14 世紀，それも後半に多少増加するものの，*William of Palerne,*

Alisaunder of Macedoine, Chaucer の *Troilus and Criseyde, The Destruction of Troy* を除けば，ごく一部の作品に 1，2 例見られるだけであり，圧倒的多数のテキストには皆無である。15 世紀になると Lydgate の *Troy Book* や *Fall of Princes* を除けば，更に散発的にしか起こらず，明らかに衰退の一途をたどっている。それも 'one the best (man)' 型について言えることで，複数数詞型は 15 世紀後半に多少見られるものの ME 全体を通じて一段と稀少である。また，特定の方言にみられるとか，韻文か散文といった特定の文体に好まれるということもない。15 世紀も後半になると，*one* 型は 1 例を除き，散文にしか見られないが，中英語全体で見れば特に散文に多い構文というわけでもない。今後更に調査対象を広げても多数の用例が収集できる可能性は極めて少ないのではないか，というのが筆者の推測である。

　近代英語期に入って Spenser や Shakespeare が多少用いたとはいえ，現代英語では全く姿を消してしまったこの 'one the best (man)' 型構文は，発芽したのは古英語期であるが，中英語期に，それも後半に小さな花を咲かせるものの結実することなくエリザベス朝時代には枯れ果ててしまった，極めて特異な構文である，と言えるのではないだろうか。

参考文献
〈第一次資料（制作年代順）〉
　　本章で言及したテキストについては，EETS 版もしくは標準的な刊本と目されるものを使用したが，詳しくは巻末の参考文献を参照。

〈第二次資料〉
Abbott, E. A. 1870. *A Shakespearian Grammar*, 3rd ed. London.
Arngart, O. 1942–55. *The Proverbs of Alfred, I-II.* Lund.
Baugh, A. C., ed. 1963. *Chaucer's Major Poetry*. Englewood Cliffs, NJ.
Benson = *The Riverside Chaucer*, Third Edition, ed. L. D. Benson. Boston, 1987.
Burrow, J. A. and Thorlac Turville-Petre. 2005. *A Book of Middle English*. Third Edition. Oxford.
Duggan, H. N. and T. Turville-Petre, eds. 1989. *The Wars of Alexander*, EETS SS 10. Oxford.
Fischer, Olga. 1992. "Syntax", in *The Cambridge History of the English Language,* II: *1066–1476,* ed. Norman Blake (Cambridge), pp. 207–408.
Hinckley, H. B. 1918–19. "Chauceriana". *Modern Philology* 16, 39–48.

Kellner, Leon. 1892. *Historical Outlines of English Syntax*. London.
Kerkhof, J. 1966, 1982². *Studies in the Language of Geoffrey Chaucer*. Leiden.
Koziol, H. 1932. *Grundzüge der Syntax der Mittelenglischen Stabreimdichtungen*. Wien und Leipzig.
MED = *Middle English Dictionary*, ed. H. Kurath, S. M. Kuhn and R. E. Lewis. Ann Arbor, 1952–2001.
MED Plan and Bibliography = *Middle English Dictionary: Plan and Bibliography*, Second Edition, ed. R. E. Lewis and M. J. Williams. Ann Arbor, 2007.
Mustanoja. T. F. 1958. *The English Syntactical Type 'One the Best Man' and its Occurrence in Other Germanic Languages*. Helsinki.
——. 1960. *A Middle English Syntax, Part I*. Helsinki.
OED = *The Oxford English Dictionary*, ed. James A. H. Murray, et al. Oxford, 1933.
Pearsall, D., ed. 1990. *The Flour and the Leafe, The Assembly of Ladies, The Isle of Ladies*. Kalamazoo.
Rissanen, Matti. 1967. *The Uses of 'One' in Old and Early Middle English*. Helsinki.
Robinson, F. N., ed. 1957. *The Works of Geoffrey Chaucer*, Second Edition. London.
Skeat, W. W., ed. 1886. *The Wars of Alexander, an Alliterative Romance*. EETS ES 47. Oxford.
——. ed. 1894. *The Complete Works of Geoffrey Chaucer*. Vol. II. Oxford.
Sommer, H. O., ed. 1889–91. *Le Morte Darthur, by Syr Thomas Malory: The Original Edition of William Caxton*. London.
Sugden, H. W. 1936. *The Grammar of Spenser's Faerie Queene*. Philadelphia.
Tolkien–Gordon–Davis = *Sir Gawain and the Green Knight*, ed. J. R. R. Tolkien and E. V. Gordon, rev. Norman Davis. Oxford, 1967.
Visser, F. Th. 1963. *An Historical Syntax of the English Language*, I. Leiden.
Windeatt, Barry, ed. 2003. *Geoffrey Chaucer, Troilus and Criseyde*. London.

9

中英語における 'take (one's) leave of / at' について

1

　人の世に別れはつきもの。さまざまな別れのうち,「(人に) さような らを言う,別れを告げる,いとまごいをする」を意味する英語表現の一 つに 'take (one's) leave of (somebody)' という成句がある。今日では,や や古風で形式張った言い方である。この成句は中英語 (ME) に初出し, その中英語や初期近代英語（Early ModE）の文献ではよく見かける表 現である。ところが,中英語のテキストを読んでいると,'take (one's) leave at (somebody)' のように,前置詞 at を従えた表現にもしばしば遭 遇する。OED (s.v. Leave sb. 2) を見ると of, at 以外に on や to を伴った言 い方もあったようである。しかし近代英語期に入ると,of 以外の前置詞 を目にすることはまずない。中英語に見られた幾つかの形式は廃れてし まったということであろうか。そのような疑問がわいたことで,折にふ れ用例を収集した。中英語では,of 以外にどのような前置詞が見られる のか。またそれら前置詞間の競合状況はどうなのか。時代的変遷,地域 的差異はあるのか。収集した実例に基づいて観察してみたいと思う。そ の前に,先行研究らしきものがないかどうかを見ておきたい。

2

　歴史的原理に基づく大辞典である OED や MED は別として,今や古 風になりつつある 'take (one's) leave of' という一成句を正面から取り上 げた研究などあるはずもないとは思いながら,関連文献を渉猟してみ

た。予想通り皆無である。見つかったのは研究書中の短いコメントと原典テキストに付された注釈のみであった。それも筆者が気づいた限り数点のみである。

まず，一番早い言及は 1882 年刊の S. J. H. Herrtage (ed.), *Roland and Vernagu*, line 137 (Þai tak leue at þemperour) の 'take leave at' に関するものである。" "at": of " という後注に加え，*Genesis and Exodus* の用例にもふれている (p. 119)。つまり，*at* = *of* という解釈である。次は 1886 年刊の W. W. Skeat (ed.), *The Vision of William concerning Piers the Plowman in Three Parallel Texts* (C-text) の Passus IV, line 26 に関する次の注釈である。

> 26. *Had lauht her leue at*, had taken their leave of. *To lacche leue*, to take leave, is a common phrase. (Vol. II, p. 41)

lacche leue at = 'take leave of'，すなわち *at* = *of* である。[1] 加えて，この表現がよく見られることにもふれている。次は 1960 年刊の A. J. Bliss (ed.), *Sir Launfal*, ll.74–5 に関する注釈である。

> 74–5. tok hys leue to wende / At Artour. 'Took leave of Arthur.' In MnE *leave* in this context is felt to be a different word from *leave* 'permission'; but the phrase in *Launfal* makes explicit the MnE implication 'permission to go'. (p. 85)

まず，*at* = *of* とした上で，現代英語の 'take leave of' という成句の *leave* は単なる 'permission'（「許可」）の意ではなく，'permission to go' つまり「いとまごい」の意が含まれていることを *Launfal* のこの例が明示しているという。次は 1964 年刊の *Ywain and Gawain* (EETS 254, p. 114) に見られる l. 235 の注釈である。'take leave of' を取り上げ，説明こそないが，*of* のみならず *at* を取る構造もあったことを意識してのことであ

---

1) 1869 年刊の Skeat (ed.), *Piers Plowman*, B-text では，当該箇所の *at* は，Bodley 写本（a1450）では *of* という校注がある。

ろう,両前置詞の出現箇所が漏れなく挙げられている。近年の刊本テキストでは,A. V. C. Schmidt (ed.), *Piers Plowman* (B-text, 1978, 1995²), III 25 の *at* に 'from' という傍注がある。また,*The Riverside Chaucer* (1987) 所収の Stephen A. Barney (ed.), *Troilus and Criseyde* と,Barry Windeatt (ed.), *Troilus and Criseyde* (2003) の Book 3, line 209 ("Tak, nece myn, youre leve at alle thre") に," 209 *at*: of " という脚注が付されている。他にも同様の注釈がいくつかのテキストに見られる。いずれも,'take leave at' は 'take leave of' と同義であり,*at* も *of* も出所・起源を表す 'from' の意味であることを示している。研究書では,Prins (1952, pp. 270–71) が 'take leave at/of' は古フランス語 (OF) *d prendre congé à/de* を模した成句と考えているが,Mustanoja (1960, p. 363) は初期 ME に用例が見られることからやや懐疑的である。では,OED, MED の説明はどうか。

この成句に関して最も詳しい情報と豊富な用例を提供してくれるのはやはり OED と MED である。関係箇所をそれぞれ引用する。

> OED: *Leave, sb.* 2. *Take (one's) leave* (const. *of,* †*at,* †*to,* †*on*): orig. †to obtain permission to depart (*obs. rare*); hence, to depart with some expression of farewell; to bid farewell. †Also rarely, *to fang, get, have, latch leave*.［引用例略］ b. *transf.* and *fig.*［引用例略］

> MED: *lēve* n. (2) 2.(c) . . . *cacchen ~ of, fongen ~ at, lacchen (nimen, taken) ~ at (of), taken ~ on,* ask for and obtain permission to go from (sb); take leave of (sb. or sth.); bid farewell to (sb. or sth.); leave or abandon (sb. or sth.).［引用例略］

MED は後続する前置詞として *of, at, on* のみを挙げているが,OED は *to* も加え,かつ *of* 以外は今日すべて廃用 (†) であるとする。本来の意味は「出立の許可を求める［得る］」,つまり「いとまごいをする」の意味であることがわかる。そこから,単に「さようならを言う,別れを告げる」の意で使われるようになり,それが更に転用されて,比喩的に

「(ものを) 手放す，断念する」の意味で使われることもあるということであろう。ところで，OED, MED に記録されている ME の用例数だけで言えば，OED では at 3, of 1, on 1, to 1, MED では at 12, of 10, on 1 である。このことは，近・現代英語で廃用となった at 型が中英語では優勢であったことを示唆している。OED (s.vv. *At, prep.* †11 ; *Of, prep.* III.) を見ればわかるように，*at, of* は古英語 (OE) でも特定の動詞の後で起源・出所 ('origin or source') を表す 'from' の意味で使われており，*on* (s.v. *On, prep.* †23) も稀にそうであったようである。ME でもこれらは意味の差異を伴わず交替することがしばしばあった。[2] なお，この成句に使われる動詞は，近・現代英語では *take* のみであるが，先に引用したOED, MED の説明にもあるように，中英語では同義の *cacchen, fongen, lacchen, nimen* も使われた。参考までに，この成句に関して，前置詞ごとにこれまで記録されている最古の例を挙げておく。なお，MED の例示の仕方はテキスト名（略称）の前に，まず写本年代，次に分かる範囲で括弧内に原作の制作年代を付す形式を取っているので，以下の引用例についてもそれに倣う。（なお，下線等は筆者のものである。）

 At: a1225(?a1200) Lay.*Brut* 1271: At hire heo *nomen læue*. [MED]
 Of: c1300 *Assum.Virg.(1)* 114/12: Ihc me greþi may, And *nyme lyue* of mine kenesmen. [MED]
 On: a1500(?a1400) *Torrent* 946: On the morrow Rose Torrente And *toke leve* on kyng and knyght. [MED & OED]
 To: c1500 *Melusine* lvii. 334 He *toke leue* to the Pope. [OED]

これによると，*at* 型は 1200 年頃，*of* 型は 1300 年頃，*on* 型は 1400 年頃，*to* 型は 1500 年頃初出ということになる。*on* 型は OED, MED 共に同一例を 1 例記録するのみであり，*to* 型は OED が 1500 年頃のものを 1 例挙げているだけで，MED には全く記録されていない。ME の文献では確認されていないということであろう。*of* 型が今日では唯一の形式

---

2) 中尾 1972, p. 354 参照。

であるが，*at* 型が近代英語のどの時期に廃用に帰したのか，OED の説明や用例からは詳らかでない。

以上のことを念頭に置いて，本章では，この成句の ME における時代的，地域的分布状況等を観察，確認したいと思う。

3

当の成句に注意しながら読んだ ME (1100–1500) のテキストは，小篇や断片的なものまで含めると，およそ 300 点にのぼる。主要なものはほとんど網羅したつもりであるが，膨大な文献が残されている後期 ME (1300–1500) に関しては，Wycliffite Bible が未調査である。見落とし，誤読は免れ得ないが，問題の成句が起こるテキスト数は 96，収集した用例数は 540，確認できた前置詞は *at, of, on*, それに OED にも MED にも記録されていない *from* であった。OED が 1500 年頃のものを 1 つだけ挙げている *to* の用例は現時点では発見に至っていない。MED にも記録されていないことからして首肯できる結果ではある。以下に，各テキストの用例数を，制作年代順に概略 3 期に分けて示す。なお，下の (1), (2) に示すように，同一文中に問題の「前置詞＋名詞」が 2 つ，あるいは 3 つ含まれる場合，それぞれ 2 例，3 例と数えている。というのは，(3) に示すように，同一文中でも異なる前置詞が併用される場合もあるからである。

(1) Gower *CA* 8.805–7 Appolinus of whom I mene Tho *tok his leve of* king and queene And *of* the worthi maide also,

(2) *Morte Arth.(2)* 544–5 At the kinge and at the queen Sir Gawayne *toke his leve* that tyde, And sithe at alle the courte by-dene,

(3) *MKempe A* 60/26–7 Sythen sche *toke hir leue* at hir husband & of þe holy ankyr,

従って，下に示す用例数は当該成句で用いられた前置詞の数である。なお，作品の略称，制作年代，方言については，概ね *MED Plan and Bib-*

liography (2007) によったが,適宜補充したものもある。方言欄の略記は,NE = Northeast, SE = Southeast, NW = Northwest, SW = Southwest, Midl. = Midland である。

Before 1300

Text	Dialect	*at*	*of*	*on*	*from*
Peterb.Chron. (a1121–1160)	SE Midl.	1	–	–	–
Lay.*Brut* [Clg] (?a1200)	SW Midl.	2	–	–	–
Lay.*Brut* [Otho] (?a1200)	SW Midl.	–	2	–	–
Horn (?c1225)	Southwestern	1	–	–	–
Gen.& Ex. (c1250)	SE Midl.	1	–	–	–
Floris (c1250)	SE Midl.	1	–	–	–
Arth.& M. (?a1300)	SE Midl.	1	–	–	–
KAlex. (?a1300)	West Midl.	1	–	–	–
Rich. (?a1300)	Kentish	1	1	–	–
Tristrem (?a1300)	Northern	3	2	–	–
Assump.Virg.(1) (c1300)	SE Midl.	–	2	–	–
Havelok (c1300)	NE Midl.	3	–	–	–
SLeg. (c1300)	Southwestern	2	4	–	–
Glo.Chron. (c1300)	Southwestern	2	1	–	–
Bevis (?c1300)	SE Midl.	2	3	–	–
Guy(1) (?c1300)	SE Midl.	10	6	–	–
小計		31	21	–	–

1300–1400		*at*	*of*	*on*	*from*
Cursor (Vsp) (a1325)	Northern	3	1	–	1
Cursor (Frf) (a1325)	NW Midl.	3	1	–	1
Cursor (Göt) (a1325)	Northern	3	1	–	1
Cursor (Trin-C) (a1325)	Northern	2	2	–	1
Roland & V. (c1330)	SE Midl.	2	–	–	–
Mannyng *Chron.* (a1338)	NE Midl.	13	2	–	–
Isumb. (a1350)	Northern	3	–	–	–
Ywain (?c1350)	Northern	6	5	–	–

Siege Troy (?c1350)	SE Midl.	1	–	–	–
WPal. (a1375)	SE Midl.	2	4	–	–
Barbour *Bruce* (1375)	Scots	3	–	–	–
PPl.A (a1376)	West Midl.	1	–	–	–
PPl.B (c1378)	West Midl.	1	–	–	–
Firumb.(1) (c1380)	Southwestern	–	1	–	–
Trev.Higd. (a1387)	Southwestern	–	1	–	–
PPl.C (?a1387)	West Midl.	2	–	–	–
Susan (c1390)	WM	1	–	–	–
Sir Gawain	NW Midl.	2	–	–	–
Gower *CA* (a1393)	SE Midl.	–	12	–	–
Chaucer (c1360–1400)	SE Midl.	2	11	–	–
Amadace (a1400)	NW Midl.	1	–	–	–
Eglam.(Thrn) (a1400)	NE Midl.	–	1	–	–
Eglam.(Clg) (a1400)	NE Midl.	3	–	–	–
Ipomadon (a1400)	NE Midl.	4	2	–	–
Libeaus (a1400)	Kentish	–	1	–	–
Siege Jerus.(1) (a1400)	West Midl.	2	–	–	–
Destr.Troy (?a1400)	West Midl.	13	–	–	–
Morte Arth. (?a1400)	Northern	4	1	–	–
Le Morte Arth. (?a1400)	NE Midl.	5	2	–	–
Chestre *Launfal* (?a1400)	Kentish	4	–	–	–
Perceval (?a1400)	Northern	6	–	–	–
Siege Milan (?a1400)	North Midl.	1	–	–	–
Torrent (?a1400)	North Midl.	3	1	1	–
Wars Alex. (?a1400)	Northern	2	–	–	–
Ld.Troy (c1400)	NW Midl.	9	2	–	–
Cuckoo & N. (c1400)	SE Midl.	–	1	–	–
Mandev. (c1400)	SE Midl.	–	1	–	–
Emare (c1400)	East Midl.	1	1	–	–
Seven Sages(3) (c1400)	SW Midl.	4	–	–	–
Sultan Bab. (c1400)	SE Midl.	–	1	–	–
Triam (?c1400)	North Midl.	5	–	–	–
小計		117	55	1	4

1400–1500		at	of	on	from
Love Mirror (a1410)	SE Midl.	5	3	–	–
Lydg.TB (a1420)	SE Midl.	–	14	–	–
Lydg.ST (?c1421)	SE Midl.	–	6	–	–
Avow.Arth. (?c1425)	NW Midl.	1	–	–	–
MKempe A (a1438)	SE Midl.	2	18	–	–
MKempe B (c1438)	SE Midl.	–	4	–	–
Lydg.FP (?a1439)	SE Midl.	–	2	–	–
PLAlex. (c1440)	Northern	1	–	–	–
Thos.Ercel. (c1440)	Northern	2	–	–	–
Bokenham Sts. (1447)	SE Midl.	–	2	–	–
Shillingford (1447–48)	SW	–	3	–	–
Generydes (a1450)	SE Midl.	–	6	–	–
Eger & Grime (a1450)	Northern	–	5	–	–
GRom (?a1450)	SE Midl.	4	3	–	–
Alph.Tales (c1450)	Northern	5	–	–	–
Capgr.St.Kath. (c1450)	SE Midl.	2	5	–	–
Merlin (?c1450)	SE Midl.	–	29	–	–
Towneley Pl. (a1460)	NE Midl.	1	–	–	–
Capgr.Chron. (a1464)	SE Midl.	–	2	–	–
Malory Wks. (a1470)	SE Midl.	14	21	–	–
Flower & L. (a1475)	SE Midl.	–	1	–	–
Isle of Ladies (?a1475)	SE Midl.	2	3	–	–
Play Sacr. (?a1475)	SE Midl.	2	–	–	–
N-town Pl. (?a1475)	East Midl.	3	6	–	–
Guy(4) (?a1475)	SE Midl.	8	3	–	–
Paston (1425–1510)	SE Midl.	–	1	–	–
Caxton Jason (c1477)	SE Midl.	–	28	–	–
Rauf Coilȝear (?c1480)	Scots	1	–	–	–
Caxton Reynard (1481)	SE Midl.	–	7	–	–
Caxton Charles (1485)	SE Midl.	–	2	–	–
Caxton Paris & V. (1485)	SE Midl.	–	8	–	–
Caxton Aymon (1489)	SE Midl.	1	36	–	1

Caxton *Blanchardyn* (1489)	SE Midl.	–	29	–	–
Everyman (c1495)	SE Midl.	–	1	–	–
Siege Jerus.(2) (a1500)	SW Midl.	–	1	–	–
Squire LD (a1500)	SE Midl.	–	4	–	–
Green Knight (a1500)	NW Midl.	1	–	–	–
Turk & G. (a1500)	Northern	–	1	–	–
Lancelot (a1500)	Scots	1	–	–	–
小計		56	254	–	1

以上の結果を簡略化して示すと，次のようになる。

	at	*of*	*on*	*from*
Before 1300	31	21	–	–
1300–1400	117	55	1	4
1400–1500	56	254	–	1
Total (%)	204 (37.8)	330 (61.1)	1 (0.2)	5 (0.9)

上表に示したように，調査した約300のテキストのうち96，つまり約3割に，合計540の用例が確認できた。「別離」の対象を明示する「前置詞＋名詞」を伴わない 'take leave' の例も多数見られたが，[3] 本論の主たる関心は後続の前置詞にあるので，ここでは考慮しない。「別離」の場面が全く起こらない作品も多数あることを考えると，用例数は少ないとは言えないであろう。なお，この成句を便宜上，'take (one's) leave of/at' と表記するが，動詞は後で見るように *taken* 以外にも *nimen*, *cacchen* などの同義語も用いられている。

まずME全体では，*at* が204例，*of* が330例と，*of* がやや多いとはいえ，今日廃用の *at* もそれに劣らず用いられている。他の前置詞は *on* が1例，*from* が5例見られたが，*to* の例は皆無である。しかし，ME期を

---

3) 例えば，次のような例である。
   NHom. 79/18 Thai *toke thaire leue* hame to fare; Jacob & J.404–5 Feire hi *nomen leue* to wenden here way Toward here contre a lutel ere day.

1300 年以前の初期，14 世紀，15 世紀の 3 期に分けて見てみると，初期 ME から 14 世紀までは *at* が優勢であり，15 世紀に至ってようやく *of* が一般的になる。しかし，テキスト間で用例数に大きなばらつきがあり，単なる用例数の総和を比較しても意味を成さない可能性もあるので，3 つの時期を異なる角度から見てみよう。1300 年以前の初期 ME では，当該成句の起こるテキストの総数は 16 である。（ちなみに，初期 ME を代表する *Ancrene Wisse*, Katherine Group, *The Ormulum, The Owl and the Nightingale* といった作品には用例自体が全く見られない。）そのうち *at* だけを使用しているテキスト数は 8，*of* のみは 2，両前置詞併用は 6 である。つまり *at* が主流であり，*of* は少数派である。14 世紀においては 41 テキストのうち，*at* のみは 19，*of* のみは 8，両前置詞併用は 14，とここでも主流は *at* である。（ちなみに，14 世紀の主なところでは，*PPl.* は *at* のみを，Gower は *of* のみを，Chaucer は両前置詞を用いているが，*of* をより多用している。）15 世紀になると，用例が見られる 39 テキストのうち，*at* のみは 9 で，*of* のみが 21，両前置詞併用が 9，といった具合に *of* のみが起こるテキストがはるかに多い。*at*, *of* 共に早くから用いられているが，用例数の上からも，テキスト数の上からも，14 世紀までは *at* が主流であり，15 世紀に入って *of* が逆転，一般化する。以上が各前置詞間の大まかな時代的推移である。それぞれの初出年代についてはどうであろうか。

　前節 2 でふれたように，MED が挙げる *at* 型の最古の例は 1200 年頃の Laʒamon's *Brut* から，*of* 型のそれは 1300 年頃の *Assumption of Our Lady*（MED の略称は *Assum.Virg.(1)*）から，*on* 型は 14 世紀末の *Sir Torrent of Portygale* からであった。手許の資料ではどうか。中世にあっては原作や写本の制作年代は大半が推定であり，確実なことは言えないが，*at*, *of* の両方ともこれまで指摘されている最古の例よりはるかに遡れそうである。*from* については言うまでもない。*at* の例を (4)，*of* の例を (5)，*on* の例を (6)，*from* の例を (7) に示す。

　　(4) a1121 *Peterb.Chron.* 1097/22–3 Sona æfter þyson se arcebiscop Ansealm of Cantwarbyrig leafe <u>æt</u> þam cynge nam ...7 ofer sæ for.

(5) c1300(?a1200) Lay.*Brut* (Otho) 638 <u>Of</u> hire he *nam leue* and to sipe wende.

　Cf. c1275(?a1200) Lay.*Brut* (Clg) 638 <u>At</u> hire heo *nomen læue* and to scipe li[ðð]en.

(6) a1450(?a1400) *Torrent* 946–7 On the morrow Rose Torrente And *toke leve* <u>on</u> kyng and knyght.[4]

(7) a1400(a1325) *Cursor* (Vsp) 10823–4 þir seuen þe biscop hir bitaght, Quen þat <u>fra</u> him hir *leue sco laght*.

　Cf. *Cursor* (Frx): <u>from</u>; *Cursor* (Göt): <u>fra</u>; *Cursor* (Trin-C): <u>fro</u>.

上例 (4) の *at* 型は，MED が挙げる 1200 年以前，12 世紀末頃（写本年代は 13 世紀初頭）の例 (a1225(?a1200) Lay.*Brut*) より 1 世紀早く，[5] 12 世紀初頭の年代記 *Peterborough Chronicle* に初出する。この年代記のうち，1121 年以前の部分は別の写本から 1121 年以前に Peterborough で転写されたもので，'Copied Annals' と呼ばれるものである。用例 (4) は，その 1097 年の記事に起こる。この記事が実際に書かれた年代は定かでないが，おそらくは 1098 年か 99 年あたりと考えると，11 世紀末の例である。原作の制作年代から見ても，写本制作年代から見ても，MED の例より約 1 世紀早い例ということになる。一方，(5) の *of* 型は，MED が挙げる，原作の制作年代は不明であるが，写本の年代は 1300 年頃と推定される例 (c1300 *Assump.Virg. (1)*) より 1 世紀早く，1200 年以前，12 世紀末頃の Laȝamon's *Brut* (Otho) に初出する。もっともこの Otho 写本は 1300 年頃の制作であるので，写本の点から見れば MED の例と同時代のものということになる。（なお，Laȝamon's *Brut* の異写本で，1275 年頃制作の Clg 写本では *of* でなく，*at* が使われている。）次の例 (6) の *on* 型の初出例は，OED，MED が挙げる例と同一で，14 世紀末である。

---

4) 刊本テキストでは，"*Torrent* 947 ...Torrente ... *toke leve* <u>of</u> kyng and knyght" となっており，*on* が *of* に校訂されているが，写本の読みは *on* であることが，"947 *of*] *on* MS" として注記されている。

5) 最新の *MED Plan and Bibliography* (2007, p. 102) によると，MED は，A から S の分冊までは，Lay.*Brut* (Clg) の年代表記を a1225(?a1200) としていたが，その後は写本年代を a1225 から c1275 に変更し，c1275(?a1200) Lay.*Brut* (Clg) としている。

しかも，先述したように ME で唯一確認されている例である。(7) の *from* を従える型は，これまた先述したように，OED にも MED にも記録されていない表現型であるが，14 世紀初頭の初出ということになる。なお，この *from* 型は *Cursor Mundi* の 4 写本以外では，15 世紀末の Caxton *Aymon* にしか見られない。[6] このように，*at* 型と *of* 型については，MED の初出例よりそれぞれ 1 世紀早く，*at* 型は 11 世紀末に，*of* 型は 12 世紀末に初出する。しかし，写本年代を重視すれば，*of* 型はもっと遅く，*at* 型よりほぼ 2 世紀遅れの 1300 年頃の初出ということになる。

ME でも例外的な *on* 型と *from* 型は言うまでもなく，*at* 型も ModE では廃用になるが，いつ頃そうなったかは不詳である。OED にも ModE の例は全く記録されていない。(ちなみに，初期近代英語期の Spenser (1552?–99) や Shakespeare (1564–1616) の作品にも全く見られない。) OED, MED が挙げる最後の例は 15 世紀前半のものであるが，手許の資料ではもっと遅い 15 世紀末の例がある。以下に挙げる (8)—(10) である。

(8) (1489) Caxton *Aymon* 398/3–4 they ... *toke noo leve* at hym but retorned Incontynente to mountalban

(9) (a1500) *Lancelot* 2145–6 With that the King haith at his Maistir *tone His leve*, oneto his cuntré for to gonne.

(10) c1650(a1500) *Green Knight* 433–4 *His leave* soone *taketh* hee Att the Lady soe gaye.

Caxton の例は 1489 年，他の 2 例は 15 世紀末のスコットランド (Middle Scots) 方言と北西中部 (Northwest Midland) 方言で書かれたものである。15 世紀末頃までは *at* 型も所によっては残存していたということであろうか。なお，(10) の例の写本年代は 17 世紀の中頃であり，写本年代を重視すれば，初期近代英語期の珍しい例ということになる。

方言的にはどうか。最も初期の Laȝamon's *Brut* の場合を見ても，同じ南西中部 (Southwest Midland) 方言で書かれた 1275 年頃の Clg 写本では

---

6) Caxton に起こる例は次のものである。
 (1489) *Aymon* 51/4 Soo *toke* they a glade *leue* from kynge Charlemayne.

at のみが，1300 年頃の Otho 写本では *of* のみが使われており，1300 年以降の作品になると同一作品で *at* と *of* の両方が使われることも多いことは，先の表に示した通りである．北部 (Northern) 方言，北西中部方言のテキストに *at* がやや多いという印象を受けるが，この成句が現れる初期 ME から，両方の前置詞がほとんど全ての方言で使われており，両前置詞の選択に方言的偏りがあったとは言えないようである．

　意味の点からはどうか．OE 時代から *at* も *of* も出所・起源を表す前置詞（= 'from'）として使われており，「別離」の相手を明示する必要がある場合両方が使われていたのであろう．前節 2 で瞥見したように，Herrtage, Skeat 以降の学者も 'take one's leave at' = 'take one's leave of ' と解している．また，両前置詞間に意味の差異がなかったことは，両前置詞が多くのテキストで併用されていることからも明らかである．この点に関して，特に興味深いと考えられる 3 つの例を挙げておきたい．まず，先に挙げた (3) をここでもう一度引用する．同一文で *at* と *of* が併用されている．

(3) *MKempe A* 60/26–7 Sythen sche *toke hir leue* <u>at</u> hir husbond & <u>of</u> þe holy ankyr.

次の 2 例は，かつては *Ludus Conventriae* と称されていた中世劇 *The N-town Play* に見られるものである．

(11) *N-town Pl.* 9/66–7 Modyr, and it plese ȝow, first wole I *take my leve* <u>Of</u> my fadyr and ȝow, my modyr, iwys.
(12) *N-town Pl.*10/405–6 Farewel, fadyr and modyr dere, <u>At</u> ȝow I *take my leve* right here.

(11) では *of* が，(12) では *at* が使われているが，いずれも両親に別れを告げる場面での Maria の台詞である．これら 3 例を見ても，*at* と *of* に何らかの意味の差異があったようには思われない．加えて，同義の *from* そのものを使った例もあることは先述した通りである．

前節 2 で引用した OED や MED の定義，更には Bliss の注釈からも明らかなように，この 'take (one's) leave of/at' の本来の意味は「出立の許可を求める［得る］」「いとまごいをする」であったのが，やがて単に「さようならを言う，別れを告げる」の意で用いられるようになった。ME の大半の用例は後者の意味に解されるが，厳密な区別は容易でない。しかし，次に挙げるように，「出立」を意味する不定詞と共に用いられている場合，原義は保持されているように思われる。

(13) *Tristrem*1286–7 *His leue* he *asked* <u>at</u> here In schip *to founde* (= go) *oway*.

(14) *Bevis* 4570–1 Beues *tok leue*, hom *to wende*, <u>At</u> King Edgar and <u>at</u> Sabere.

(15) *Guy(1)* 2857 <u>At</u> þemperour þai *toke leue to go*.

(16) *WPal.* 5412–3 <u>at</u> emperour and emperice everech on at ones lovely *lauȝten here leve* to here lond *to wend*.

(17) *Libeaus* 997–9 And fayre *her leue token* þay *To wende* yn-to anoþer contray, <u>Of</u> duk, erl and baroun.

(18) Chestre *Launfal* 136–8 Syr Huwe & Syr Jon *Tok her leue forto gon* <u>At</u> Syr Launfal þe knyȝt.

(19) *Ld.Troy* 16531–2 He *toke his leue* <u>at</u> him *to go* To hem of Grece that he come fro.

(20) *Gener.(2)* 4735–6 Vppon this thanne he *toke his leve for to goo*, <u>Of</u> the Sowdon and <u>of</u> fayre Clarionas.

　ところで，'take one's leave of/at' は本来「（人と）別れる」の意味の成句であるが，それが転用され，比喩的に「（ものを）手放す，断念する」の意味で使われることもあった。OED (s.v. *Leave, sb.* 2.b.) は 1508 年以降の例（それも *of* の例）しか挙げていないが，MED (s.v. *lēve* n. (2) 2.(c)) は 14 世紀以降の例を記録している。手許の資料にも次のような 14 世紀以降の例がある。

(21) Mannyng *Chron.* 2.7814 His werryng so he leued, at armes he *tok leue*.
(22) Gower *CA* 8.3152–6 And thus forthy my final *leve* I *take* now for evere more, ... Of love and of his dedly hele, Which no phisicien can hele.
(23) Capgr.*St.Kath.*4.1338–9 I haue *take leue* of Esculape and Galiene And of alle her preuy sergyng of nature (= 'all their searching into nature's secrets').
(24) Capgr.*St.Kath.*5.1979 Of this matere thus I *take my leve*.

最後に，MED は，'take (one's) leave of/at' という成句の動詞として，*taken* 以外に *cacchen, fongen, lacchen, nimen* を挙げている。いずれも *taken* の同義語である。手許の資料でもこれらの動詞は確認できるが，圧倒的多数はこれまで挙げた例が示すように，古ノルド語 (Old Norse) からの借用語 *taken* である。歴史的には本来語の *nimen* の方が先で，(4), (5) に例示したように，ME 初期の 12, 13 世紀に集中しており，14 世紀になると前半に 4 例，後半に 5 例しか見られない。後半の例は世紀末の Gower *CA* に 2 例，*Laud Troy* に 1 例，*The Seven Sages of Rome (Midland Version)* に 2 例あるだけである。それぞれ 1 例示す。

(25) Gower CA 8.2946 And thus *my leve* of hire y *nam*,
(26) *Ld.Troy* 17437 He wolde *no leue* at hem *nym.*
(27) *Seven Sages(3)* 1782 And at hir moder *leue* he *nam*;

これら 3 テキストに見られる *nimen* はすべて脚韻の位置に起こる。他の例はいずれも *taken* であることを考えると，例外的に遅いこれらの例は脚韻の要請によるものであろう。なお，*nimen, taken* 以外の動詞としては，*asken* 3 例，*cacchen* 2 例，*fochchen* 1 例，*lacchen* 11 例がいずれも頭韻詩に見られる。そして，*asken* の 2 例 [7] 以外は明らかに頭韻のために用いられている。それぞれ 1 例ずつ示す。

---

7) 2 例のうちの 1 例は (11) に挙げた。残る 1 例は次のものである。
　　Destr.Troy 11251–2 Then Agamynon the gret & his gay brothir Asket *leue* at the lordes & the lege kynges,

(28) *Destr. Troy* 6222 <u>At</u> Ector þai *asket* leue, & yssuit furth somyn (= together).

(29) *WPal*. 352–53 … and redili as siwþe ful curteisle <u>of</u> þe couherde he <u>*cacces his leue.*</u>

(30) *Gawain* 1960–1 Þenne loȝly *his leue* <u>at</u> þe lorde fyrst <u>*Fochchez*</u> þis fre mon, and fayre he hym þonkkez.

(31) *Wars Alex*. 330–1 … þe renke … <u>*Laȝt* leue <u>at</u></u> þe qwene for a litill quile,

4

以上，中英語 (ME) に初出する「(人に) さようならを言う，別れを告げる，いとまごいをする」の意の成句 'take one's leave' が別離の対象を明示する場合，どのような前置詞を従えるか，そしてそれら前置詞間の競合状況，方言的分布，意味の差異，taken に代わる動詞にはどのようなものがあるかを観察した。まとめると次のようになる。

　ME 全体では，'take (one's) leave' に後続する前置詞としては，*at, of, on, from* の 4 つが確認された。*at* 型，*of* 型は共に早くから見られるが，14 世紀までは *at* 型が主流であり，15 世紀に入ると *of* 型が逆転，一般化する。*on* 型は 1 例のみ，OED にも MED にもまったく記録されていない *from* 型も 5 例確認できた。しかし，OED に 1500 年頃の例が 1 例引用されている *to* 型は皆無であった。

　at 型，*of* 型，*on* 型の初出年代に関しては，*at* 型と *of* 型は従来記録されている最古の例をそれぞれ 1 世紀遡るものが確認できた。*at* 型は 11 世紀末（写本年代では 12 世紀初頭）の *The Peterborough Chronicle* (1097) に，*of* 型は 12 世紀末（写本年代は 1300 年頃）の Laȝamon's *Brut* (Otho) に初出する。(もっとも写本年代を重視すれば，後者は MED の初出例と同じ時期のものである。) *on* 型に関しては，OED, MED に引用されている唯一の例（14 世紀末頃の *Sir Torrent of Portyngale*）と同一のものしか確認できなかった。*from* 型は 14 世紀初頭の *Cursor Mundi* (a1325) の 4 写本 (Vsp, Göt, Frx, Trin-C) に生起するが，それ以外では 15 世紀末の

Caxton's *Foure Sonnes of Aymon* にしか見られない極めて珍しい表現型である。なお，近代英語 (ModE) では廃用になる *at* 型は 15 世紀末頃までの用例が確認できた。

　方言的には，*at* も *of* も全域で使われており，しかも同一テキストで両前置詞が併用される場合も多く，どちらかが特定の方言で特に好まれるとは言えない。両前置詞の選択に関してはむしろ時代的な要素が大きいように思われる。

　意味的にも，*at* 型と *of* 型の間に特別の差はなかったと言ってよい。ただ，*take leave* には単に今日的な「さようならを言う」の意に加え，本来の「出立の許可を求める［得る］」('ask for and obtain permission to go' [MED]) という原義を保持している例もしばしば見受けられた。とりわけ，「出立」の意の不定詞を従える場合がそうである。また，本来の意味が転用されて，「（ものを）手放す，断念する」という比喩的な意味で使われることもごく稀にある。

　最後に，'take (one's) leave of/at' の動詞として大半は *taken* が使われている。初期 ME では本来語の *nimen* (= 'take') もしばしば見られたが，後期 ME になると脚韻の要請による例くらいしかない。他の動詞としては，頭韻詩に *asken* と，*taken* の同義語である *cacchen, focchchen, lacchen* が散見されるが，*asken* 以外は，いずれも頭韻の要請によるものである。

参考文献
〈第一次資料〉
　本章で言及したテキストについては、EETS 版もしくは標準的な刊本と目されるものを使用したが，詳しくは巻末の参考文献を参照。

〈第二次資料〉
Bliss, A. J., ed. 1960. Thomas Chestre, *Sir Launfal*. London and Edinburgh.
Herrtage, S. J. H., ed. 1882. *The Taill of Rauf Coilyear, with the Fragments of Roland and Vernagu and Otuel*. EETS ES 39.
MED = *Middle English Dictionary*, ed. H. Kurath, et al. Ann Arbor, 1952–2001.
MED Plan and Bibliography = *Middle English Dictionary: Plan and Bibliography*, Second Edition, ed. R. E. Lewis & M. J. Williams. Ann Arbor, 2007.
Mustanoja, T. F. 1960. *A Middle English Syntax*. Helsinki.
OED = *The Oxford English Dictionary*, ed. James A. H. Murray, et al. Oxford, 1933,

1989².
Prins, A. A. 1952. *French Influence in English Phrasing*. Leiden.
Schmidt, A. V. C., ed. 1978, 1995². *The Vision of Piers Plowman*. London.
Shakespeare = *The Riverside Shakespeare*, 2nd ed., ed. G. Blakemore Evans. Boston, 1997.
Skeat, W. W., ed. 1886. *The Vision of William concerning Piers the Plowman in Three Parallel Texts*, 2 vols. London.
Spenser = Spenser's *Faerie Queene*, 2 vols., ed. J. C. Smith. Oxford, 1909.
Windeatt, B., ed. 2003. *Geoffrey Chaucer: Troilus and Criseyde*. London.

中尾俊夫. 1972. 『英語史 II』(英語学大系 9) 大修館書店.

10
中英語における形容詞 'worthy' の統語法

1

　名詞の worth に接尾辞 -y の付いた worthy は，一見何の変哲もない形容詞である。しかし，歴史的に見ると，中英語 (ME) に初出してから今日まで，意味上の変化はさほど見られないが，統語上は大きく変化したことばである。

　現代英語では，「価値ある，立派な」の意の限定形容詞として使われるか (e.g. a *worthy* cause)，叙述的に of-目的語や不定詞を伴って「・・・に値する，・・・にふさわしい」の意で使われる (e.g. *worthy* of praise; *worthy* to be praised)。ところが今や，その限定用法さえ形式張ったものとなり，不定詞を従える用法も最近の英国系辞書や一部の米国系辞書からは消えている。[1] また，18，19 世紀までは散見された of のない形，つまり名詞相当語句を直接従える構造 (e.g. *worthy* praise [= *worthy* of praise]) も古風あるいは高雅な文体と目される。[2] もはや，worthy は前置詞 of を伴った叙述用法しか残存していないような印象さえ受ける。しかるに，ME 期の worthy はどうかというと，限定用法はともかく，叙述用法は現代英語のそれと比して実に多様であった。例えば，不定詞構造に加え，that-節を従えることもある。前置詞は of 以外に，to や for を伴うこともあった。複合副詞の thereof, thereto が後続する場合もある。また，of なしに目的語を取る 'worthy + NP' 構造は 'worthy of +

---

1) 例えば，COD 11th ed. (2004), LDCE 4th ed. (2003), OALD 7th ed. (2005), AHD 4th ed. (2007) など参照。
2) 例えば，Fowler1~3 (1926, 1965, 1996, s.v. *worthy*) 参照。

NP'構造よりはるかに一般的であった。こういった現代英語には見られない構造が ME 期のいつ頃出現し，その消長はどのようなものであったのか。また，worthy が従える名詞相当語句のうち，動名詞の出現はいつ頃か。更には worthy を修飾する不定詞は to-不定詞か原形不定詞か，受動の意味を表す不定詞は受動構造か能動構造か。どの点をとっても，ごく一部を除いて，OED, MED といった大辞典の記述・説明を超えるものは筆者が知る限り見当たらず，詳細は不明である。

　本章では，ME における叙述形容詞としての worthy をできるだけ多くのテキストにあたって観察し，その実態を明らかにしたいと思う。ただし，名詞を修飾する限定用法の worthy と，目的語をとらない叙述用法の worthy の場合，統語上の変化は見られないので取り上げない。なお，worthy を論じる場合，特記しない限り，否定接辞を伴った un-worthy も含めることとする。

2

　文法書であれ，語法書であれ，類語である worth にふれたものは少なくないが，問題の worthy の用法に言及したものは極めて少ない。それも近・現代英語に限られている。通常 of をとるが，of なしもある，ただし古風，といった類のコメントである。[3] 歴史的な変遷に多少ともふれているのは Fowler3 (1996, s.v. *worthy*) で，14 世紀から 19 世紀までは of なしも慣用法であった，と述べている。Schibsbye (1977, §4.8) も同意見である。最近では，Rohdenburg (2007) が，近代英語期（16〜19世紀）におけるさまざまな前置詞構文の盛衰を取り上げた論文の中で，'(un)worthy (of) NP' に関するデータを報告している。それによると，16〜17 世紀では of のない形式が優勢であるが，18 世紀になると逆転され，19 世紀後半には 1 割程度にまで減少するという。

　ME の worthy を多少とも本格的に論じたものとしては，van der Gaaf (1928) がある。形容詞と共起する受動態不定詞を扱った論文であるが，

---

[3] 例えば，Onions (1929, §109), Curme (1931, §11.2.g), Jespersen (1949, §8.2) 参照。

その中で，worthy に関して，受動態不定詞を伴う例が 13 世紀前半から
しばしば起こること，受動の意味を表す能動態不定詞の例が見られるの
は 14 世紀からであること，動名詞を伴う例は OED の初出例より約 1
世紀早く，14 世紀中頃に起こることを指摘している。また，Mustanoja
(1960, pp. 521 & 538) は，worthy が受動の意味の能動態不定詞を従える
のは 14 世紀以降であることと，原形不定詞を従えることがあることに
言及している。

　目的語を従える叙述形容詞 (un)worthy に関して，詳細な分析と豊富
な用例を提供してくれるのは，やはり歴史的原理に基づく大辞典 OED
(s.vv. *Worthy, a.* & *Unworthy, a.*) と MED (s.vv. *worthi* adj. & *unworthy* adj.)
である。両辞典の記述・引用例を基に，worthy と共起する統語構造を
筆者なりに整理したものを，それぞれの最古の例と共に示す。MED は
写本年代を重視した用例提示の方式を取るが，ここでは原典の（推定）
制作年代による用例提示を行う。なお，OED (s.v. *Worthy, a.* 8.c.) は動名
詞を従える構造を他の名詞構造と分けて示しているが，ここでは一応名
詞相当語句 (NP) に入れておく。複合副詞 thereof, thereto は Adv と表
記。引用例中のイタリックと下線はすべて筆者のものである。

(i) *worthy* + infinitive: ?c1200 *Orm.* ded.249 He shall .. Uss gifenn heff-
ness blisse ʒiff þatt we shulenn *wurrþi* ben <u>To findenn</u> Godess are.
[MED]

(ii) *worthy* + *that*-clause: ?c1200 *Orm.* 10390 Namm I nohht *wurrþi* <u>þatt
I beo Haldenn for Crist onn eorþe</u>. [MED]

(iii) *worthy* + NP: (c1303) Mannyng *HS* 2140 Þo þat haue here handys
as lyme .. myght .. wyte redly <u>what shame</u> þat þey were *wurþy*! [MED]

(iv) *worthy of* + NP: (c1350) *Alex.& D.* 746 ʒe ben *worþei of* <u>wo</u> whan þe
word failus. [MED] [4]

(v) *worthy to* + NP: (c1303) Mannyng *HS* 11532 *To* <u>helle pyne</u> he was

---

[4]　OED (*s.v. Worthy, a.* 8) はもっと早い例 ((a1325) *Cursor* 10350 Berns .. oft er for þair dughtihede Selcouth worþi mikel of mede) を挙げているが，これは本来 (iii) の 'worthy + NP' の例と解されるべきものである。

wurþy. [MED]

(vi) *worthy for* + NP: 1591 Shaks. *Two Gent.* II.iv.76 He is as *worthy for an Empresse loue*, As meet to be an Emperors Councellor. [OED]

(vii) *worthy* + Adv: (c1280) *SLeg.Pass.* 327 Ak þulke þat ȝe bede, *Worþi* nere nouȝt þerto. [MED]

上例から判断すると，worthy は，1200 年ごろの初出時から目的語として不定詞 (i) と *that*- 節 (ii) を従えた。それから約 1 世紀後に，直接に名詞目的語を取る構造 (iii) や複合副詞を従える構造 (vii) が起こる。前置詞付目的語構造では，まず (v) の 'to NP' が 14 世紀初頭に，(iv) の 'of + NP' が 14 世紀中頃に，(vi) の 'for + NP' は 16 世紀末に起こる。叙述用法の worthy が取る上記 7 つの統語構造のうち，今日残存しているのは，不定詞を従える (i) と *of*-目的語を取る (iv) だけである。しかしながら，豊富な引用例を誇る OED や MED をもってしても，ME 期における worthy の統語構造の消長まではわからない。内部構造的な面でも，不定詞は原形不定詞か *to*-不定詞か，また受動の意味の不定詞は受動構造か能動構造かといった点も不詳である。

3

叙述用法の worthy とその否定形 unworthy に関して，これまで調査した中英語テキストは大小約 300 点である。主要な作品は，Wycliffite Bible を除いて，ほとんどすべて網羅したつもりである。データは多年にわたる読書の過程で収集したものであるから，当然，誤読や見落としなども含まれていることをお断りしておきたい。

周知のように，中英語の綴りは実に多様であり，MED もすべてを記録しているわけではない。worthy についても同様である。ME では，代表的な worthi/worthy のほかに，worthei/worthey, w(o)urthi/w(o)urthy, w(u)rthi/w(u)rthy, wordi/wordy, vorthi/vorthy などが見られる。加えて，-th- が -þ- や -ð- のこともあり，語尾は -ie/-ye のように，e が付加されている場合もある。unworthy の場合，接頭辞は on- も散

見される。

　本論に入る前に，問題の worthy, unworthy はいつ頃文献に現れるかという点を確認しておきたい。名詞・形容詞としての worth は OE 期からみられるが，その派生形 worthy は，手許の資料では 1200 年頃の *Ormulum* に初出する。その前後の *Ancrene Wisse*, Laʒamon's *Brut*, *The Owl and the Nightingale* などには全く起こらない。*Ormulum* の次は半世紀後の *Bestiary, Wooing Lord, Genesis and Exodus* に見られる。否定形 unworthy は 1250 年頃の *Wooing Lord* に初出する。いずれも MED の引用例が示す通りである。

　まず最初に，目的語を従える叙述用法の (un)worthy が起こるテキストを *MED Plan and Bibliography* (2007) の（推定）制作年代順に挙げ，前節で例示した 7 つの統語構造の用例数を示す。数字は (un)worthy の数ではなくて，後続する構造の数を示す場合がある。というのは，下例 (1), (2) が示すように，同一の worthy が名詞句と不定詞の両方を伴ったり，原形不定詞と *to*-不定詞の両方を従える場合があるからである。

(1) Rolle *FLiving* 85/21 he ne es *worthy* <u>the lyfe</u>, ne <u>to be fedde</u> with swynes mete.
(2) Mannyng *Chron*. 1.15733–4 we ne are *worþi* ageyn <u>be kald</u> to penaunce, ne our lond <u>to hald.</u>

なお，不定詞が *to*-不定詞か原形不定詞か，NP が通常の名詞か動名詞かといった内部構造的な分析結果はスペースの関係で表示できないので，それぞれの構造を論ずる際にふれる。

表 1：worthy に後続する統語構造
Before 1300

	Inf.	*that*-cl.	NP	*of* NP	*to* NP	*for* NP	Adv
Ormulum	18	2	–	–	–	–	–
Bestiary	1	1	–	–	–	–	–
Wooing Lord	1	–	–	–	–	–	–

Genesis & Exodus	2	-	-	-	-	-	-
Southern Passion	2	-	-	-	-	-	2
Arthur & Merlin	2	-	-	-	-	-	-
Kyng Alisaunder	2	-	-	-	-	-	-
Rich.	4	-	-	-	-	-	-
Bevis of Hamtoun	1	-	-	-	-	-	-
Glo. Chronicle	1	-	-	-	-	-	-
Northern Homilies	5	-	-	-	-	-	-
Guy of Warwick (1)	1	-	-	-	1	-	-
South-English Leg.	1	-	-	-	-	-	1

1300–1350

	Inf.	that-cl.	NP	of NP	to NP	for NP	Adv
Mannyng HS	21	-	4	-	2	-	-
Cursor Mundi	17	-	3	-	-	-	3
Bonav. Medit.	1	-	-	-	-	-	-
Otuel & R.	1	-	-	-	-	-	-
Degare	1	-	-	-	-	-	-
Seven Sages(1)	1	-	-	-	-	-	-
Shoreham Poems	1	-	-	-	-	-	-
Mannyng Chronicle	11	-	2	-	-	-	-
Ayenbite	6	-	-	-	3	-	-
Rolle Writings	8	1	3	-	-	-	-
Isumbras	1	-	-	-	-	-	-
Alex. & D.	1	-	-	1	-	-	-
MPPsalter	1	-	-	-	-	-	-
Octavian	-	-	-	1	-	-	-
Jos. Arim.	1	-	1	-	-	-	-
NHom.(3) Pass.	1	-	-	-	-	-	-
Ywain and Gawain	4	-	-	-	-	1	-

1350–1400

	Inf.	that-cl.	NP	of NP	to NP	for NP	Adv

Winner & W.	1	–	–	–	–	–	–
William of Palerne	1	–	–	–	2	–	1
Barbour *Bruce*	5	–	–	–	–	–	–
Piers Plowman B	5	–	1	–	–	–	–
Pearl	–	–	1	–	–	–	–
Chaucer	37	1	2	13	7	–	1
Wyclif *EWks*	19	–	6	–	–	–	–
Trevisa *Higden*	28	–	5	2	2	–	–
Clanvowe *2 Ways*	–	–	1	–	–	–	–
Gower *CA*	16	–	–	–	2	–	1
RR (= *Mun & S(1)*)	1	–	–	–	–	–	–
Athelston	1	–	–	–	–	–	–
Eglam.	2	–	–	–	–	–	–
Ipomadon	5	–	–	–	–	–	–
Medit.Pass.	3	–	1	–	–	–	–
PConsc.	5	–	10	–	–	–	–
Siege Jerus.(1)	–	–	–	–	1	–	–
Cloud of Unknowing	1	–	–	–	–	–	–
Chester *Launfal*	2*	–	–	–	–	–	–
Firumb.(2)	1	–	–	–	–	–	–
Dest.Troy	8	–	–	–	–	–	–
KEdw.& S.	2	–	1	–	–	–	–
Morte Arthure	3	–	–	–	–	–	–
Le Morte Arthur	3	–	–	–	–	–	–
Perceval	4	–	–	–	–	–	–
RRose (B & C)	3	–	–	–	–	–	–
Torrent	1	–	–	–	–	–	–
?Clanvowe *Cuckoo*	1	–	–	–	–	–	–
EToulouse	4	–	–	–	–	–	–
Five Wits	2	–	1	–	1	–	–
Ld.Troy	6	–	2	–	–	–	–
Mandeville's Travels	3	–	–	–	–	–	–
Seven Sages(3)	2*	–	–	–	–	–	–
Sultan Bab.	1	–	–	–	–	–	–

Beryn	1	-	-	-	-	-	-

*過去分詞1例を含む。

1400–1450

	Inf.	that-cl.	NP	of NP	to NP	for NP	Adv
Trev.Dial.MC & Cur.	13	-	8	-	-	-	-
Love Mirror	5	-	8	-	-	-	-
Hoccl. RP	3	-	2	-	-	-	-
Mirk Fest.	17	-	6	-	-	-	-
Bk.Lond.E.	1	-	2	1	-	-	-
Chancery English	3	-	1	-	-	-	1
Lydg.TB	6	-	-	-	1	-	-
Lydg.ST	-	-	1	-	-	-	-
Chester Pl.	6	-	4	1	-	1	-
Higd.(2) (Hrl)	23	-	15	-	-	-	-
Audelay Poems	1	-	-	1	-	-	-
Lydg.FP	8	-	1	-	-	-	-
MKempe	21	1	7	-	2	-	-
PLAlex	7	-	1	-	-	-	-
Pecock Donet	11	-	-	-	-	-	-
Bokenham Sts.	9	-	1	-	-	-	-
Shillingford Letters	1	-	-	-	-	-	-
Castle Persev.	3	-	1	-	-	-	-
Generydes	1	-	-	-	-	-	-
Tourn.Tott.	1	-	-	-	-	-	-
York Pl.	19	-	2	-	-	-	1
GRom. (Glo)	1	-	1	-	-	-	-
GRom (Hrl &Add)	14	-	5	-	-	-	2
Alph.Tales	15	1	2	-	-	-	1
Capgr.St.Kath.	6	-	3	-	4	-	-
Jacob's W.	6	-	2	-	1	-	-
Florence	3	-	-	-	-	-	-
Merlin	13	-	-	-	-	-	-

1450–1500

	Inf.	*that*-cl.	NP	*of* NP	*to* NP	*for* NP	Adv
EEWills	1	–	–	–	–	–	–
DSPhilos.	5	–	–	–	–	–	1
Towneley Pl.	13	–	5	–	–	–	–
Capgrave *Chron.*	5	–	2	–	–	–	–
Malory *Wks.*	19	–	–	–	–	–	–
Ass. Ladies	1	–	–	–	–	–	–
Cely Letters	1	–	–	–	–	–	–
Fortescue *Gov.E.*	1	–	–	–	–	–	–
*N-Town Pl.**	21	–	–	–	–	–	–
Play Sacr.	1	–	1	–	–	–	–
Mankind	3	–	–	–	–	–	–
Stonor Letters	–	–	1	–	–	–	–
Henryson *MFables*	2	–	–	–	–	–	–
Rauf Coilȝar	3	–	–	–	–	–	–
Caxton *Jason*	5	1	–	2	–	–	2
Caxton *Charles*	5	–	1	–	–	–	–
Caxton *Paris & V.*	7	–	1	–	–	–	–
Caxton *Aymon*	12	–	–	–	–	–	–
Caxton *Reynard*	2	–	1	–	–	–	–
Caxton *Blanchardyn*	3	–	–	1	–	–	4
Caxton *Prose*	3	–	–	2	–	–	–
Tretyse of Love	4	–	–	–	–	–	–
Everyman	2	–	–	–	–	–	–
Golagros	3	–	–	–	–	–	–
Lancelot	2	–	–	–	–	–	–
Paston Letters	5	–	3	–	–	–	–
Sidrak & B.	11	–	6	–	1	–	–
Siege Jers.(2)	1	–	1	–	–	–	–
Squire LD	3	–	–	–	–	–	–

* MED では *Ludus C.* (= *Ludus Conventriae or the Plai Called Corpus Christi*) と標記されている。

上表を簡略化して示すと次のようになる。

表 2

	Inf.	*that*-cl.	NP	*of* NP	*to* NP	*for* NP	Adv*
Before 1300	41	3	0	0	1	0	3
1300–1350	77	1	13	2	5	1	3
1350–1400	177	1	31	15	15	0	3
1400–1450	217	2	73	3	8	1	5
1450–1500	144	1	22	5	1	0	7
	656	8	139	25	30	2	21

*Adv (1200–1450: 'thereto' 14, 'thereof' 0; 1450–1500: 'thereto' 3, 'thereof' 4)

　表 1, 2 を概観すると，叙述用法の worthy と共起する全構造のうち，不定詞が，ME 全体は言うまでもなく，そのすべての時期において，そしてほとんどすべてのテキストにおいて支配的な構造である。次に多少目立つのが直接名詞相当語句を伴う構造である。他の構造はいずれも未発達，散発的である。出現時期に関しては，不定詞を取る構造と *that*-節を取る構造は worthy という形容詞が初出する 1200 年頃から見られる。名詞相当語句を従える構造では，迂言的与格ともいうべき *to* 前置詞句を伴う形式が最も早く，1300 年以前に生起する。それに類する複合副詞 thereto (= to it) の初出も同じ頃である。他の構造は 14 世紀に入って見られるようになるが，前置詞なしに目的語を取る構造が一般的であり，前置詞付目的語構造は散発的である。その中で，今日 worthy の唯一の用法ともいうべき *of* NP 構造は *to* NP 構造と競合しており，*for* NP 構造は例外的にしか起こらない。以下，まず，競合構造である不定詞と *that*-節を，その後で名詞相当語句を従える諸構造を観察することにする。

3.1 「worthy + 不定詞」と「worthy + *that*-節」
　表 1, 2 に見られるように，worthy が目的語として不定詞を従える構造も，*that*-節を従える構造も，この語が文献に登場する最初期，つまり 1200 年頃の *Ormulum* に起こる。ME 期全体を通じて，不定詞構造が支配的であり，*that*-節を従える構造は極めて稀である。まず，「worthy +

不定詞」の用例を見てみよう。

(i) 'worthy +infinitive'
　叙述用法の worthy と共起する全構造のうち，不定詞を従える構造が，ME のすべての時期において支配的であることは上述した通りである。廃用に帰しつつあるのではないか，と推測される今日の用法とは大きく異なる。では，その不定詞は to-不定詞か，原形不定詞かという点はどうか。
　テキスト別に用例数を挙げた表 1 のうち，不定詞構造を従える用例のみを取り上げ，それを to-不定詞と原形不定詞に分けて，50 年毎にまとめて示すと，次の表 3 のようになる。中英語の不定詞標識は to のほかに，for to/forto，北部方言形の til/till もあるが，すべて to-不定詞に含める。なお，(　) 内の数字は，後述する受動態不定詞（e.g. worthy to be praised）と受動の意味を表す能動態不定詞 (e.g. worthy to praise) の用例数である。

表 3：不定詞の種類

	To-不定詞		原形不定詞		計	
Before 1300	39	(9: 0)	2	(2:0)	41	(11: 0)
1300–1350	69	(15:16)	8	(3:2)	77	(18:18)
1350–1400	171	(60:10)	6	(3:0)	177	(63:10)
1400–1450	212	(84:12)	5	(3:0)	217	(87:12)
1450–1500	143	(27: 5)	1	(1:0)	144	(28: 5)
計	634	(195:43)	22	(12:2)	656	(207:45)

Worthy を修飾する不定詞は，ME 全体で 656 例見られるが，そのうち to-不定詞が 634 (96.6％)，原形不定詞が 22 (3.4％)，と to-不定詞が規則的であり，原形不定詞は例外的である。その状況は初出時から 15 世紀後半まで変わらない。*Ormulum, Bestiary, Wooing Lord, Genesis & Exodus* など最も初期のテキストでは，散文，韻文を問わず，すべて to-不定詞である。1300 年以前の例を少し挙げる。

(3) ?c1200 *Orm.* ded.249–50 ȝiff þatt we shulenn *wurrþi* ben <u>To findenn Godess are</u> (= mercy).

(4) (c1250) *Bestiary* 303–04 & m[e]n, also ðe foxes name, Arn *wurði* <u>to hauen same</u> (= disgrace).

(5) (c1250)*Wooing Lord* 619–20 nis nan sa *wurði* <u>to be luued</u> as tu swete iesu.

(6) (?a1300) *Rich.* 4696 Þou were *wurþy* <u>to haue blame</u>.

なお，上の表 3 では，*to-*不定詞の範疇に入れたが，実際には過去分詞のみを従える，珍しい構造が 14 世紀後半の 2 つのテキストにそれぞれ 1 例見られる。次の (7) と (8) である。

(7) (?a1400) Chestre *Launfal* 690 Þow wer *worþy* <u>forlore</u> (= (to be) destroyed)！

(8) (c1400) *Seven Sages(3)* 2347–8 And thy lyf therefore hys *worthy* <u>forlore</u> (= (to be) lost).

この両例については，過去分詞と共起する worthy 構造は OED にも MED にも全く記録されていないこと，両テキストの他の用例が *to-*不定詞であることに鑑み，このような統語構造が当時存在したと考えるより，'to be + pp.' 構造の 'to be' が省略され，過去分詞だけが残った「転写ミス ('scribal error')」と解するほうが妥当ではないか。[5]

上述したように，worthy と共起する不定詞は *to-*不定詞が通例であり，原形不定詞は例外的である。OED は ME から 3 例挙げているが，MED には全く記録されていない。その OED の初出例は 14 世紀初頭の *Cursor Mundi* からのものであるが，次の 2 例はそれよりもっと早い，13 世紀後半の *The Southern Passion* (MED の略称は *SLeg.Pass.*) と *Sir Beues of Hamtoun* からである。

---

5) Bliss (1960, p. 96) も，上例 (7) に関して，"A curious and unusual omission of the verb 'to be': 'you deserve to be put to death.'" と注記している。

(9) (c1280) *SLeg.Pass.* 1972 Hi were *worþi* <u>beo to-drawe</u> þat þer nere a-lyue nouȝt on.

(10) (?c1300) *Bevis* 1684 Þow were *worþi* <u>ben hanged and drawe</u>!

ほかには，14世紀の *Cursor Mundi* の3例，Mannyng's *Chronicle* の3例，Chaucer の2例が目立つが，それらの作品でも *to-*不定詞が一般的である。なお，原形不定詞が必ずしも韻文に限らないことは，次の2例からも明らかである。

(11) (a1349) Rolle *MPass.(1)* 26/251-2 I wot wel myn herte, gloryouse Lord, is not *worthy* <u>come</u> to þe. [6]

(12) c1450 *Alph.Tales* 342/8-9 and he that is angrie is nott *wurthie* <u>be callid</u> a monke.

次に，worthy を修飾する不定詞構造の形態を見てみよう。これまで挙げた大半の例が示すように，多くの場合，不定詞は形態も意味も能動である。では，受動の意味を表す不定詞の場合はどうか。この点については，van der Gaaf (1928, pp. 132-33) が次のような事実を指摘している。形容詞を修飾する不定詞の受動態構造が起こり始めるのは14世紀後半からであり，15世紀にはかなり頻繁になる。例外は worth と worthy で，worth はすでに OE に用例が見られるが，両者共に13世紀前半から受動態不定詞構造が頻繁に起こる，と。筆者の調査結果は以下の通りである。先に示した表3の（ ）内の数字は，受動態不定詞（e.g. worthy <u>to be praised</u>）の用例数と，意味的には受動の能動態不定詞（e.g. worthy <u>to praise</u>）の用例数を示したものである。それによると，受動態不定詞構造は1200年頃の *Ormulum* に初出し，15世紀後半に至るまで，頻繁に起こる。van der Gaaf の指摘通りである。具体的には，受動の意味を表す不定詞の全用例252例中207，つまり8割強が受動態不定詞であり，頻度的には圧倒的であると言ってよい。原形不定詞の場合はより

---

6) この箇所について，Allen (1931, p. 134) は，"But *to* should probably be inserted between *worthy* and *come*." と注記している。

一層そうである。1300 年以前の例は to-不定詞，原形不定詞を問わず，すべて受動態不定詞ばかりである。まず to-不定詞の受動態構造の例を少し挙げるが，(13) の初出例と (14) は van der Gaaf も記録している。ちなみに，先に挙げた 13 世紀中頃の (5) も初期の例である。

(13) ?c1200 *Orm.* ded.127-8 He shall onn ende *wurrþi* ben Þurrh Godd to wurrþenn borrʒhenn (= to be saved).

(14) (c1250) *Gen.& Ex.* 1012 Đe was *wurði* wurðed (= honored) to ben.

(15) (?a1300) *Arth.& M.* 1722 Þou art *worþi* to ben ydrawe.

次に原形不定詞の例を見てみよう。先にふれた van der Gaaf (1928, pp. 130-31) は，原形不定詞の受動態構造は明らかに例外的であると述べ，OED に記録されている 2 例に，*Piers Plowman* から 1 例，15 世紀中頃の Pecock's *Repressor* から 10 例を追加している。MED には全く記録されていない。手許には全部で 12 例あるが，独自の調査を行わなかった Pecock's *Repressor* は別として，OED もしくは van der Gaaf の挙げる例と重なるのは，*Cursor Mundi* の 1 例と *Piers Plowman* の 1 例のみである。従来最古とされる 14 世紀前半の *Cursor Mundi* の例よりかなり早い，13 世紀後半の例はすでに前頁の (9) と (10) に示しているので，それ以降の例を少し挙げる。

(16) (a1400) *Athelston* 449 Who is *wurþy* be schent (= punished).

(17) (c1400) *Ld.Troy* 9489 He was *worthi* be called a clerk.

(18) (a1450) *Castle Persev.* 3403 He is *worþi* be dampnyd for þat.

参考までに，他の生起箇所を古い順に記すと，(c1280) *SLeg.Pass.* 1972; (?c1300) *Bevis* 1684; (a1325) *Cursor* 1148, 9060; (a1338) Mannyng *Chron.* 1.15733-4; (c1378) *PPl.B* 5.232; (1412) Hoccl.*RP* 5178; (c1450) *Alph. Tales* 342/8-9; (a1460) *Towneley Pl.* 3/289-90 である。

上に見たように，worthy が他の形容詞にほぼ 1 世紀先んじて受動態不定詞を従えたことは注目に値する。しかし，van der Gaaf (1928, p.

133) も述べるように，その理由は定かでない。では，形は能動，意味は受動の能動態不定詞構造 (e.g. worthy to praise) はいつごろ出現するのであろうか。van der Gaaf (1928, p.132) は，初期 ME では1例も確認できなかったと述べた上で，1300年頃から Chaucer 時代までの例として5つのテキストから計8例を挙げている。[7] 筆者も 1300 年以前の例を見つけることはできなかったが，1300 年頃から Chauer 時代までだと，11のテキストに計28例 (to-不定詞26，原形不定詞2)，中英語全体では18テキストに計45例 (to-不定詞43，原形不定詞2) を確認している。この構造が例外的に多いのは Cursor Mundi で，受動態不定詞2例に対して，9例も見られる。そのため，先の表3の14世紀前半における能動態不定詞の生起率が予想外に高くなっている。幾つか例示するが，手許の最古の例は van der Gaaf も挙げている下例 (19) である。

(19) (c1303) Mannyng *HS* 4871 Þys chylde was *wrþy* <u>for to blame</u>.
(20) (a1325) *Cursor* 1647 Al ar þai *worth-þi* <u>for to wite</u> (= blame).
(21) (a1350) *Isumb.* 614–5 She thoghte the palmere was ... *worthy* <u>forto fynde</u> (= provide for).

次は，2例しか見られない，珍しい原形不定詞の例である。最初の (22) は van der Gaaf も挙げている。

(22) (c1303) Mannyng *HS* 2165-6 Þou art acursyd ... And <u>hange</u> were *wrþy* on a peyl (= stake).
(23) (a1325) *Cursor* 12218 *Worthi* he war on gebet <u>hang</u>.

当該箇所の意味は，いずれも 'worthy to be hanged' に相当する。

---

7) Van der Gaaf が挙げる初出例 (a1300 *North Engl. Leg.* 10.485) は *Northern Homily Cycle* の一部を収録した C. Horstmann (ed.), *Altenglische Legenden*, Neue Folge (Heilbronn, 1881) からであり，筆者は未入手，未見である。しかし，*MED Plan and Bibliography* (2007) によると，このテキストの制作年代は1375年頃，写本年代は1425年以前となっており，初出例とは見なしがたいものである。

(ii) 'worthy + that-clause'[8)]

That-節，つまり名詞節を従える worthy に関しては，OED (s.v. Worthy, a. 7.†Also with that.) が 1 例，MED (worthie adj. 2) が 2 例記録している。初出例は MED が挙げる 1200 年ごろの Ormulum からで，2 番目が MED, OED が共に記録する Bestiary からである。筆者の調査では，表 1, 2 に示したように，ME 全体でわずか 8 例しか確認できなかった。初出例は MED と同じ Ormulum に 2 例，その次は半世紀後の Bestiary に 1 例，14 世紀中頃の Rolle に 1 例，後半の Chaucer に 1 例，15 世紀前半の Margery Kempe，中頃の Alphabet of Tales，後半の Caxton にそれぞれ 1 例見られるだけである。OED は現在は廃用とするが，Poutsma (1928, III, 54, a) は 19 世紀末の用例を挙げているので，近代英語でも散見されるのかもしれない。現代英語で遭遇することはまずない，珍しい構造であるので，以下にすべて挙げる。

(24) ?c1200 Orm. 10390–1 Namm I nohht wurrþi þatt I beo Haldenn forr Crist onn eorþe (= I am not worthy to be regarded as Christ on earth).

(25) ?c1200 Orm. 13018–9   Swa þatt ʒitt ben wurrþi þatt icc Me resste inn ʒunnkerr herrte (= so that you two are worthy for me to rest myself in the heart of you two).

(26) (a1250) Bestiary 128 Ne deme ðe noʒ[t] wur[ð]i ðat tu dure loken Up to ðe heuene ward (= Deem not thyself worthy to presume to look heavenward).

(27) (a1349) Rolle MPass.(1) 27/263–5 þou I be not worthy þat myn herte be lyʒted.

(28) (c1390) Chaucer CT.Mel.(7) 1664 ... ther is no man certein if he be worthy that God yeve hym victorie.

(29) (a1438) MKempe 156/30–2 I am not worthy þat þu xuldist schewyn

---

8) worthy が 'appropriate, suitable, becoming, fit' の意の 'It is worthy that ...' という構文が Cursor などの作品に起こるが，この that-節は it を仮主語とする真主語であって，worthy の目的語ではないので，ここでは取り上げない。OED, s.v. Worthy, a. 10. 参照。

sweche grace to me.
(30) c1450 *Alph. Tales* 205/2–3 I was nott *worthi* at (= that) þis pure man sulde were my clothe, nor hafe me in remembrance.
(31) (c1477) Caxton *Jason* 37/3–5 Certes ye are *worthy* that the ayer be replenisshid with callings and of voyses cryeng after you and requyreng your grace & mercy.

この *that*-節を従える構造は不定詞構造と同時期に出現するものの，ME 期はもちろん，その後も終始稀な構造であったことは間違いないであろう。

3.2 「worthy + 目的語」と「worthy + 前置詞付目的語」
　表 1, 2 に示したように，worthy が名詞相当語句 (NP) を目的語として従える構造は 1300 年に頃初出する。ME 全体では，*of* なしに通格の目的語を取る構造が 196 例中 139, と約 7 割を占め支配的な用法である。他方，*of*-目的語は約半世紀遅れて 1350 年頃初出，ME 全体でも 196 例中 25，と僅か 1 割強程度の頻度であり，今日の用法とは大きく異なる。他の前置詞付目的語構造では，迂言的与格ともいうべき *to*-前置詞句を伴う構造が 1300 年頃初出，15 世紀前半までは，Chaucer を例外として，*of*-前置詞句構造よりむしろ優勢である。*for*-目的語は 14 世紀中頃初出するが，ME 全体で 2 例しか見られない例外的な構造である。worthy に後続する複合副詞としては thereto が前置詞付目的語構文よりやや早く登場，thereof は 15 世紀後半にようやく起こる。以下，構造別に用例を見てみよう。

(iii) '*worthy* + NP'
　形容詞 worthy が *of* の介在なしに名詞相当語句 (NP) を支配する構造である。対格 (通格) を従える類語の worth の影響によるものとされる。[9] この構造が発達するのは 14 世紀に入ってからであり，Mannyng's

---
9)　Jespersen 1949, § 8.2; Poutsma 1928, Part I: III, 17.c. 参照。

Handlyng Synne に初出，少し遅れて *Cursor Mundi,* Mannyng's *Chronicle,* Rolle などに起こる。14, 15 世紀を通じて支配的な構造であり，上述したように今日の用法とは大きく異なる。初期の例を幾つか挙げるが，手許の最古の例 (32) は，MED (s.v. *worthi* adj. 5) のそれと同じ，14 世紀初頭のものである。

- (32) (c1303) Mannyng *HS* 2139–40 Þan myghte þey wete (= know) redyly <u>What shame</u> þat þey were *wrþy*.
- (33) (a1325) *Cursor* 44 [Que]dur (= Whether) þai be *worthi* <u>or bale or bote</u>.
- (34) (?1348) Rolle *FLiving* 114/200–01 whethir he be *worthi* <u>hateredyn</u> (= hatred) <u>or lufe</u>.

ところで，OED (s.v. *Worthy, a.* 8.c.) は名詞相当語句として，動名詞を取る用法を特記し，ME の用例としては 15 世紀中頃の *Alphabet of Tales* から 1 例挙げている。MED (s.v. *worthi* adj. 5) にはそのような項目はないが，引用例の中に 14 世紀後半の例（(a1382)*WBible*）が含まれている。また，van der Gaaf (1928, p. 132) は，OED の初出例より約 1 世紀早い例が Rolle に見られることを夙に指摘している。筆者はこれまで下に挙げる 4 例を確認しているが，そのうち，(35) は van der Gaaf の例と，(38) は OED の例と同一のものである。現時点では，(35) が動名詞を従える最古の例ということになる。[10]

- (35) (?1348) Rolle *FLiving* 88/109–10 Ha! What it es mykell, to be *worthi* <u>loving</u>, and be noght loved!
- (36) (?a1400) *Wycl.Clergy HP* 381/14–5 and so ferr þai ben *worþi* <u>preysynge</u> and no ferþer.
- (37) (1412) Hoccl.*RP* 4133 He nouther *worthi* is þank ne <u>preysyng</u>.
- (38) c1450 *Alph.Tales* 90/12–13 he was *wurthi* <u>lovyng</u>, & to be sett in þe

---

10) 些末な点ではあるが，すぐれた年表である寺澤・川崎（1993, p. 96）のこの構造に関する記述は修正の必要があろう。

chayr.

意味的には，いずれも 'praising/praise' に相当する。

(iv) '*worthy of* + NP'

　この *of-*前置詞句は，屈折語尾の衰退・消失に伴って生じた，属格に代わる迂言的属格である。前置詞付目的語を取る構造では，今日，唯一残存している形式である。これも OE で属格を取ることもあった wurþe/weorþ (= worth) の影響と考えられる。[11] 14 世紀中頃に出現するが，15 世紀後半になっても散発的である。ただし，Chaucer は，名詞を目的語とする構造中，この *of* NP を最も多用しており，中英語全体でも例外的に今日的である。（表 1 に示すように，*of* 13，*to* 7，名詞を直接伴う例 2 である。）手許の最古の例は，14 世紀中頃の *Alexander and Dindimus* からであるが，これは MED も記録している。もう 1 例，同時代のものが *Octovian* に確認できたので，それを含め最も初期の 3 例を示す。

(39) (c1350) *Alex.& D.* 746 As ȝe ben *worþei of* <u>wo</u> whan þe word failus.

(40) (c1350) *Octav.(1)* 218–9 I aske juggement of þis with reson *Of* <u>hir</u> what *worthy* were?

(41) (c1380) Chaucer *Bo.*1 pr.4.245 But, O, wel ben thei *wurthy of* <u>meryte</u>.

　この *worthy of* は，今日，動名詞を目的語とすることがよくあるが，そのような例はすでに ME にも見られる。次の 2 例がそれであるが，OED (s.v. *Worthy, a.* 8. a.) が挙げる Caxton の例よりほぼ 1 世紀早いものである。

(42) (c1380) Chaucer *Bo.*2 pr7.75 so þat thilke thyng that som men

---

11）　OED, s.v. *Worth, a.* 7. b. 参照。

iuggen *worthi of* preysynge

(43) (a1387) Trev.*Higd.* 6.21 Neverþeles he dede noþing þat was *worþy of* lovynge.

上記 (iii) の *worthy* + NP 構造の場合同様，ここでも動名詞は，2 例とも 'praising/praise' の意味である。

(v) '*worthy to* + NP'

この *to*-前置詞句構造も，OE 以来 ME でも屈折与格あるいは迂言的与格を従えた類語 worth の影響によるものであろう。[12] *of*-前置詞句より半世紀早く 1300 年頃初出し，*of* を好む Chaucer を除くと，15 世紀前半まではむしろ優勢であり，15 世紀後半になってようやく *of* に逆転される。近代英語期の状況は不詳であるが，今日では廃用である。MED が挙げる最古の例は 14 世紀初頭の Mannyng's *Handlyng Synne* からであるが，それより少し早い例が *Guy of Warwick* (?c1300) に見られる。また表 1 に示されているように，*of* と *to* の両方を使うのは Chaucer と Trevisa ぐらいであり，他はどちらか一方しか用いない。下例 (44) 〜 (47) のうち，(44) は手許の最古の例，(45) は MED の引用例とは異なる Mannyng からの例，(46) は *Five Wits* からの例，そして (47) は中英語最後の例である。

(44) (?c1300) *Guy(1)* 5000–1 Þat day *to* god vnworþi y be, ȝif y, sir Tirri, feyle þe.

(45) (c1303) Mannyng *HS* 1079–80 Þou hast synnyd þan dedly, *To* endeles penaunce wrþy.

(46) (c1400) *5 Wits* 23/30–2 Ne þe passiouns and deseses of þis lyf ... beþ nouȝt euene *worþy to* þe leste ioye of heuene.

(47) a1500 *Sidrak & B.* 2815–6 For oþer liknesse þan his Beþ not *worthi to* þat blis.

---

[12] Mustanoja (1960, p. 103) は，ME で屈折及び迂言的与格を支配する形容詞を列挙しており，その中に (un)worth はあるが，(un)worthy はない。

MED が重視する写本年代を比較しても，(44) の *Guy of Warwick* は 1330 年頃，(45) の Mannyng *HS* は 1400 年頃の制作であり，やはり前者が早い用例ということになる．なお，ここでも動名詞を目的語とする例が 1 つ見られるが，意味は他の構造の場合と同じ 'praising/praise' である．

(48) (a1387) Trev.*Higd.* 1.1 Writinge of poetes is more *worthy to* preisynge of emperoures þan al þe welþe of þis worlde.

(vi) '*worthy for* + NP'
　この *for-*前置詞句構造は，OED (s.v. *Worthy, a.* 7. †c.) が 16 世紀末と 17 世紀半ばの例を挙げているが，現在は廃用とするものである．MED には全く記録されていない．しかし，筆者は 14 世紀半ばの *Ywain and Gawain* と 15 世紀前半の *The Chester Plays* にそれぞれ 1 例確認している．

(49) (?c1350) *Ywain* 3653-4 I had me ȝolden to þe als tite, Als *worthi* war *for* descumfite (= defeat).
(50) (?a1425) *Chester Pl.* 24.516 Judge this pope myne in this place that *worthye* ys *for* his trespace.

この構造が近代英語期にどの程度見られものかは不詳であるが，OED の指摘するものよりはるかに早く，すでに 14 世紀に起こることは注目してよいのではないか．

(vii) '*worthy* + Adv'
　これは，厳密な意味での名詞相当語句を目的語とする構造ではないが，迂言的与格に相当する thereto (= to it) と，迂言的属格に相当する thereof (= of it) という複合副詞を伴う構造である．ME の綴りは *therto/þerto*（北部方言形は *thertill/þertill*)，*therof/þerof* である．手許の資料では，worthy と共起する thereto は 13 世紀後半の *The Southern Passion* (MED の略称は *SLeg.Pass.*) に初出，それ以後も 15 世紀後半まで見られ

る。一方，thereof の方は 15 世紀後半の Caxton に見られるだけである。worthy に後続する両副詞の生起状況は *to*-前置詞付構造と *of*-前置詞付構造の発達に呼応している。なお，*The Southern Passion* に起こる 2 例のうち 1 例は MED に引用されているので，もう 1 つの例と，他の初期の例，さらに thereof が見られる Caxton から 1 例を挙げる。ちなみに OED，MED には thereof を伴う例は記録されていない。

(51) (c1280) *SLeg.Pass.* 342 a bisschop ... makeþ ham persouns 7 preostes, ak ffewe <u>þer-to</u> *worþi* beoþ.

(52) c1300 *SLeg.* (Hrl) 438/253 he wiþsede & longe seide : þat he nas noȝt *worþi* <u>þerto</u>.

(53) (a1325) *Cursor* 20917 For he was noght *worþi* <u>þer-till</u>.

(54) (c1489) Caxton *Blanchardyn* 75/5 for he was *worthy* <u>therof</u>.

4

　以上，今日では *of*-目的語を取るか，*to*-不定詞を従える用法しか見られなくなった叙述形容詞としての worthy が，初出する ME ではどのような統語構造を示し，それらの構造間でどのような競合，消長が見られるのか，その全容を明らかすることを試みた。結果をまとめると，次のようになる。

1. 叙述用法の worthy が取るさまざまな目的語構造のうち，1200 年頃の初出時から 15 世紀末に至るまで，どの時期をとっても不定詞構造が支配的である。また，多くのテキストではほとんど唯一の用法である。不定詞構造に次いで多いのは，*of* なしに名詞目的語を従える構造で，他の構造はいずれも未発達である。今日の用法とは大きく異なることが分かる。
2. Worthy を修飾する不定詞は，*to*-不定詞が 1200 年頃の *Ormulum* に初出するが，これは MED の記録通りである。原形不定詞は，従来最古とされる *Cursor Mundi* (a1325) より早く，13 世紀後半の *The*

Southern Passion (c1280) に初出する。不定詞は，*to*-不定詞が通例であり，原形不定詞は例外的であるが，後者は韻文に限らず，散文にも起こる。
3. Worthy が過去分詞を単独で伴う例が 2 例見られるが，中英語本来の統語法というより，受動態不定詞構造 ('to be + *pp*.') の 'to be' が省略された「転写ミス ('scribal error')」の可能性が考えられる。
4. Worthy と共起する不定詞は形態も意味も大半が能動であるが，受動の意味の場合，類語の worth は別として，他のすべての形容詞に 1 世紀以上先んじて，1200 年頃の初出時から受動態不定詞が一般的であり，15 世紀後半になっても状況は変わらない。受動の意味の能動態不定詞は，van der Gaaf の指摘通り，14 世紀前半から散見される。
5. 不定詞構造と競合する *that*-節構造は，MED も記録するように，1200 年頃の *Ormulum* に初出するが，不定詞の 630 例に対して 8 例，とごく稀である。近代英語期の状況は不詳であるが，今日では廃用である。
6. 名詞相当語句を従える構造では，直接名詞を取る構造が 14 世紀初頭に初出，以後 15 世紀末まで一貫して支配的であり，今日の用法と大きく異なる。前置詞付目的語構造は押しなべて未発達である。その中では，*to*-前置詞句が 13 世紀後半の初出時より，今日一般的な *of*-前置詞句より優勢である。15 世紀後半になってようやく後者が逆転するが，今日の用法を予期させるほどの頻度ではない。*for*-前置詞句は例外的な構造である。なお，*to*-前置詞句と *for*-前置詞句を取る構造は，近代英語期の状況は不詳であるが，今日では廃用である。

以下は，名詞相当語句を従える諸構造の初出年代に関するまとめである。
7. 名詞相当語句を直接従える構造の初出例は，MED も挙げる 14 世紀初頭の Mannyng's *Handlyng Synne* (c1303) からである。
8. 前置詞付目的語構造のうち，*to*-前置詞句の初出例は，MED が挙げる Mannyng's *Handlyng Synne* (c1303) よりやや早く，1300 年頃の *Guy of Warwick* (?c1300) に起こる。

9. 今日一般的な *of*-前置詞句は，14 世紀中頃の *Alexander and Dindimus* (c1350) と *Octovian* (c1350) に初出するが，前者は MED も記録している。なお，Chaucer は，名詞相当語句を目的語とする構造では *of*-前置詞句を最も多用しており，中英語全体でも例外的に今日的である。
10. *For*-前置詞句を取る構造は，MED には全く記録されておらず，OED も初期近代英語の例しか挙げていないが，14 世紀中頃の *Ywain and Gawain* (?c1350) と 15 世紀前半の *The Chester Plays* (?a1425) にそれぞれ 1 例確認された。
11. OED が特記する，worthy と共起する動名詞に関しては，動詞性を十分発達させた近代英語的な例は見られず，抽象名詞，それも 'praising/praise' の意に相当する例が，'*worthy* +NP' 構造に 4 例，'*worthy of* + NP' 構造に 2 例，'*worthy to* + NP' 構造に 1 例見られる。動名詞を直接従える初出例は，OED のそれより 1 世紀早く，14 世紀中頃の Rolle's *Form of Living* (?a1348) に起こる。van der Gaaf の指摘通りである。*worthy of* が動名詞を従える例は OED のそれより約 1 世紀早く，14 世紀後半の Chaucer's *Boece* (c1380) や Trevisa's *Polichronicon* (a1387) に，*worthy to* が動名詞を従える例も同じく 14 世紀後半の Trevisa's *Polichronicon* (a1387) に初出する。
12. Worthy が複合副詞を伴う例については，thereto が MED も記録する 13 世紀後半の *The Southern Passion* (c1280) に初出，15 世紀後半まで見られる。thereof の例は OED も MED も記録していないが，15 世紀後半の Caxton's *Blanchardyn* (c1489) に起こる。

まとめにしてはいささか長くなったが，叙述的に使われた worthy の統語構造が現代英語のそれとは大きく異なることは明らかにできたのではないか。加えて，幾つかの構造の初出例に関して先行研究を多少なりとも修正できたのではないかと思う。

参考文献
〈第一次資料〉

本章で言及したテキストについては，EETS版もしくは標準的な刊本と目されるものを使用したが，詳しくは巻末の参考文献を参照。

〈第二次資料〉

AHD = *The American Heritage Dictionary of the English Language,* 4th ed. Boston, 2007.
Allen, H. E., ed. 1931. *English Writings of Richard Rolle.* Oxford.
Bliss, A. J., ed. 1960. *Thomas Chestre: Sir Launfal.* London and Edinburgh.
COD = *The Concise Oxford Dictionary of Current English*, 11th ed. Oxford, 2004.
Curme, G. O. 1931. *Syntax.* Boston.
Fowler1, 2 = H. W. Fowler, *A Dictionary of Modern English Usage*, 1st ed. (1926), 2nd ed. (1965). Oxford.
Folwer3 = *The New Fowler's Modern English Usage*, 3rd ed., ed. R. W. Burchfield. Oxford, 1996.
Jespersen, Otto. 1949. *A Modern English Grammar*, VII. Copenhagen.
LDCE = *Longman Dictionary of Contemporary English*, 4th ed. Harlow, 2003.
MED = *Middle English Dictionary*, ed. H. Kurath, S. M. Kuhn and R. E. Lewis. Ann Arbor, 1952–2001.
MED Plan and Bibliography = *Middle English Dictionary: Plan and Bibliography,* 2nd ed., ed. R. E. Lewis and M. J. Williams. Ann Arbor, 2007.
Mustanoja, T. F. 1960. *A Middle English Syntax.* Helsinki.
OALD = *Oxford Advanced Learner's Dictionary of Current English*, 7th ed. Oxford, 2005.
OED = *The Oxford English Dictionary,* ed. James A. H. Murray, et al. Oxford, 1933.
Onions, C. T. 1929. *An Advanced English Syntax,* 5th ed. London.
Poutsma, H. 1928[2] (1904[1]). *A Grammar of Late Modern English*, Part I: First Half. Groningen.
Rohdenburg, G. 2007. "Functional Constraints in Syntactic Change: The Rise and Fall of Prepositional Constructions in Early and Late Modern English". *English Studies* 88, 217–33.
Schibsbye, K. 1977. *Origin and Development of the English Language*, III. Copenhagen.
Van der Gaaf, W. 1928. "The Post-adjectival Passive Infinitive". *English Studies* 10, 129–38.

寺澤芳雄・川崎　潔（編）．1993.『英語史総合年表』研究社．

Ⅲ　頭韻詩の言語と文体

11

中英語頭韻詩の言語・文体と Authorship
── *Gawain* 詩群を中心に ──

1

　ノルマン征服後衰退しつつあった頭韻の伝統が 14 世紀，特にその後半に再び開花，西中部地方 (West Midlands) を中心に多くの作品が生まれた。いわゆる「頭韻詩復興 (The Alliterative Revival)」である。[1] 主な作品を，*MED Plan and Bibliography* (2007) が示す（推定）制作年代順に挙げる。（　）内は略称である。── *Alexander and Dindimus* (*Alex.& D.*), *Alisaunder of Macedoine* (*Alex.Maced.*), *Joseph of Arimathie* (*Jos.Arim.*), *Wynnere and Wastoure* (*Winner & W.*), *The Romance of William of Palerne* (*WPal.*), *Piers Plowman A, B, C* (*PPl.A, B, C*), *Pearl, Cleanness, Patience, Sir Gawain and the Green Knight* (*Sir Gawain*), *St. Erkenwald* (*St.Erk.*), *A Pistel of Susan* (*Susan*), *Pierce the Ploughmans Crede* (*PPl.Creed*), *Richard the Redeless* (*RR*), *Chevelere Assigne* (*Chev.Assigne*), *The Siege of Jerusalem* (*Siege Jerus.*), *The Awntyrs off Arthure at the Terne Wathelyn* (*Awntyrs Arth.*), *The 'Gest Hystoriale' of the Destruction of Troy* (*Dest.Troy*), *The Parlement of the Thre Ages* (*Parl.3 Ages*), *The Wars of Alexander* (*Wars Alex.*), *The Quatrefoil of Love* (*Quatref. Love*), *Morte Arthure* (*Morte Arth.*), *Mum and the Sothsegger* (*Mum & S.*), *The Crowned King* (*Crowned King*).

　これら 20 数篇の頭韻詩は，年代的には，一番古い *Alex.& D.* や *Alex. Maced.* が 1350 年頃，一番最後の *Crowned King* が 1415 年の制作であるが，大半は 14 世紀後半の作と推定されている。当時の西中部方言 (West

---

1) 関連文献は多いが，わが国のものでは松浪 (1986) が参考になる。

Midland) や北部方言 (Northern) で書かれたものであるが，事実上，そのほとんどが作者不詳である。しかし，テーマや語彙・文体等の類似から，*PPl.* を除くほとんど全ての作品を 'Huchown of the Awle Ryale' なる人物の作とする，今日ならば荒唐無稽とも思える説[2]から，いくつかの作品グループをそれぞれ同一詩人の作とする説まで，19 世紀以来さまざまな論議がなされてきた。その内容にいちいち言及する余裕はないが，同一作者説が唱えられたことのある主要なグループを列挙すると，(1) *Alex.& D. = Alex.Maced.*, (2) *Alex.& D. = Alex.Maced = WPal.*, (3) *Parl.3 Ages = Winner & W.*, (4) *RR = PPl.*, (5) *RR = Mum & S.*, (6) *Gawain*-poems (*Pearl = Cleanness = Patience = Sir Gawain*), (7) *Gawain*-poems *= St.Erk.*, (8) *Dest.Troy = Wars Alex. // Wars Alex. = Morte Arth. // Morte Arth. = Dest.Troy*, (9) *Morte Arth. = Awntyrs Arth. = Susan* などである。これとは逆に，同一の作品でありながら複数の詩人が関与していたのではないかと疑われているものに，(10) *PPl.A, B, C* と (11) *Awyntyrs Arth.* がある。

　これら頭韻詩群の authorship に関する研究の大きな特徴は，ほとんどの場合，言語・文体の観点から論じられてきたことである。しかし，大部分は頭韻詩研究そのものがそれほど進んでおらず，例えば同一作者説の拠りどころであった表現やテーマの類似が共通の頭韻伝統に基づくことが十分に理解されていなかった時代の所産である。従って，今日多少とも議論の余地のありそうなグループは (6) の *Gawain*-poems (以下，*Gawain* 詩群) と，長い authorship 論争の歴史をもつ (10) の *PPl.A, B, C*, そして最近になって複数作者説が再浮上してきた (11) の *Awntyrs Arth.* ぐらいであろう。authorship をめぐる問題がそれぞれの作品解釈や文学批評，本文研究と深くかかわっていることは，*Pearl* や *Sir Gawain* のような詩的価値の高い作品を含む *Gawain* 詩群や，複雑な写本の問題をかかえる *PPl.* の研究史をひもとけば，すぐに明らかになるところである。

　実際，*PPl.* 研究は，主としてこの 'authorship controversy' とのからみ

---

2)　Neilson (1902) 参照。

で進展してきたと言っても過言ではない。[3] Kane (1965) らの研究もあって，今日では A, B, C 3 つのテキストについて同一作者説が定着した感があるが，同一及び複数作者説双方の論拠のうち，少なくとも言語・文体・韻律に関しては本文研究が更に進み，信頼できるテキストが確立された上での，より詳細な研究が必要であるように思われる。[4] また，複雑な詩形で知られる *Awntyrs Arth.* についても，A (ll. 1–338 及び 703–15) と B (ll. 339–702) の部分が実は別々の詩ではないか，ということはすでに 19 世紀後半に示唆されていたが，[5] 一般に受け入れられるに至っていなかった。[6] しかし，近年，新校訂本を刊行した Hanna (1974, pp. 11–24) が素材や韻律・スタンザ構造の詳細な研究から，説得力のある複数作者説を展開しており，今後の動向が注目される。残る *Gawain* 詩群についても客観的な証拠もなければ，充分な論証も行なわれないまま長年同一作者説が大勢を占めてきた。が，これまた言語・文体の観点からそれに異議を唱える向きも依然として根強く存在している。

本章では，この *Gawain* 詩群，及びそれとの同一作者説が時として話題にのぼる *St.Erk.* に関して，これまでの authorship 研究を概観し，[7] この方面での今後の可能性を考えてみたいと思う。

2

大英図書館所蔵で，同一筆蹟による 14 世紀末頃の写本と推定される

---

3) この論争については，Bloomfield (1939) などで概観されている。最近のものに Middleton (1986) がある。
4) この点では，半世紀以上も前の Bloomfield (1939, p. 221) による，次の指摘は今なお有効であるように思われる。

 It is reasonable to assume today that one author (probably William Langland) wrote *Piers Plowman*. The possibility, however, must be still left open that the three versions were by more than one author, particularly the C-text. There seems little room for further investigation on the authorship question until a new text of the three versions appears.
5) Hanna (1974, p. 6) によれば，H. Lübke, '*The Aunters of Arthur at the Tern-Wathelan*', Teil I : *Handschriften, Metrik, Verfasser* (Berlin diss., 1883), pp. 20–27 で詳しく論じられているようであるが，筆者は未見である。
6) A (ll. 1–338 & 703–15) と B (ll. 339–702) で扱うエピソード，韻律構造等に違いが認められることは，これまでも Oakden (1935, pp. 47–48) などによって指摘されている。
7) 同種の概観は Menner (1920, pp. xi–xix), Savage (1926, pp. xlviii–lxxv), Vantuono (1971), Goldbeck (1972), Kjellmer (1975), Peterson (1977) などに見られるが，最初の 2 つが最も参考になる。

Cotton Nero A. x, Article 3 に収められている 4 篇の頭韻詩——写本所収順に，複雑な詩的技巧で知られ文学的評価も高いエレジー *Pearl*, 説教詩 *Cleanness* (or *Purity*) と *Patience*, 及び ME 文学最大のロマンスと評されている *Sir Gawain and the Green Knight* ——も，19 世紀以来 *PPl.* に劣らぬ活発な authorship 論議を呼んできた。その論点は詰まるところ，(1) これら 4 篇が同一詩人の作かどうか，(2) 同一詩人によるものとすればそれは誰か，そして (3) この詩人は更に 15 世紀末の別の写本 (Harleian 2250) 所収の聖人伝 *St. Erkenwald* も書いたのか，の 3 点である。いずれも，今後驚くべき新資料の発見でもない限り，万人を納得させるような答えは出そうにないものばかりである。もっとも，同一作者説が確立しないことにはそれが誰かということは問題にならないので，(2) の点は除外して論を進めることにする。

　Gawain 詩群史上最初の刊本テキストは，Sir Frederic Madden (ed.), *Syr Gawayne: A Collection of Ancient Romance-Poems* (1839) 所収の一篇で，Madden によって初めて 'Syr Gawayne and the Grene Knyȝt' と名付けられた作品である。Madden は，その解題で，Cotton Nero A. x. 写本所収の他の 3 篇がそれぞれ独立の作品であるとした上で，その authorship についても "There are three other metrical pieces in the volume, all most unquestionably composed by the author of the romance, . . . " (p. 301) と述べている。これが *Gawain* 詩群 4 篇の同一作者説 (common authorship) の始まりであり，この見解は後年残りの 3 篇 *Pearl, Cleanness, Patience* を初めて校訂・刊行した Morris (1864) にもそのまま受けつがれている。しかし，両者共に根拠を示しているわけではなく，いわば信念の表明にとどまっている。

　多少とも具体的な証拠を挙げて authorship を論じたのは，M. Trautmann が最初である。Trautmann (1876 & 1878) は 4 篇の作品にしか見られないと考えた語彙及び頭韻の特徴から同一作者説を唱える。[8] 更に Trautmann (1882) は，C. Horstmann (ed.) *Altenglische Legenden* (1881) の書評の中で，語彙と頭韻の点から *Gawain* 詩群と *St.Erk.* を同一詩人の

---

[8]　正確には，Trautmann (1876) では *Sir Gawain, Cleanness, Patience* を同一詩人の作としており，後に Trautmann (1878) で *Pearl* を加えている。

作とする，注目すべき見解を打ち出している。これが後々まで尾を引くことになる *Gawain* 詩群の作者は果して *St.Erk.* の作者でもあるのか，というもう一つの論争の端緒となった。また，Thomas (1883) は詩の冒頭と末尾の行にほぼ同じ表現を用いる技法や，真珠のイメジャリーや道徳観を共有していることから *Gawain* 詩群の同一作者説を取り，Knigge (1885) は語彙や音韻の点から *St.Erk.* も含めて同一作者説を唱えている。更に Luick (1889 & 1905) は語彙や韻律の点から，*Cleanness, Patience* 及び *St.Erk.* を同一詩人の作とするが，*Pearl* は含めていない。(もっとも，このように同一作者論議が盛んに行なわれていた頃すでに Brown (1902) は *St.Erk.* を同一詩人の作とすることに反対している。) ともあれ，*Gawain* 詩群の同一作者説が人口に膾炙するようになったのは，1907 年に刊行された *The Cambridge History of English Literature,* Vol. I (pp. 320–34) の中で，Gollancz が年来の主張を繰り返してからである。[9] 後に Gollancz (1922) は *St.Erk.* も同一詩人の作に帰している。

やがて，20 年代に入ると，それまでの断片的な証拠や信念等に基づく authorship 論とは違った本格的な研究が現われる。まず Menner (1920) である。Menner は彼自身の校訂本 *Purity* (= *Cleanness*) の序論 (pp. xi–xix) で，従来の研究を総括し，それに新しい証拠・知見を加えて，*Gawain* 詩群の同一作者説はほぼ決定的である，と主張する。その論拠は主として頭韻，語句・表現，文体の類似である。例えば，すでに Trautmann (1876) や Knigge (1885) が着目していた関係節を用いた 'God' や 'Lord' のパラフレーズ，Thomas (1883) が指摘していた直喩を集中的 (in clusters) に用いるくせなどに加えて，*and* によって絶対構文 (absolute construction) を主文に連結する統語的特徴などから同一作者説を展開し，*St.Erk.* についても同一作者説を示唆している。実際，その後の authorship 研究は全てこの Menner を出発点としており，しかも Menner からほとんど一歩も出ていないと言っても過言ではない。

その数年後に *St.Erk.* の校訂本を刊行した Savage (1926, pp. xlviii–lxv) は，Menner の方法を踏襲して，語彙，頭韻，語句・表現，文体の

---

9) 早くも 1891 年刊の *Pearl* 序文 (pp. xxxiii–lii) の中で同一作者説を表明しており，4 作品間の内的証拠に基づいて，その詩人の仮設的伝記まで書いている。

類似から *St.Erk.* と *Gawain* 詩群の同一作者説を強く打ち出している。もっとも，一部の点で両者間に相違があることにもふれており，その例として，行頭に *for* を多用することを *St.Erk.* には見られない *Gawain* 詩群のみの文体的特徴としている。[10] また Oakden (1930, pp. 251–55) は，韻律の研究から Menner 及び Savage の主張を全面的に受け入れている。Koziol (1932, pp. 169–71) は統語上のいくつかの点，例えば *more, most* による比較変化，関係詞 *which*，進行形，迂言的助動詞の *do, can* (= 'did') などに関する頻度調査から *Gawain* 詩群の同一作者説，更には *St.Erk.* との同一作者説を支持する。Oakden (1935, pp. 392–401) は頭韻詩の文体を論じたところで，従来 *Gawain* 詩群の文体的特徴とされてきたもののうち，行頭の *for* の多用はこの詩群特有のものではない，そして作品の冒頭と末尾にほぼ同じ表現を用いる技法は *Pearl, Patience, Sir Gawain* にのみ見られ，他の頭韻詩には起こらない，と言う。ただし，*and* によって絶対構文を主文に連結する構造については Menner の意見を，'God' のパラフレーズについては Menner 及び Savage の説明をそのまま受け入れている。また Schmittbetz (1909, pp. 359–69) や Savage (1926, p. lxiii) が取り上げた形容詞の名詞的用法についても，ME 頭韻詩の著しい特徴であるとともに *Gawain* 詩群では特に好まれることを例証している。更に，Thomas (1883) や Menner (1920) が指摘した，直喩を集中的に用いるくせは他の頭韻詩にも見られるが，*Gawain* 詩群では特に多用されている，と述べている。

　以上はすべて同一作者説に立つ見解ばかりということになるが，そしてそれが少なくとも *Gawain* 詩群の authorship 研究の実情であったが，早くからそれに批判的な意見もなかったわけではない。すでに 20 世紀初頭に，Schofield (1909, p. 668, n.1) は *Pearl, Cleanness, Patience* の 3 篇は同一詩人の作と認めながら，*Sir Gawain* は別人による，と主張している。また Wells (1916, p. 578) は同一作者説の論拠に異議を唱え，Baugh (1967² [1948¹], p. 236) は他の 3 篇は同一人の作としながら，*Sir Gawain* をそれに加えることに躊躇し，かつ *St.Erk.* も別人の作と考えている。

10）　Savage 1926, p. lx, n. 29.

しかし，いずれも論拠を示しておらず，事実上無視されてきた。ところが20世紀中葉になって，*Gawain* 詩群及び *St.Erk.* の語彙研究に基づいて authorship の問題を取り上げた John W. Clark の学位論文 (1941) 及び 4篇の論文 (1949~51) の刊行により，複数作者説（multiple authorship）がにわかに脚光を浴びることになる。1941年の学位論文は未見であるが，*St.Erk.* を含む5篇に少なくとも3人の詩人を想定しているようである。[11] その学位論文を土台にしたと思われる一連の論文はすべて，Menner や Oakden が同一作者説の根拠として挙げたものに対する反論という形をとっている。まず，Clark (1949) は *Cleanness* と *Gawain* の語彙に違いがあることを論じ，Clark (1950a) は形容詞の名詞的用法に関して Oakden（1935, pp. 394–95）の収集例を再検討した結果，彼とは逆の結論に達する。また関係詞による 'God' のパラフレーズを論じた Clark (1950b) は，そのパラフレーズの内容に相違があることから複数作者説を示唆する。[12] 最後の Clark (1951) は主として頭韻詩によく見られる語，それに 'man', 'knight' の同意語，動作を表わす動詞の3点に関する調査から，5篇の，特に *Cleanness* と *Sir Gawain* の同一作者説は支持できないとする。このように，ひとり Clark が活発な複数作者説を展開したが追随者もなく，この立場からの具体的な研究はしばらく途絶えることになる。その数年後に現われた Ebbs (1958) は *Gawain* 詩群に共通すると考えた3つの文体的技巧[13] を取り上げて，むしろ同一作者説

---

11) Kjellmer (1975, p.16) に引用されている Clark の結論部分は次のようになっている。

I believe that we have the works of at least three men. I believe that one man wrote Cl, and another wrote Gaw, and that a third wrote Erk. As for Pat, I will say that I believe that if any two of the Five Poems are by the same author, they are Pat and Cl; as to the authorship of Prl I am unwilling to pronounce any positive opinion. As to the Five Poems generally, I think we have more reason to believe them to be by as many as five authors as by one.

But I am perfectly aware that I may be mistaken. [Clark 1941, p. 571]

12) 先行詞となる語に，(1) Lord, Prince, Sovereign など，(2) 人称代名詞，(3) 本来 'man' を意味する語，の3通りがあり，その分布状況が作品間で違うという。

13) Ebbs (1958) が指摘したのは，(1) 冒頭・末尾一致の技法は *Pearl, Patience, Gawain* ばかりでなく，*Cleanness* でも多少形を変えて冒頭近く (ll. 5–6) と末尾近く (ll. 1805–08) に起こること，(2) *Pearl, Patience, Gawain* にのみ見られる特徴で，詩人が聴衆の注意を引くときにほぼ同一表現 (e.g. *Cleanness* 1153 ȝif ȝe wolde tyȝt me a tom, telle hit I wolde) を用いること，(3) *Pearl, Cleanness, Gawain* にのみ起こる表現で，詩人が聴衆に物事を微細なところまで正確に述べることが難しいことを語るくだり (e.g. *Gawain* 718–19 So mony meruayl bi mount þer þe mon fyndez, Hit were to tore for to telle of þe tenþe dole)，の3点である。

を補強している。

しかし，1961 年に，Bloomfield が 19 世紀末以来の *Sir Gawain* 研究 (1881~1959) に関する総括論文を発表，その中で authorship の問題にもふれ，明らかに先の Clark の見解を念頭に置いた上で，*Gawain* 詩群の同一作者説はまだ立証されていない，と述べている (p. 9)。一方，Trautmann (1882) 以来 *Gawain* 詩群との同一作者説が繰り返し表明されてきた *St.Erk.* については，1902 年の Brown の韻律上の理由による反対以後，Tolkien & Gordon (1925, p. xviii) や Baugh (1967^2 [1948^1], p. 238), Clark (1949~51) などの批判はあったものの，これまた実質的な議論も行なわれないまま同一作者説がほぼ定着した感があったが，1965 年の Benson 論文によってそれが全面的に否定されるに至った。Benson (1965b) は同一作者説の論拠とされてきた語彙，語句・表現，頭韻等の詩形，文体に詳細な検討を加え，特にその拠りどころであった文体上の類似は存在しないこと，かつ両者の文体は根本的に異なることを例証し，*Gawain* 詩群の作者は *St.Erk.* を書かなかった，と結論している。(ちなみに，*Gawain* 詩群については同一作者説を当然のことと考えていたようである。) 以後，Benson の見解は大方の研究者の受け入れるところとなっている。[14]

Gawain 詩群自体に関しては，先の Bloomfield (1961) の総括にもかかわらず同一作者説が次第に定着し，1960 年代後半からはそれを前提とした研究や刊本テキストの刊行が盛んになるが，authorship 研究に資するような論議を行っているものはほとんどない。例外は A. C. Spearing の 2 つの研究である。まず，Spearing (1966, pp. 305–06) では，方言，表現，イメジャリーの類似のほかに世界観・人間観に著しい類似が見られることから，やや控え目に同一作者説を示唆する。そして，4 年後の Spearing (1970, pp. 32–40) ではそれが確信となって表明されている。その論拠は人生観や中心的イメージ——人間以外の力に直面し挫折する

---

[14] もっとも，最近になって Peterson (1977, pp. 15–23) が Benson を批判し，*Gawain* 詩群と *St.Erk.* との間にはテーマの類似，技術的なものに対する関心，法律用語の類似がみられるとし，*St.Erk.* 写本と，*Gawain* 詩群を収めた Cotton Nero 写本に見出される銘や紋章らしきものから John Massey of Cotton なる同一作者を推定しているが，説得力を欠くように思われる。

人間のイメージ——に加えて,同一写本,同一方言,同一時期の作品であること,更には文体,イメジャリーの類似である。文体については,関係詞による 'God' のパラフレーズの主要語 (headword) を取り上げ,その主要語に *lord, father, prince, king* といった通常の 'god' の同意語ばかりでなく,*wyy, tulk hathel* のような伝統的な 'man' の同意語を用いている点に注目する。そしてここまでは Clark (1950a) が指摘し,Benson (1965b) が敷衍した点であるが,Spearing は更にもう一歩踏み込んで,この神の人̇間̇化̇ (humanizing of God) は *Gawain* 詩群独得のものであり,上述の中心的イメージの重要な一部となっている,と主張する。イメジャリーについては,真珠が純潔 (purity) のイメージとして繰り返し用いられている,と言う。Spearing 以外では,Vantuono (1971) が従来指摘されてきた 8 つのカテゴリー [15] に関して 4 作品間の類似表現を収集し,中でもテーマの一致 (thematic unity) が同一作者説の最も重要な根拠であるとして,この点をやや詳しく論じている。なお Vantuono (1984 [Vol.1], pp. 356–59) もこの延長線上にあり,テーマと詩形の類似から同一作者説を主張する。次に Von Ende (1972) は詩形の分析から同一作者説を支持する。更に Goldbeck (1972) は,中心テーマの点から *Cleanness* は *Sir Gawain* と,*Patience* は *Pearl* と,それぞれ複合詩 (compound poem) を形成し,その 2 つの複合詩は共に同一詩人の作であることを,文体の分析,特に *and* を中心とする接続詞の用法を検討することによって裏付けようとする。最近のものでは,Cooper & Pearsall (1988) が,*Gawain* 詩群のうち,詩形が違う *Pearl* を除いた他の 3 作品の韻律構造と文体的特徴を統計的に分析し,*Sir Gawain, Patience, Cleanness* は同一人の作である,と論じている。

これらの同一作者説に対し,Kjellmer (1975)[16] は *St.Erk.* を含む 5 篇の詩の言語的等質性 (linguistic homogeneity) に関する統計的研究から複数作者説を展開する。すなわち,慎重に設定された 7 種の変項 (1.

---

15) すなわち,(1) thematic unity, (2) imagery, (3) diction, (4) analogous phrases, (5) paraphrases for God, (6) methods of introducing a story, (7) stating that something is difficult to describe, (8) endings that echo beginnings である。
16) 同書については,寺澤芳雄氏による懇切な論評 (1979) がある。

語彙　2. 節の長さ　3. 文の長さ　4. 節の連結型　5. 従属連結辞　6. 受動形　7. 頭韻）それぞれにおける偏差順位を総合することによって，いわゆる "*Pearl* Poet" は *Pearl* を書かなかった，と結論している。続いて Tajima (1978) も通常詩的制約を受けることのない中性人称代名詞 *hyt/hit* の用法に着目して，*Sir Gawain* と他の3篇の詩との間に顕著な相違が認められることを実証し，同一作者説に疑問を呈している。比較的最近では，McColly & Weier (1983) が *St.Erk.* を含む5篇を対象に機能語（冠詞，接続詞，前置詞，助動詞）及び比較的一般的な形容詞，副詞，代名詞（ただし人称代名詞は全て除外）といった，内容の制約をあまり受けないと考えられる語，60語を選び，それを 'likelihood-ratio test' という統計手法を用いて分析した結果，同一作者説は立証できないとしている。理論的には (1) *Cleanness, Patience, St.Erk.*, (2) *Pearl* , (3) *Sir Gawain*, と3つの異なる作者グループの可能性を示唆している。また，わが国では，先の Tajima (1978) のほかに，Nakamichi (1982 &1986) が「歴史的現在」及び「否定構造」の観点から複数作者説を主張している。

3

　以上，*Gawain* 詩群及び *St. Erkenwald* の authorship に関する研究を時系列的に概観した。前者については同一作者説が圧倒的に優勢であると言ってよい。従来個別に論じられることが多かった文学的研究においても，Everett (1955)[17] 以来，同じ時期，同じ地域に，同じ詩風をもった類まれな詩人が複数いたと考えるよりも，ひとりの作者を想定する方が都合がよいとか，理にかなっているといった便宜的立場から4篇をひとまとめに論ずる傾向が目立っている。1960年代後半以降，特にそうである。例えば，Benson (1965a), Spearing (1966 & 1970), Brewer (1967), Moorman (1968), Williams (1970), Wilson (1976), Pearsall (1977), Turville-

---

17)　Everett (1955, p. 68) は次のように述べている。
　　It seems easier to assume a common author than to suppose that two or more men writing in the same locality and the same period, and certainly closely associated with one another, possessed this rare and, one would think, inimitable quality.

Petre (1977), Davenport (1978) などのモノグラフや論文, Kottler & Markman (1966) のコンコーダンス, Tolkien-Gordon-Davis (1967) や Anderson (1967 &1977) の刊本テキストなどがそうである。更には 4 篇の詩を一巻に収めた Cawley & Anderson (1976), Moorman (1977), Andrew & Waldron (1978), Vantuono (1984) の 'omnibus edition' が次々と刊行されるに至っては, Gawain 詩群の同一作者説は完全に定着したという印象すら受ける。もっとも, 文体等の類似を拠りどころに Gawain 詩群との同一作者説が唱えられたことのある St.Erk. については, 先にふれた Benson (1965b) に加えて, 文学的質の点からいっても同一人の作とは見なしがたいという意見が今日一般的である。[18]

然るに, Gawain 詩群の同一作者説の有力な根拠として挙げられたものを仔細に検討してみると, 必ずしも説得力があるとは言えないことがわかる。例えば, 初期の研究でよく引合いに出された, この詩群に特有とみなされた語彙は OED や MED のおかげでその大部分は他の頭韻詩にも起こることがわかっている。頭韻に関しても, Oakden (1930) を見れば明らかなように, 他の頭韻詩と大して違わず, 詩形的にはむしろ 4 作品間にかなりの相違が見られる。[19] 統語法の点でも, 絶対構文を and によって主文に連結する構造, 例えば,

Sir Gawain 50–3

 With all þe wele of þe worlde þay woned þer samen,
 Þe most kyd knyʒtez vnder Krystes seluen,
 And þe louelokkest ladies þat euer lif haden,
 And he þe comlokest kyng þat þe court haldes;

---

18) 例えば, Spearing (1970), Williams (1970), Wilson (1976) などを参照。
19) *Cleanness* と *Patience* は伝統的な頭韻詩で 4 行連句配列 (quatrain arrangement) である。*Sir Gawain* は 101 スタンザからなり, 各スタンザを構成するのは不定の数の頭韻長行と ababa と脚韻する 'bob and wheel' である。*Pearl* も同じく 101 スタンザからなるが, 各スタンザ 12 行で頭韻は不規則であり, abababbcbc と脚韻を踏んでいる。刊行されたばかりの Moriya (2014, pp. 49–170) は ME 頭韻詩の韻律構造を詳細に分析した労作であるが, Gawain 詩群に関して, *Sir Gawain, Patience, Cleanness* の 3 作品と *Pearl* の間には著しい違いがあること, また *Sir Gawain* と *Cleanness* の間にも多少の違いがあることを論証している。

にしても，この詩群の統語的特徴とするには指摘されている用例が *Cleanness* に 1，*Sir Gawain* に 2，と極端に少ない。かつその解釈にも異論がある。しかも同種の構造は他の詩人の場合にもしばしば見られる。

　また形容詞の名詞的用法，例えば，

Gawain 2313 Þe scharp schrank to þe flesche þurȝ þe schyre grece,
Pearl 433 'Cortayse Quen,' þenne sayde þat gaye,

にしても *Gawain* 詩群特有のものとは考えられない上に，同詩群間でも質的な違いがあることは Clark (1950a) によって指摘されている。

　文体上の類似についても，作品の冒頭と末尾の行にほぼ同じ語句を用いる技法は次の 3 作品にのみ見られ，*Cleanness* には起こらないという。[20]

Pearl
　　1 Perle, plesaunte to prynces paye
　1212 Ande precious perleȝ unto his pay.
Patience
　　1 Pacience is a poynt, þaȝ hit displese ofte.
　531 Þat pacience is a nobel poynt, þaȝ hit displese ofte.
Gawain
　　1 Siþen þe sege and þe assaut watz sesed at Troye,
　2525 After þe segge and þe assaut watz sesed at Troye,

しかし，この技法は *Awntyrs Arth.* や脚韻詩の *The Avowing of King Arthur, Octavian* (Southern version) など北部から西中部方言の作品にも見られる。[21]

　更には類似・対応する語句，例えば，

---

[20] ただし，Ebbs (1958) が指摘するように，類似したものは *Cleanness* の冒頭及び末尾近くにも起こる。
[21] Gordon 1953, p. 89, n. 3 参照。

Cleanness	Gawain
115 þe derrest at þe hyȝe dese	445 þe derrest on þe dece
97 Laytez ȝet ferre	411 layt no fyrre
749 and he hit gayn þynkez	1241 gayn hit me þynkkez

のような表現が多いことや，関係詞を用いて 'God' をパラフレーズする迂言的表現，

Cleanness 5 þe wyȝ *þat wroȝt alle þinges*, 280 þe wyȝe *þat al wroȝt*;
Patience 111 þat wyȝ *þat al þe world planted*, 206 Þat wyȝe ... *þat wroȝt alle þynges*;
Gawain 2441–2 þe wyȝe ... *Þat vphaldez þe heuen and on hyȝ sittez*.

直喩を 2 つ以上集中的に用いるくせ，

Patience 272–5
　Til he blunt in a blok *as brod as a halle.*
　And þer he festnes þe fete and fathmeȝ aboute,
　And stod vp in his stomak þat stank *as þe deuel;*
　Þer in saym and in sorȝe þat sauoured *as helle,*

行頭の *for* の多用，

Cleanness 1021–2
　For hit dedez of deþe duren þere ȝet;
　For hit is brod and boþemlez, and bitter as þe galle.

などが同一作者説の有力な根拠と考えられてきた．しかし，この種の表現は，中でも最も有力な根拠の一つとなっている関係詞による 'God' のパラフレーズにしても，他の頭韻詩，更には脚韻詩にもしばしば見られ

るものであり，どこまで Gawain 詩群特有の文体と言えるか疑問である。[22] 加えて，イメジャリーの類似で引合いに出される「真珠」のイメージにしても ME 文学では決して珍しいものではない。人生観・世界観・宗教観・テーマ等の共通性にしても論の分かれるところである。また，同一方言，同一写本ということもそれだけではもちろん決め手にならない。そこから先述の便宜的，つまり Occam's razor 的同一作者説や，読み手の文学的直感に基づく同一作者説が優勢になってきたというのが実情ではあるまいか。

　では，複数作者説はどうか。実質的な議論を行った上で，この立場を最初に，しかも強力に主張したのは Clark (1949~51) であるが，論議がテキストそのものの調査によらず，不完全なグロッサリーや Oakden の資料（彼自身完全とはいっていない収集例）に基づいており，重要な指摘や問題提起もある一方，事実の誤認も多く含まれている。[23] Kjellmer (1975) にしても客観性を目指す余り変項 (variables) の選定にあたって内容や詩形を無視した研究という厳しい批判がある。[24] Tajima (1978) や McColly & Weier (1983) も，それだけでは積極的に複数作者説を主張するのに十分な証拠とは言いがたいこともまた然りである。

4

　かくして，Cotton Nero 写本所収の 4 篇の詩，すなわち Gawain 詩群の作者はひとりか，それとも複数か，というこの古くて新しい問題は依然として未解決のままである。先にふれた，半世紀以上も前の Bloomfield (1961, p. 9) の指摘，

> In spite of the widespread acceptance of the theory of a common authorship for *Gawain*, the *Pearl, Patience,* and *Cleanness,* I still consider

---

22) この種の表現が従来考えられていたほどに有力な根拠となりえないことについては，浦田 (1989) 参照。
23) Clark の研究の欠陥については Benson (1965a, pp. 262–63) 参照。
24) 例えば，Derolez (1981), 寺澤 (1979) など。

the case not proved.

は今なお有効である，と言わねばならない。その後の 20 年に及ぶ研究成果を踏まえた Lawton (1982, p. 9) も，次のように同様の考えを表明している。

> The debate on common authorship in the poems of Cotton Nero A x arrives not at a conclusion but a series of cruces, of style, language and treatment of theme, which sum up the whole problem of the nature of Middle English alliterative poetry; and that is why for the moment the debate should be kept open.

外的証拠が何一つない以上，決定的な結論を導き出すことは望むべくもないが，同一詩人の作かどうかは 4 篇の作品解釈や文学批評と密接にかかわる問題であるだけに，究極的には個々人の印象に委ねればすむという性質のものでないことも確かである。

近年，文学研究ではこの 4 篇を個別に読むのではなくて，ひとまとめにして論ずる傾向があることは既に述べた。加えて，ME 頭韻詩というジャンルを全体的に眺める傾向も目立ってきている。[25] *Gawain* 詩群の authorship の問題もそのような視点，つまり ME 頭韻詩全体の中でその言語・文体を再検討してみる必要があるのではないか。そのためには *Gawain* 詩群内での恣意的な類似比較ではなくて，まずは *Gawain* 詩群の言語・文体に関する総合的な実証的研究 ―― これこそ従来の authorship 研究に欠けていた点であるが ―― を行なう必要があるのではないか。かかるのちに ME 頭韻詩全体の展望の中で，[26] 場合によっては英語史的展望の中で，*Gawain* 詩群の特徴なり，同詩群間の異同等を明らかにし，そこから得られた客観的事実をできる限り広範囲に積み重ねてゆくことが真実に迫る方法ではないだろうか。その際，作品それぞれ

---

25) Turville-Petre (1977), Levy & Szarmach (1981), Lawton (1982) などがそうである。
26) この視点の必要性については，同一作者説を支持する Davenport (1978, p. 2) も認めている。

の詩的制約（形式及び内容）を考慮する必要があることは言うまでもない。

参考文献
〈第一次資料〉（詳細については巻末の参考文献参照）
Alex. & D. = Alexander and Dindimus.
Alex.Maced. = Alisaunder of Macedoine.
Jos.Arim. = Joseph of Arimathie.
Winner & W. = Wynnere and Wastoure.
WPal. = The Romance of William of Palerne.
PPl.A, B, C .= William Langland, Piers Plowman, A-, B-, and C-Texts.
Pearl.
Cleanness.
Patience.
Sir Gawain = Sir Gawain and the Green Knigh.
St.Erk. = St. Erkenwald.
Susan = A Pistel of Susan.
PPl.Creed = Pierce the Ploughmans Crede.
RR = Richard the Redeless.
Chev.Assigne = Chevelere Assigne.
Siege Jerus. = The Siege of Jerusalem.
Awntyrs Arth. = The Awntyrs off Arthure at the Terne Wathelyn.
Dest.Troy = The 'Gest Hystoriale' of the Destruction of Troy.
Parl.3 Ages = The Parlement of the Thre Ages.
Wars Alex. = The Wars of Alexander.
Quatref.Love = The Quatrefoil of Love.
Morte Arth. = Morte Arthure.
Mum & S. = Mum and the Sothsegger.
Crowned King = The Crowned King.

〈第二次資料〉
Anderson, J. J. 1977. "Introduction" to his ed. of *Cleanness*. Manchester.
Andrew, M. & R. Waldron, eds. 1978. *The Poems of the Pearl Manuscript*. London.
Baugh, A. C., ed. 1967² (1948¹). *A Literary History of England. I: The Middle Ages*. New York.
Benson, L. D. 1965a. *Art and Tradition in 'Sir Gawain and the Green Knight'*. New Brunswick, NJ.
——. 1965b. "The Authorship of *St. Erkenwald*". *JEGP* 64, 393–405.
Bloomfield, M. W. 1939. "The Present State of *Piers Plowman* Studies". *Speculum* 14, 215–32.
——. 1961. "*Sir Gawain and the Green Knight*: An Appraisal". *PMLA* 76, 7-19.
Brewer, D. S. 1967. "The *Gawain*-Poet: A General Appreciation of Four Poems". *Essays*

in Criticism 17, 130–42.

Brown, J. T. T. 1902. *Huchown of the Awle Ryale and his Poems, examined in the Light of Recent Criticism*. Glasgow.

Cawley, A. C. & J. J. Anderson, eds. 1976. *Pearl, Cleanness, Patience, Sir Gawain and the Green Knight*. London.

Clark, J. W. 1941. *The Authorship of 'Sir Gawain and the Green Knight', 'Pearl', 'Cleanness', 'Patience', and 'Erkenwald' in the Light of the Vocabulary*. Univ. of Minnesota diss.

———. 1949. "Observations on Certain Differences in Vocabulary between *Cleanness* and *Gawain*". *PQ* 28, 261–73.

———. 1950a. "Paraphrases for 'God' in the Poems Attributed to 'the *Gawain*-Poet' ". *MLN* 65, 232–36.

———. 1950b. " 'The *Gawain*-Poet' and the Substantival Adjective". *JEGP* 49, 60–66.

———. 1951. "On Certain 'Alliterative' and 'Poetic' Words in the Poems Attributed to 'the *Gawain*-Poet' ". *MLQ* 12, 387–98.

Cooper, R. A. and D. A. Pearsall. 1988. "The *Gawain* Poems: A Statistical Approach to the Question of Common Authorship". *RES* n.s. 39, 365–85.

Davenport, W. A. 1978. *The Art of the Gawain-Poet*. London.

Derolez, R. 1981. "Authorship and Statistics: The Case of the *Pearl*-Poet and the *Gawain*-Poet". *Occasional Papers in Linguistics and Language Teaching* (The New Univ. of Ulster) 8, 41–51.

Ebbs, J. D. 1958. "Stylistic Mannerisms of the *Gawain*-Poet". *JEGP* 57, 522–25.

Everett, D. 1955. *Essays on Middle English Literature,* ed. Patricia Kean. Oxford.

Goldbeck, H. J. 1972. *The Gawain-Puzzle: A Study of MS Cotton Nero A. x*. Univ. of Oklahoma diss.

Gollancz, I. 1891. "Introduction" to his ed. of *Pearl: An English Poem of the Fourteenth Century*. London.

———. 1907. "*Pearl, Cleanness, Patience,* and *Sir Gawayne*". *The Cambridge History of English Literature,* Vol. I, ed. A. W. Ward & A. R. Waller (Cambridge), pp. 320–34.

———. 1922. "Introduction" to his ed. of *St. Erkenwald*. London.

Gordon, E. V., ed. 1953. *Pearl*. Oxford.

Hanna, R., III, ed. 1974. *The Awntyrs off Arthure at the Terne Wathelyn*. Manchester.

Kane, G. 1965. *Piers Plowman: The Evidence for Authorship*. London.

Kjellmer, G. 1975. *Did the "Pearl Poet" Write 'Pearl'?* Göteborg.

Knigge, F. 1885. *Die Sprache des Dichters von Sir Gawain and the Green Knight, der sogenanten Early English Alliterative Poems und De Erkenwalde*. Marburg.

Kottler, B. & A. M. Markman, eds. 1966. *A Concordance to Five Middle English Poems: 'Cleanness', 'St. Erkenwald', 'Sir Gawain and the Green Knight', 'Patience', 'Pearl'*. Pittsburgh.

Koziol, H. 1932. "Zur Frage der Verfasserschaft einiger mittelenglischer Stabreimdichtungen". *Englische Studien* 67, 165–73.

Lawton, D. A., ed. 1982. *Middle English Alliterative Poetry and its Literary Background*. Cambridge.

Levy, B. S. 1962. *Style and Purpose: A Reconsideration of the Authorship of the Poems in MS*

Cotton Nero A. x. Univ. of California, Berkeley, diss.

——— & P. E. Szarmach, eds. 1981. *The Alliterative Tradition in the Fourteenth Century.* Kent, OH.

Luick, K. 1889. "Die englische Stabreimzeile im XIV., XV. und XVI. Jahrhundert". *Anglia* 11, 572–85.

———. 1905. "Der mittelenglische Stabreimvers". *Grundriss der germanischen Philologie*, Vol.2, Part 2, ed. Hermann Paul (Strassburg), pp. 160–79.

Madden, F., ed. 1839. *Syr Gawayne: A Collection of Ancient Romance Poems by Scotish [sic] and English Authors Relating to that Celebrated Knight of the Round Table.* London; repr., New York, 1971.

McColly, W. & D. Weier. 1983. "Literary Attribution and Likelihood-Ratio Tests: The Case of the Middle English *Pearl*-Poems". *Computers and the Humanities* 17, 65–75.

MED = *Middle English Dictionary*, ed. H. Kurath, S. M. Kuhn and R. E. Lewis. Ann Arbor, MI, 1952–2001.

MED Plan and Bibliography = *Middle English Dictionary: Plan and Bibliography*, Second Edition, ed. Robert E. Lewis and M. J. Williams. Ann Arbor, MI, 2007.

Menner, R. J. 1920. "Introduction" to his ed. of *Purity: A Middle English Poem.* New Haven, CN.

Middleton, A. 1986. "Piers Plowman". *A Manual of the Writings in Middle English 1050–1500*, Vol.7, ed. A. E. Hartung (Hamden, CN), pp. 2211–34.

Moorman, C. 1968. *The 'Pearl'-Poet.* New York.

———. 1977. *The Works of the 'Gawain'-Poet.* Jackson, MS.

Moriya, Y. 2014. *Repetition, Regularity, Redundancy: Norms and Deviations of Middle English Alliterative Meter.* ひつじ書房.

Morris, R., ed. 1864. *Early English Alliterative Poems in the West-Midland Dialect of the Fourteenth Century.* London.

Nakamichi, Y. 1982. "On the Use of the Historical Present in the *Gawain*-Poems". 『芸文研究』（慶応大学）43, 19–30.

———. 1986. "On the Negatives in the *Gawain*-Poems". 『麗澤大学紀要』42, 1–15.

Neilson, G. 1902. '*Huchown of the Awle Ryale*', *the Alliterative Poet: A Historical Criticism of Fourteenth Century Poems ascribed to Sir Hew of Eglintoun.* Glasgow.

Oakden, J. P. 1930–35. *Alliterative Poetry in Middle English: The Dialectal and Metrical Study.* 2 vols. Manchester.

OED = *The Oxford English Dictionary*, ed. James A. H. Murray, et al. Oxford, 1933, 1989².

Pearsall, D. 1977. *Old English and Middle English Poetry.* London.

Peterson, C., ed. 1977. *Saint Erkenwald.* Philadelphia.

Savage, H. L. 1926. "Introduction" to his ed. of *St. Erkenwald: A Middle English Poem.* New Haven, CN.

Schmittbetz, K. R. 1909. "Das Adjektiv in *Syr Gawayn and the Grene Knyȝt*". *Anglia* 32, 1–60, 163–89 and 359–83.

Schofield, W. H. 1909. "Symbolism, Allegory, and Autobiography in *The Pearl*". *PMLA* 24, 585–675.

Spearing, A. C. 1966. "*Patience* and the *Gawain*-Poet". *Anglia* 84, 305–29.
———. 1970. *The 'Gawain'-Poet: A Critical Study,* Cambridge.
Tajima, M. 1978. "Additional Syntactical Evidence against the Common Authorship of MS Cotton Nero A. x.". *English Studies* 59, 193–98.
Thomas, M. C. 1883. *Sir Gawayne and the Green Knight: A Comparison with the French Perceval, Preceded by an Investigation of the Author's Other Works and Followed by a Characterization of Gawain in English Poems.* Zurich.
Tolkien, J. R. R. & E.V. Gordon, eds. 1925. *Sir Gawain and the Green Knight.* Oxford.
Tolkien-Gordon-Davis = *Sir Gawain and the Green Knight,* ed. J. R. R. Tolkien and E.V. Gordon, rev. Norman Davis. Oxford, 1967.
Trautmann, M. 1876. *Uber Verfasser und Entstehungszeit einiger alliterierender Gedichte des Altenglischen,* Halle.
———. 1878. "Der Dicheter Huchown und seine Werke". *Anglia* 1, 109–49.
———. 1882. Review of Carl Hortmann's *Altenglische Legenden. Anglia* 5:2, "Anzeiger", 21–25.
Turville-Petre, T. 1977. *The Alliterative Revival.* Cambridge.
Vantuono, W. 1971. "*Patience, Cleanness, Pearl,* and *Gawain*: The Case for Common Authorship". *Annuale Mediaevale* 12, 37–69.
———, ed. 1984. *The 'Pearl' Poems: An Omnibus Edition.* 2 vols. New York.
Visser, F. Th. 1969. *An Historical Syntax of the English Language.* Part 1:First Half. Leiden.
Von Ende, F. A. C. 1972. *The Prosody of the Pearl-Poet: A Technical Analysis of the Poems in MS Cotton Nero. A. x.* Texas Christian Univ. diss.
Wells, J. E. 1916. *A Manual of the Writings in Middle English 1050–1400.* New Haven.
Williams, D. J. 1970. "Alliterative Poetry in the Fourteenth and Fifteenth Centuries". *Sphere History of Literature in the English Language. I: The Middle Ages,* ed. W. F. Bolton (London), pp. 107–58.
Wilson, E. 1976. *The Gawain-Poet.* Leiden.

浦田和幸．1989．「*Gawain* 詩群における「神」の迂言的表現」鈴木榮一編『中英語頭韻詩の言語と文体』(学書房), pp. 73–97.
寺澤芳雄．1979．(書評)「Kjellmer: *Did the "Pearl Poet" Write 'Pearl'?*」『英文学研究』56, 186–91.
松浪 有．1986．「頭韻詩から脚韻詩へ」*Studies in Medieval English Language and Literature*（日本中世英語英文学会）1, 1–38.

12

中英語頭韻詩における迂言的助動詞 *gan (con)*
— *Gawain* 詩群の authorship に関連して—

1

　14 世紀後半から 15 世紀初頭にかけての「頭韻詩復興（The Alliterative Revival）」の作品はそのほとんどが作者・制作年代ともに不詳である。そのため，20 世紀の頭韻詩研究の多くが，この頭韻詩群の authorship の問題に充てられてきたことは前章で概観した通りである。その中心をなす Cotton Nero 写本所収の 4 篇——*Pearl, Cleanness, Patience, Sir Gawain and the Green Knight* (以下 , *Sir Gawain*)，すなわち *Gawain* 詩群の authorship の問題も，ME 頭韻詩全体の展望の中で，その言語・文体を再検討する必要があるのではないか，という趣旨のことを述べた。*Gawain* 詩群の作者ははたしてひとりなのか，それとも複数なのか。この古くて新しい問題を一歩でも進めるためには，恣意的な類似比較ではなくて，詩的制約（形式及び内容）を考慮した上での，言語・文体に関する実証的研究の積み重ねが真実に迫る方法ではないか，ということである。以下は，そのような反省に立って，筆者が行ったひとつの小さな調査報告である。

　本章では，迂言的助動詞（periphrastic auxiliary）の *gan (con)* を取り上げる。これは本来 'begin' の意の起動相を表わす OE *onginnan* > Late OE *aginnan* に由来する ME *gin(nen* の過去形 *gan/gon* と，その冒頭の *g* が無声化した *can/con* である。後者の *can/con* は，主として北部方言 (Northern) や北西中部方言 (Northwest Midland) に起こる形である。この ME *gin* は早くから原義を失ない，後期 ME の頃にはほぼ今日の *do* と同じ迂言的機能を果していたと思われる。主に過去形 *gan (gon/can/*

con) が用いられ，脚韻詩に多く起こり，頭韻詩では比較的少なく，散文ではほとんど見られない。通常，原形不定詞を伴うが，ときに (*for*) *to*-不定詞を従えることもあり，主として韻律上の理由，特に不定詞を脚韻の位置におくために用いられた。[1]

2

Gawain 詩群の authorship を考えるにあたって，このような *gan* (*con*) を取り上げた理由はいくつかある。まず Koziol (1932) が同一作者説の根拠に使っていること，Benson (1965) が *Gawain* 詩群と *St.Erk.* の同一作者説を否定するのにこの *con* の有無に言及していること，Tajima (1975) が 4 作品間に違いが見られることを指摘していること，Kjellmer (1975) の書評の中で寺澤（1979）が authorship との関係で *gan* のような助動詞の用法を考える必要を示唆していること，更には文法構造の違いは立証しやすいし，それがはなはだしく詩的制約を受けない限り，ひとりの作者の作品間では違いが生じにくいと考えられること，などである。これらの事情をふまえて，*Gawain* 詩群を含む「頭韻詩復興」期の作品に見られる *gan* (*con*) を調査した。まず，単純に形の上から分類し，その用例数を，100 行当たりの頻度数と共に，表 1 に示す。（もちろん，中には当の *gan* (*con*) が迂言的なものか，起動相的 (ingressive) な意味をもつものか，判然としない例もある。）

　この表から興味ある事実を幾つか指摘することもできるが，ここでは *Gawain* 詩群に関連した事実に焦点をしぼって論を進めることにしたい。

　まず，この迂言的助動詞の形態についてであるが，*gan/gon/gun* のみを使うグループ (*Alex.& D., Alex.Maced., Winner & W., WPal. PPl.A & B, RR, Chev.Assigne, Siege Jers., Par.3 Ages*)，*can/con* のみを使うグループ (*Pearl, Cleanness, Patience, Sir Gawain, Awntyrs Arth., Dest.Troy*)，その両方を使うグループ (*PPl.C, Susan, Wars Alex., Quatref.Love, Morte Arth.*)，どちらも全く使わないグループ (*Jos.Arim., St.Erk., PPl.Creed, Mum & S.,*

---

[1]　Mustanoja 1960, pp. 610–15 & 1983, pp. 59–64 及び Nielsen 2005, p. 86 参照。

表 1

	ginne	gan	gon(ne	gun(ne	can	con(ne	coneʒ	Total	/per 100 lines
Alex.& D.	-	3	-	-	-	-	-	3	0.26
Alex.Maced.	-	14	5	-	-	-	-	19	1.52
Jos.Arim.	-	-	-	-	-	-	-	-	-
Winner & W.	-	1	-	-	-	-	-	1	0.20
WPal.	3	36	9	10	-	-	-	58	1.04
PPl.A	1	10	1	-	-	-	-	12	0.47
PPl.B	3	28	3	-	-	-	-	34	0.47
PPl.C	3	28	2	-	2	-	-	35	0.48
Pearl	-	-	-	-	1	56	3	60	4.95
Cleanness	-	-	-	-	-	6	-	6	0.33
Patience	-	-	-	-	-	3	-	3	0.56
Sir Gawain	-	-	-	-	2	20	-	22	0.87
St.Erk.	-	-	-	-	-	-	-	-	-
Susan	-	2	3	-	1	-	-	6	1.64
PPl.Creed	-	-	-	-	-	-	-	-	-
RR	-	1	-	-	-	-	-	1	0.12
Chev.Assigne	1	-	-	-	-	-	-	1	0.27
Siege Jerus.	-	1	-	-	-	-	-	1	0.07
Awntrys Arth.	-	-	-	-	-	5	-	5	0.70
Dest.Troy	-	-	-	-	21	3	-	24	0.17
Parl.3 Agres	-	1	-	-	-	-	-	1	0.15
Wars Alex.	-	1	-	1	-	4	-	6	0.11
Quatref.Love	-	7	4	1	-	-	-	12	2.31
Morte Arth.	-	1	-	-	-	-	-	1	0.02
Mum & S.	-	-	-	-	-	-	-	-	-
Crowned King	-	-	-	-	-	-	-	-	-

Crowned King) の 4 つに分けられる。[2] 問題の *Gawain* 詩群は *can/con*（それに 2 人称単数形 *coneʒ*）のみを使っており，同一グループに属するのは

---

[2] もちろん，この違いは単に写字生に帰すべきものかもしれない。

Awntyrs Arth. と *Dest. Troy* だけである。その *Awntyrs Arth.* は *Gawain* 詩群と同じ北西中部方言で書かれ，詩形上 *Pearl* に似ているが，*con* の頻度（100 行あたり *Pearl* 4.95 例，*Awntyrs Arth.* 0.70 例）からいっても歴然たる差がある上に，かつて同一グループで論じられたこともない。*Cleanness* や *Patience* と詩形が同じ *Dest. Troy* でも，起こるのはほとんど *can* の方であって，*Gawain* 詩群で規則的な *con* は極めて稀である。また，同一作者グループに入れられることのあった *St. Erk.* には *con/can* そのものが起こらず，この点に関する限りやはり全く問題にならない。[3] となると，残るは結局 *Gawain* 詩群だけということになる。

　Gawain 詩群は頭韻詩というジャンルで論じられるのが通例であるが，詩形的には4作品間で多少異なる。*Pearl* は不規則な頭韻と脚韻を併用，*Cleanness* と *Patience* は頭韻長行のみ，*Sir Gawain* は頭韻長行に，一部 'bob and wheel' と呼ばれる脚韻詩行を含む作品群である。この詩群に起こる迂言的助動詞 *con/can/coneʒ* は全部で91例あるが，本来の過去時制（= 'did'）に加えて現在時制（= 'do/does'）を表わす助動詞としても用いられているので，以下表2のように分類してみた。ただし *Sir Gawain* については，上述したように 'bob and wheel' と呼ばれる脚韻詩行を含んでいるので，更に頭韻長行部分と脚韻詩行部分に下位区分したものも示す。なお，後に従える不定詞は，*Pearl* の1例（1181 And rewfully þenne I *con to reme* 'And sorrowfully I did cry out'）を除き，すべて原形不定詞であるので，不定詞標識による区別は行わない。

表2

		can		*con*		*coneʒ*			
		pres.	pret.	pres.	pret.	pres.	pret.	Total	per 100 lines
Pearl	(1,212 ll.)	1	–	10	46	3	–	60	4.95
Cleanness	(1,812 ll.)	–	–	–	6	–	–	6	0.33
Patience	(532 ll.)	–	–	–	3	–	–	3	0.56

---

[3] Koziol (1932, p. 171) のように，*gan* あるいは *con/can* が352行からなる *St. Erk.* に全く起こらないことを作品の短かさのせいにする見方も可能ではあろうが，基本的には詩形を同じくし，しかも532行しかない *Patience* に3例も起こることを考えると，その違いは単に作品の長短のせいばかりではないように思われる。

Gawain	(2,531 ll.)	-	2	-	20	-	-	22	0.87
rhymed ………… 505 ll.		-	2	-	18	-	-	20	3.96
unrhymed …. 2,026 ll.		-	-	-	2	-	-	2	0.10
		1	2	10	75	3	-	91	

まず語形に関しては，*Gawain* 詩群全体を通じて *con* が最も一般的（91例中 85 例）であり，*Cleanness* と *Patience* では唯一の形である。他方，*Pearl* には con 以外に *can* が 1 例，*coneʒ* が 3 例，*Sir Gawain* にも con のほかに *can* が 2 例，といった具合に 4 作品間に多少の相違が認められる。

頻度的にはどうか。不規則な頭韻と脚韻を併用した *Pearl* に 60 例，頭韻長行のみからなる *Cleanness* と *Patience* にはそれぞれ 6 例と 3 例，一部脚韻詩行を含む *Sir Gawain* に 22 例（ただし，そのうち 20 例は 505 行からなる脚韻部分に，残る 2 例は 2026 行からなる頭韻長行に）起こる。これを，100 行あたりの頻度数から見てみると，*Pearl* 4.95，*Cleanness* 0.33, *Patience* 0.56, *Sir Gawain* 0.87（ただし脚韻部分 3.96，非脚韻部分 0.10）で，かなりのばらつきが見られる。が，これは詩形の違いによるものかもしれない。従って，これだけで複数作者説を主張することはできない。[4]

機能的には，*Pearl* の 60 例中 56 例（約 93%）と，*Gawain* の脚韻詩行に起こる 20 例はすべて（100%）不定詞を脚韻の位置におく方策として用いられている。それぞれ 1 例示す。(引用例中のイタリック体は筆者のもの。)

Pearl 453–56

 Bot my Lady of quom Jesus *con sprynge*,
 Ho haldeʒ þe empyre ouer vus ful hyʒe;
 And þat dyspleseʒ non of oure *gyng*,
 For ho is Quene of cortaysye.

---

[4] たとえば，Chaucer の場合でも作品によってかなりのばらつきが見られることが Smyser (1967, p. 83) によって指摘されている。100 行あたりの *gan* の頻度数は *Book of the Duchess* 0.97; *Parliament of Fowls* 3.29; *House of Fame* 3.66; *Troilus and Criseyde* 3.93; *Legend of Good Women* 1.83; *Canterbury Tales* (全韻文) 0.98 といった具合である。

> *Sir Gawain* 228–31
> To kny3tez he kest his y3e,
> And reled hym vp and doun;
> He stemmed, and *con studie*
> Quo wait þer most renoun.

この方策は *Chaucer* の場合（73%）[5] に比して著しく高く，かつ *Pearl, Sir Gawain* 両詩に共通した重要な技法と考えられるが，逆にそれだけで同一人の作とするわけにはいかない。というのは，同じく脚韻を併用した頭韻詩 *Awntyrs Arth., Quatref.Love, Susan* でも *gan/con/can* はほぼ同じような用いられ方をしているからである。*Pearl* に起こる 60 例中の残り 4 例，*Cleanness* の 6 例，*Patience* の 3 例，*Sir Gawain* の非脚韻部分に起こる 2 例は他の頭韻詩の場合同様，リズムや韻律，あるいは次例が示すように頭韻のために用いられている。

> *Cleanness* 768 And he conveyen hym *con* wyth cast of his y3e.
> *Cleanness* 945 And þay kayre ne *con* and kenely flowen.
> *Sir Gawain* 2212 Thenne þe kny3t *con* calle ful hy3e.

しかし，わずかな例から特別の意味づけはできないように思われる。
　ところが，この迂言的助動詞の用法に関して，4 作品間に注目すべき意味上の違いが認められる。本来過去時制を表わす *con/can* (= 'did') が現在時制の助動詞，すなわち，'do/does' の意味でも用いられることは先にふれたが，それが *Pearl* にのみ起こり，他の 3 作品には全く見られないことである。*Pearl* の 60 例中 14 例 (23.3%)——内訳は *con* 10, *can* 1, *cone3* 3——がそれにあたる。この用法は，MED (s.v. *can* v. (b)) も脚韻詩 *The Thrush & the Nightingale* (?a1300) から 1 例，*Pearl* から 3 例を引用しているだけである。今回調査した他の頭韻詩にも全く見られない，ME でも非常に珍しい用法である。[6] それが起こる理由を，Gordon (1953,

---

5)　Smyser 1967, p. 74 参照。
6)　おそらくは法助動詞の *con* (= 'can, be able to') と形態・構造上混同されたものであろう。

p. 63) のように Pearl の詩形，つまり脚韻の要請によるものとして片づけることも可能であろう。実際，14例中12例は，そして conez は3例とも，不定詞を脚韻の位置におくために用いられている。

Pearl 293–4

　　Þou ne woste in worlde quat on doþ3 mene ;
　　Þy worde byfore þy wytte *con fle.*
　　(294 *fle* は 290 *be*, 292 *pre*, 296 *se* と押韻)

Pearl 509–10

　　Into acorde þay *con declyne*
　　For a pené on a day, and forth þay got3.
　　(509 *declyne* は 505 *hyne*, 507 *vyne*, 511 *pyne* と押韻)

Pearl 925

　　Þys moteleȝ meyny þou *coneȝ* of *mele* (= speak).
　　(925 *mele* は 927 *fele*, 929 *juele*, 931 *gele* と押韻)

ならば，頻度的には Pearl に劣らぬぐらい同機能の *con* が起こる Sir Gawain の脚韻詩行に（あるいは他の脚韻詩に），このような現在時制の *con* が1例も起こらない事実をどう説明したらよいのであろうか。

更に *con* に関連して，それに類する機能をもつ迂言的助動詞 *do* [7] について一言すると，14世紀末になっても一般的とはいえない迂言的 *do* が Gawain 詩群に5例起こる。そのうち3例は Pearl にみられ，*con* 同様不定詞を脚韻の位置におくために使われている。

Pearl 17–8

　　Þat *doþ3* bot þrych my hert þrange,
　　My breste in bale bot *bolne and bele;*
　　(18 *bele* は 14 *wele*, 16 *hele*, 20 *stele* と押韻)

　　OED や Mustanoja (1960) も全く言及しておらず，Visser (1969, §1480) は後期 ME の作品から多くの例を挙げているが，大部分は法助動詞の *can* と解釈できるものである。

7)　Mustanoja 1960, pp. 602–03 参照。

Pearl 293

    Þou ne woste in worlde quat on *dotȝ mene*;

    (293 mene は 289 *clene*, 291 *ene*, 295 *dene* と押韻)

Pearl 629–30

    Anon þe day, wyth derk endente,

    Þe niyȝt of deth *dotȝ* to *enclyne*: [8]

    (630 *enclyne* は 626 *lyne*, 628 *vyne*, 632 *hyne* と押韻)

残る 2 例は *Patience* に起こるが，上に示した *Pearl* の do とは用法が異なる。

Patience 204

    Do gyf glory to þy godde, er þou glyde hens.

Patience 385–6

    Þenne sayde he to his seriauntes: 'Samnes yow bilyue;

    Do dryue out a decre, demed of my seluen.

いずれも命令文で強調もしくは韻律のために用いられている。*Cleanness* と *Sir Gawain* には全く起こらない。このように，迂言的 *do* も用例は少ないが，作品間で違いが見られる。

3

以上，14 世紀後半の頭韻詩全体の中で，*Gawain* 詩群における迂言的助動詞 *con* (*gan*/*gon* の北部及び北西中部方言形) の用法を形態，頻度，機能，意味の点から検討し，併せて類似機能をもつ *do* にもふれて，4 作品間の異同を明らかにした。そして，それぞれの点で多少の相違があること，とりわけ意味の点で重要な相違があることを指摘した。それを

---

[8] Gordon (1953, p. 69) は 630 行の "to" を不定詞標識ではなくて前置詞と解し，この 2 行を，'Soon the day, into which darkness is creeping, does sink towards the night of death' と訳している。筆者もこの解釈に従った。

ひとりの詩人の文体上の多様性と考えるか，複数詩人の個々の差とみるか論の分れるところであろう．従って，これだけで複数作者説を主張することは余りにも性急な結論ということになろうが，詩形上重要な役割を担った迂言的助動詞 *con* の用法に関するかぎり，*Gawain* 詩群の中で，(1) *Pearl*，(2) *Cleanness* と *Patience*，(3) *Sir Gawain and the Green Knight* の3つのグループ間に無視できない差異が認められることもまた事実である．

　言語・文体面のみからのアプローチの限界は十分認識した上で，このような客観的事実を——それが一見どんなに些細なものであろうとも——積み重ねてゆくことが，外的証拠を一切欠く *Gawain* 詩群の authorship 研究に資することになるのではないか，と考える次第である．

参考文献
〈第一次資料〉（詳細については巻末の参考文献参照）
Alex.& D. = Alexander and Dindimus.
Alex.Maced. = Alisaunder of Macedoine.
Jos.Arim. = Joseph of Arimathie.
Winner & W.= Wynnere and Wastoure.
WPal. = The Romance of William of Palerne.
PPl.A, B, C .= William Langland, *Piers Plowman, A-, B, and C-Texrs.*
Pearl.
Cleanness.
Patience.
Sir Gawain = Sir Gawain and the Green Knigh.
St.Erk. = St. Erkenwald.
Susan = A Pistel of Susan.
PPl.Creed = Pierce the Ploughmans Crede.
RR = Richard the Redeless.
Chev.Assigne = Chevelere Assigne.
Siege Jerus. = The Siege of Jerusalem.
Awntyrs Arth. = The Awntyrs off Arthure at the Terne Wathelyn.
Dest.Troy = The 'Gest Hystoriale' of the Destruction of Troy.
Parl.3 Ages = The Parlement of the Thre Ages.
Wars Alex. = The Wars of Alexander.
Quatrf.Love = The Quatrefoil of Love.
Morte Arth. = Morte Arthure.
Mum & S. = Mum and the Sothsegger.
Crowned King = The Crowned King.

〈第二次資料〉

Benson, L. D. 1965. " The Authorship of *St. Erkenwald* ". *JEGP* 64, 393-405.

Kjellmer, G. 1975. *Did the "Pearl Poet" Write 'Pearl'?* Göteborg.

Koziol, H. 1932. "Zur Frage der Verfasserschaft einiger mittelenglischer Stabreimdichtungen". *Englische Studien* 67, 165–73.

MED = *Middle English Dictionary*, ed. H. Kurath, S. M. Kuhn and R. E. Lewis. Ann Arbor, MI, 1952–2001.

MED Plan and Bibliography = *Middle English Dictionary: Plan and Bibliography*, Second Edition, ed. R. E. Lewis & M. J. Williams. Ann Arbor, MI, 2007.

Mustanoja, T. F. 1960. *A Middle English Syntax, Part I: Parts of Speech*. Helsinki.

——. 1983. "Chaucer's Use of *gan:* Some Recent Studies". *Middle English Studies Presented to Norman Davis in Honour of his Seventieth Birthday*, ed. D. Gray & E. G. Stanley (Oxford), pp. 59–64.

Nielsen, H. F. 2005. *From Dialect to Standard: English in England 1154–1776*. Odense.

OED = *The Oxford English Dictionary*, ed. James A. H. Murray, et al. Oxford, 1933, 1989².

Smyser, H. M. 1967. "Chaucer's Use of *Gin* and *Do*". *Speculum* 42, 68–83.

Tajima, M. 1975. "The *Gawain*-poet's Use of *Con* as a Periphrastic Auxiliary". *Neuphilologische Mitteilungen* 76, 429–38.

Visser, F. Th. 1969. *An Historical Syntax of the English Language*. III: First Half. Leiden.

寺澤芳雄. 1979.（書評）「Kjellmer: *Did the "Pearl Poet" Write 'Pearl'?*」『英文学研究』56, 186–91.

13

Gawain 詩群における中性人称代名詞 *Hit*

1. はじめに

中英語（ME）人称代名詞の最も重要な変化は 3 人称に見られる。つまり，女性代名詞 she や複数代名詞 they, their, them が使用されるようになったことである。そのためか，ME の人称代名詞研究もこれらの点を扱った形態論的なものが多く，他には両数代名詞（Dual）の消失や，ye, thou という「呼び掛けの代名詞（Pronouns of Address）」などを論じたものなどが主なものであり，ME 全体は言うまでもなく，個別の作品の人称代名詞を詳細に記述した研究も見当たらない。中性人称代名詞 it については，ME 入門書や英語史などでその概要を得ることはできるが，当時の用法を詳らかにしているとは言えない。というのは，Chaucer や Langland の作品に劣らず文学的評価の高い *Sir Gawain and the Green Knight* や *Pearl* を含む，いわゆる *Gawain* 詩群を読んでいると，同時代の作品にもあまり見かけない特異な用法にしばしば遭遇する。しかし，OED や MED などの断片的な言及を除けばほとんど注意すらされていない。

本章では，北西中部（Northwest Midland）方言で書かれた，同一筆蹟による 14 世紀末頃の写本 Cotton Nero A. x. 所収の *Gawain* 詩群—所収順に *Pearl* (1,212 行), *Cleanness* (or *Purity*, 1,812 行), *Patience* (532 行), *Sir Gawain and the Green Knight* (2,531 行) —に見られる中性人称代名詞 it の語形と用法を，同時代の他の作品にも言及しながら記述し，ME における it の用法の実際を多少とも明らかにしたいと思う。（以下，引用例中のイタリック体等は筆者のものである。）

2. 語形

　名詞や形容詞に比べて，一般に人称代名詞は OE 以来の語形変化を最もよく保存している。参考までに，3 人称単数中性代名詞 it の OE, Early ME, Late ME, ModE における代表的な形を示すと次のようになる。

	OE	EME		LME	ModE
Nom.	hit	hit/it		hit/it	it
Gen.	his	his		his	its
Dat.	him	him	Obj.	hit/it	it
Acc.	hit	hit/it			

　ブルンナー (1973 [1960–62^2], p. 483) によれば，主格と対格の hit は 12 世紀以後強勢のない位置では初頭音 /h/ を失わない it となることが多く，hit という綴りは 16 世紀まで続いたが，h のない綴りが 15 世紀以降増え，16 世紀には一般化したという。Gawain 詩群と同時代の Chaucer や Langland などでは hit, it の両形が用いられているが，[1] Gawain 詩群には it という形は起こらず，hit (455 例), hyt (8 例) の両形が無差別に用いられている。(以下，Gawain 詩群の 'it' に言及する際は hit/hyt とせず，hit を用いる。)

　ME における人称代名詞の注目すべき変化の 1 つは，OE の与格・対格の区別が失なわれて目的格 (Obj.) に統一されたことである。3 人称中性単数の場合も，対格形 hit/it が与格形 him を駆逐して目的格 hit/it に統一された。しかし，ME に 4 つの格を認める Mossé (1952, §65) や Mustanoja (1960, p. 130) などは，中性与格は常に him であるというような説明をし，更に後者は it を与格に使うことは稀で，この形は前置詞とともに使われると述べているが，Gawain 詩群では中性与格形 him は起こらず，hit が与格と対格の両方に用いられている。[2] 以下の (1)—(3)

---

[1] Brook (1958, pp.126) によれば，Chaucer では hit の方が it よりも一般的である。
[2] もっとも，初期 ME では次例に示すような与格の him が散見されることはあるが，極め

は与格，(4) は対格の例である．

(1) *Pearl* 269–70 a rose þat flowred and fayled as kynde (= nature) *hyt* gef.
(2) *Patience* 85 I aproche *hit* no nerre.
(3) *Cleanness* 263–4 loke to kynde, And kepe to *hit*.
(4) *Gawain* 2359 My own wyf *hit* þe (= thee) weued (= gave), I wot wel for soþe.

OE, ME における 3 人称中性単数属格は男性と同形の *his* で，これは初期 ModE になって作られた its (1800 年頃までは it's と綴られていた)[3] に取って代わられるまで使用された．[4] 一方，14 世紀以降 *his* と相並んで無屈折の *hit*, *it* も時折見られるようになる．[5] *Pearl* の編者 Gordon (1963, p. 110) によれば，属格形 *hit* (= 'its') は *Gawain* 詩群に初出し，今日でも Lancashire あたりの方言に残存しているという．OED (s.v. *It, pron.* 10), MED (s.v. *it* pron. 3.(a)), Mustanoja (1960, pp. 157–58) なども最古の用例を *Gawain* 詩群に求めているが，そればかりか，引用されている ME の例はこの詩群のものがほとんで，他はわずかに *Awntyrs Arthur* (a1400), *St. Erkenwald* (c1400), *Towneley Plays* (a1460) からである．これからしても，この *hit* という属格形は北部 (Northern) 及び北西部中部 (Northwest Midland) 方言に見られる形で，他の方言では *his* (= 'its') が唯一の形であったと推測される．*Gawain* 詩群では，*Pearl* (?c1380) に 3 例，*Cleanness* (?c1380) に 7 例，*Patience* (?c1380) に 2 例見られるが，これら 3 作品には *his* (= 'its') の例はない．一方，*Sir Gawain* (?c1390) には *hit* (= 'its') の例は皆無で，古来の *his* (= 'its') が規則的な形である．まず *hit* (= 'its') の例を示す．

て稀である．
  Ow & N. 681–2 Vor neuer nis wit so kene / So þane red *him* is a wene (= For wit is never so keen / As when good sense is a matter of doubt to it).
3) Baugh 1957, § 182 (3) 参照．
4) "its" の最古の例は 1596 年のもので，それは Thomas Thomas の羅英辞典 *Dictionarium* に起こる．この点については，Moore & Marckwardt 1951, § 132 及び安井 1960, pp. 133–35 参照．
5) Baugh 1957, § 182 (3); Brook 1958, p. 130; Mustanoja 1960, p. 157 など参照．

(5) *Pearl* 108 Lorde, dere watȝ *hit* adubbement (= its splendor)!
(6) *Cleanness* 1033 And as hit is corsed of kynde, and *hit* coostez (= its shores) als.
(7) *Patience* 12 Sunderlupes for *hit* dissert vpon a ser wyse (= Severally according to its merit in a diverse manner).

Other examples: *Pearl* 120, 224; *Cleanness* 264, 956, 1016, 1021, 1480, 1735; *Patience* 267.

Sir Gawain では革新的な *hit* (='its') は使われず，古来の *his* (= 'its') が唯一の形であることは上述したが，所有格を表現せず定冠詞を用いることもある。次の (8) はその両方を含んだ例である。

(8) *Gawain* 446–7 hit lyfte vp þe yȝe-lyddes ... And meled (= spoke) þus much with *his* (= its) muthe.

すでに OE において男性と同一形の *his* (= 'its') は余り用いられず，初期 ME の文法的性の消失後，生物には *his*，無生物には *of it* や *thereof* が用いられる傾向があった。 後期 ME の *Gawain* 詩群では *of hit* は起らないが，*þerof* が *Cleanness* に 2 例，*Pearl* に 5 例，*Sir Gawain* に 3 例見られる。1 例のみ示す。

(9) *Cleanness* 604 In þe hyȝe hete *þerof* Abraham bideȝ (= stays).

このように，14 世紀以降 *hit, it* が中性単数属格として用いられたという事実が後に its の発達を促したであろうことは想像に難くない。[6] というのは，its という属格形は単数名詞の属格形の類推（cat : cat's / stone : stone's / it : it's (18 世紀まで) > its) によってできた形だからである。[7]

---
6) Moore & Marckwardt 1951, §132 参照。
7) 多分 his の類推によって作られたという説もある（Bloomfield & Newmark 1963, p. 295)。

その意味では，17世紀頃まで用いられはしたが，MEでもきわめて稀な hit という無屈折属格形を Gawain 詩群が最初に，しかも Pearl, Cleanness, Patience では規則的に用いているという事実は，it の歴史の中でも特記に値するように思われる。しかし，同じ詩群の Sir Gawain には1例も起こらず，his が規則的な形であるという点も興味深い事実である。

3. 用法

人称代名詞はほとんど常に限定的に用いられる。つまり，ある特定の人物あるいは事柄を指示する。ところが中性の it（及びその複数形 they）は限定 (Definite) と不定 (Indefinite) 両様に用いられる。この点が it を他の人称代名詞 he, she などと区別する大きな特性である。そこで，ここでも限定用法と不定用法という伝統的分類に従って it の種々の用法を見てゆくことにする。

3.1 限定用法の It

既出の語句または話の内容を指す用法で，人称代名詞の用法に完全に一致する。これは OE 以来 ModE に至るまで変らぬ用法であるから，2例だけ挙げる。

(10) *Cleanness* 953–6 Þe rayn ... Swe aboute Sodamas and *hit* sydez alle (= The rain ... fell about Sodom and all its environs).

(11) *Patience* 425 Now, lorde, lach out (= take away) my lyf, *hit* lastes to longe.

この限定（あるいは指示）用法で注目すべきは，be 動詞の複数形を伴った it が，先行する複数名詞を指し，事実上 they と同じ意味を持つ例が見られることである。この用法は ModE には起こらないが，古くは OE まで遡ることができる。Quirk & Wrenn (1957[2], §125) や Mitchell (1968, §187.2(c)) などによれば，OE においては中性単数代名詞 hit, þæt, þis, hwæt などはそれが指示する名詞の数 (Number) や性

(Gender) に関係なく用いられていたという (e.g. *þæt wæron eall Finnas* (= they were all Fins) [Mitchell])。ME でも決して稀な用法ではなく，Skeat (1886, Vol. II, p. 63) は "This is the usual idiom of the period." と言い，Mossé (1952, p. 394) も "This is a normal ME construction." と言っている。実際，Langland や Chaucer などにも時折見られ，特に前者の *Piers Plowman* には数例起こる (e.g. *PPl.A* 7.46–7, *B* 6.56, *C* 6.59, *C* 16.309)。*Gawain* 詩群にも散見される。明確な例は *Pearl* に 1 例（先行名詞を指す主語の *hit* 20 例中），*Cleanness* に 6 例 (41 例中)，*Patience* に 2 例 (14 例中) 起こる。しかし，*Sir Gawain* には，先行名詞を指す主語の *hit* は 59 例あるが，そのような例は皆無である。

(12) *Cleanness* 866–9 I haf … tow my fayre deȝter … *Hit* arn ronk (= grown), *hit* arn rype, and redy to manne (= to be mastered).

(13) *Patience* 37–8 For in þe tyxte þere þyse two arn in teme layde, *Hit* arn fettled in on forme, þe forme and þe laste (= For in the text where these two are spoken of, they are arranged first and last in a series).

Other examples: *Pearl* 895; *Cleanness* 112, 171, 253, 657, 795; *Patience* 40.

一方，*hit* が明らかに先行する複数名詞を指しながら，be 動詞が単数形になっている例も 1 つ，*Cleanness* に起こる。

(14) *Cleanness* 257–8 For *hit* was þe forme-foster þat þe folde bred, Þe aþel auncetereȝ suneȝ þat Adam watȝ called (= For they were the first offspring that the earth bred, sons of the noble ancestor who was called Adam).

上例 l. 257 の *hit* は l. 253 の *hit* 同様，l. 251 の "þe folk" を指し，かつ補語 ("Þe aþel auncetereȝ suneȝ") が複数であることを考えても，*hit* が複

数 (= 'they') の意味であることは間違いないであろう。
　このように，主語としての hit が先行の複数名詞を受けることがある以上，目的語としての hit も当然先行の複数名詞を受けることがあるはずである。が，この点に言及しているのはわずかに MED だけである。MED (s.v. *hit* pron. 2.(f)) は 1280 年頃の *SLeg.Pass.* (= *The Southern Passion*) の例を初めとして数例を引用している。*Gawain* 詩群には明確な例は見られない。参考までに，同時代の Langland (*Piers Plowman*) の例を挙げる。

(15) *PPl.B* 6.42–3 And thowgh pore men profre ȝow <u>presentis and ȝiftis</u>, Nym *it* nauȝte (= Don't take them).

上に見たような，既出の複数名詞を受ける *hit* と違って，*hit* が指示する先行名詞を持たず，その意味では形式上は不定であるが，実際には関係代名詞の先行詞として用いられ，つまり後続の記述によって限定されて，*hit* ... *þat* = 'they ... that' = 'those who' のように複数の意味を表わす場合がある。*Gawain* 詩群でも *Pearl* に 1 例，*Patience* に 1 例見られる。かつては同一詩群の 1 つと考えられたこともある *St. Erkenwald* にも 1 例あるので，併せて示す。

(16) *Pearl* 1199 Lorde, mad *hit* arn þat agayn þe stryuen (= Lord, mad are they who struggle with thee).

(17) *Patience* 69 For iwysse *hit* arn so wyk *Þat* in þat won dowelleȝ (= For indeed, they are wicked who dwell in that city).

Cf. *St.Erk.* 303–4 þat solempne fest Þer richely *hit* arne refetyd *þat* after right hungride (= that solemn feast Where richly are refreshed they who hungered after righteousness).

次に示すように，複数代名詞 *þay* や *þose* が起こることは言うまでもない。

(18) *Cleanness* 261 And þose lykkest to þe lede þat lyved next after (= And those who lived next [were] most like that man).

(19) *Patience* 13–4 Thay are happen þat han in herte pouerte (= They are blessed who have poverty at heart).

また，*hit ... þat* = 'that ... which' = 'what' の意味を表わす例も 1 つだけ，*Sir Gawain* に起こる。この場合の *hit* は上例 (16)，(17) と違って単数の意味を表わす。（なお，OED の初出例は 1200 年頃のものである。）

(20) *Gawain* 1256–7 Bot I louue þat ilk lorde þat þe lyfte haldez, I haf *hit* holly in my honde þat al desyres, þurȝ grace (= I praise that same Lord who rules the heavens, I have [it] wholly in my hand what everyone desires, through (His) grace).

3.2　不定用法の It

前節で扱った it はいずれも限定された意味を持ち，既出の事項を指示する働きをする。しかし，同じく指示的に用いられるといっても，this や that と比べて指示するものに対する具体感がきわめて稀薄であり，[8]　かつ「性」の消失後すべての名詞や先行文等の内容を指すようになったことから他の人称代名詞には見られない諸々の用法を発達させた。それらがこれから見てゆく不定 (Indefinite) の 'it' で，言わば it の特殊用法とでも言うべきものである。

3.2.1　形式主語 (Formal Subject) としての It
3.2.1.1　非人称の 'it' (Impersonal 'it')

非人称動詞または非人称構文の主語として起こる it をいう。

(a) 天候・時間・距離・明暗など自然現象に関する動詞と共に

これは今日でも非人称的に用いられる構文であるが，すでに OE で

---

8)　江川 1955, p. 41 参照。

一般化していた。2例だけ挙げる。

(21) *Pearl* 538 Þe sunne watʒ doun and *hit* wex (= grew) late.
(22) *Gawain* 1078 *Hit* is not two myle henne.

(b) 情緒を表わす動詞：*þynke, seme, bitide, cheve* (= happen), *lyke, nede, falle* (= happen), *paye* (= please) などと共に
　この種の動詞は，例えば，*him spēow* (= they succeeded) [Brook], *ælcum menn þuhte* (= (It) seemed to each man) [Quirk & Wrenn] のように，元来行為者の表示なく用いられた。後期 OE になって，*swā hit þincan mæg* (= as it may seem) [Quirk & Wrenn] のように形式主語 it を含む例も見られるようになり，ME に入って徐々に多くなる。しかし，ME においても *me thynketh, me semeth, me wondreth,* etc. のように依然として it を欠く非人称動詞として用いられたものもある。これらの動詞は ME 期に人称構文へ移行し，その際，I think, I like, etc. のように，人的（与格）目的語が主語になった。*Gawain* 詩群は，非人称動詞が人称動詞へ移行してゆく過渡期の作品であり，人称動詞として用いられている例も多い。非人称動詞に関しては，形式主語 *hit* を含む型と含まない型の両型が併存している。

(23) *Pearl* 1165 *Hit* payed hym not þat I so flonc (= It did not please Him that I flung [myself]).
　　Cf. *Pearl* 1177 *Me payed* full ille to be outfleme ... of þat fayre regioun (= [It] pleased me very ill to be driven ... out of that lovely country).
(24) *Cleanness* 290–1 sore *hit* me rweʒ (= I regret deeply) Þat euer I made hem myself.
(25) *Gawain* 2449 gayn *hyt* hym þoʒt (= it seemed wonderful to them).

(c) その他

次のような hit も非人称の 'it' と見なされる。[9]

(26) *Pearl* 787 As in þe Apocalyppez *hit* is sene; *Patience* 124 *Hit* may be þat ...; *Gawain* 2171 as *hit* were, 2521 As *hit* is breued (= told) in þe best boke of romaunce; etc.

3.2.1.2 予備の 'it' (Preparatory 'it')
　後続の語句を代表して前に立って主語となる it のことで, 後続の語句とは (代) 名詞, 不定詞, 動名詞, *that*-clause 及び疑問詞・関係代名詞または whether によって導かれる名詞節である。この用法は ModE のそれと一致するので, 注意すべき点だけを *Gawain* 詩群に関して言えば,
　(a) 後続の複数名詞を指すことがある (*Cleanness* にのみ 1 例)。

(27) *Cleanness* 1553 For al *hit* frayes my flesche, þe fyngres so grymme (= For it frightens my flesh, the fingers so grim).

なお, *hit* が既出の複数名詞を指す例については先にふれた (§3.1 参照)。
　(b) 後続の不定詞を指す場合, 原形不定詞を指すことがある (*Cleanness* にのみ 1 例)。

(28) *Cleanness* 1359 *Hit* is not innogh to þe nice al noȝty þink vse (= It is not enough to the foolish person to practice all evil things).

　脚韻・頭韻など韻律上の要請により, あるいは真主語を強調するために不定詞が *hit* に先行することが稀に起こる。(もっともこれは不定詞の場合に限らず, *that*-clause や疑問詞に導かれる名詞節の場合にも見られる。)

---

[9]　江川 1955, pp. 24–25; Mustanoja 1960, p. 131; ブルンナー 1973, pp. 493–94 参照。

(29) *Gawain* 257 To wone any quyle in þis won (= dwelling), *hit* watz not my ernde (= mission).

ちなみに，形式主語 it を用いた 'It is ... to do〜' 型と，it を用いない 'To do 〜 is ...' 型では，歴史的にも前者が古く，OED (s.v. *To, prep., conj., adv.* B. 13 a & b) によれば前者の初出例は 888 年頃のもので，後者のそれは 14 世紀初頭のものであるが，頻度の点からも前者の方が多い。*Gawain* 詩群では前者が 19 例，後者が 9 例となっており，ModE と同じような傾向を示している。

(c) 動名詞を指す *hit* の例は見られない。これは ModE 期に発達した用法である（e.g. [ModE] *It* is no use *crying over spilt milk*）。

(d) *that* (= 'what') に導かれた名詞節を指す例がある（*Pearl* に 2 例，*Sir Gawain* に 2 例）。

(30) *Pearl* 482 ȝyf *hyt* be soth þat þou coneȝ saye (= If it is true what thou dost say).

3.2.1.3 予備の 'there' (Preparatory 'there') の同義語として

ModE なら予備の 'there' が用いられるところに ME では稀に hit が用いられる。つまり，*hit is* = there is, *hit was* = there was, *hit arn* = there are, *hit weren* = there were, etc. である。OED (s.v. *It, pron.* 2.b.) の初出例は 14 世紀初頭の *Cursor Mundi* からのものであるが，MED (s.v. *hit* pron. 4b.(b)) はそれよりもはるかに古い例

a1225 (?OE) *Lamb.Hom.* 139 Fiat lux & facta est lux, beo liht and *hit* wes liht (= let there be light and there was light). c1250 *Owl & N.* 906 Wi nultu singe an (= in) oder þeode, þar *hit* is muchele more neode?

を記録している。MED は 1500 年頃までの，OED は a1617 年までの例を挙げている。ME では *Havelok* (c1300), *Cursor Mundi* (a1325) などに

比較的よく見られ，*The Owl and the Nightingale* (?a1216), *Sir Orfeo* (c1330), *Piers Plowman* (c1378) などにも散見される。*Gawain* 詩群では *Sir Gawain* に2例見られるが，*Pearl, Cleanness, Patience* には全く起こらない。

(31) *Gawain* 280 *Hit* arn aboute on þis bench bot berdlez chylder (= There are none but beardless children on this bench round about).

(32) *Gawain* 1251-2 Bot *hit* ar ladyes innoȝe þat leuer wer nowþe Haf þe, hende, in hor holde (= But there are many ladies who would rather now have you, dear sir, in their hold).

Cf. *Havelok* 591 Of hise mouth *it* stod a stem (= From his mouth there came a ray of light).

予備の 'there' と同じ機能をもった it が ME において "regularly"[10] に，あるいは "commonly" [11] に起こると説く者もあるが，there 構文もすでに OE から用いられ，[12] ME ではほぼ確立している。*Gawain* 詩群でも次に示す there 構文の方が圧倒的に多い。

(33) *Pearl* 493 Þer is no date (= limit) of hys godnesse.

(34) *Gawain* 2098 Þer wonez a wyȝe in þat waste (= There lives a man in that wasteland).

hit = 'there' は主として ME に特有の用法であるが，他の作品に現われる状況を考えても，それほど一般的なものとは言えないようである。

3.2.1.4 状況の 'it' (Situation 'it')

漠然たる環境または不定の状況を表わすが，それが何であるかは文脈

---

10) Dickins & Wilson 1951, p.176 ("Note to *Havelok* 27").
11) Sisam 1955, p. 221 ("Note to *Sir Orfeo* 552") .
12) OED (s.v. *There, adv.* 4. a. & d.) では，自動詞とともに用いられた予備の 'there' の初出例が c888 年で，be 動詞とともに用いられた例が c893 年となっている。

またはそのときの状況から判断できる it をいう。[13] この用法は ModE では極めてふつうのものであるが，ME でもその例は多い。

(35) *Pearl* 147 For if *hit* watȝ fayre þer I con fare (= where I walked).
(36) *Gawain* 1186–7 he ... wayteȝ warly þiderwarde quat *hit* be myȝt. *Hit* watȝ þe ladi, loflyest to beholde (= he ... glanced cautiously in that direction to see what it could be. It was the lady, most beautiful to behold).

Gawain 詩群では上例 (36) のように，前後関係からわかる人間を指す例が比較的多い（ほかに *Cleanness* 134, 981, 1777; *Gawain* 5）。

3.2.1.5　強調構文 'It is ... that —' の 'it'
　名詞・代名詞（相当語句）および副詞（相当語句）を強調する形式で，この構文はすでに OE の時代からあったが，そこでは *hit* ではなくて指示詞 *þæt* が用いられた。

　　　O.E.Chron. (MS C) an 1052 Ðæt wæs on þone Mōnadæȝ æfter sca Marian mæsse þæt Godwine ... becom (= It was on Monday after Mary mass that Godwine ... came) [OED]

指示詞 *þæt* に代わって指示力のない *hit* が起こるようになったのは初期 ME になってからである。OED (s.v. *It, pron.* 4. d.) の初出例は 13 世紀初頭の *The Owl and the Nightingale* からであるが，MED (s.v. *hit* pron. 4b) は *Peterborough Chronicle* から 12 世紀中頃の例を挙げている。

　　　?a1160 *Peterb.Chron.* an. 1132 Was *it* noht suithe lang þerefter þat te king sende efter him (= It was not very long thereafter that the king sent for him).

---

13)　江川 1955, p. 39 参照。

強調構文に言及している OED, MED, 更には Mustanoja (1960, pp. 131–32), Kellner (1892, §232) などはどういうわけか副詞（句）を強調した例しか挙げていない。然るに, *Gawain* 詩群にはこの種の強調構文が 8 例起こるが, 主語を強調したもの 5 例, 目的語 1 例, 前置詞の目的語 1 例, 副詞句 1 例となっており, ModE と何ら変らない状況になっている。

(37) *Gawain* 906 And *hit* watz Wawen hymself þat in þat won (= house) syttez.

(38) *Gawain* 2358 For *hit* is my wede (= garment) þat þou werez.

(39) *Patience* 146 *Hit* watȝ a ioyles gyn (= craft) þat Jonas watȝ inne.

(40) *Cleanness* 1226–7 Nas *hit* not for Nabugo ne his noble nauþer Þat oþer depryued watz of pryde with paynes stronge (= ...That the other was deprived of glory, with cruel torments).

Other examples: *Cleanness* 1704; *Patience* 115; *Gawain* 2107, 2193.

3.2.1.6　冗語の 'it' (Pleonastic 'it')

It に限らず構文上不必要と思われる人称代名詞が繰り返されることはよくある。いわゆる冗語法 (Pleonasm) である。このような冗語法が起こるのは, 一つには曖昧さを避けたいという気持, また一つには強調の目的からであるが, 韻文の場合はしばしばリズム, つまり韻律を保つために行なわれる。初期 ModE まではよく見られる語法で, he, she, they などについては Kellner (1892, §§ 284–7) も OE 以来の例を示している。it については, MED (s.v. *hit* pron. 6) が 12 世紀初頭の *Peterborough Chronicle* 以降の例を挙げている。*Gawain* 詩群でも冗語の *hit* は時折見られるが, それは次の 3 つの型で起こる。

(a) 主語にあたる名詞の後 (4 例):

(41) *Pearl* 41 On huyle þer *perle hit* trendeled doun (= On the hill where the pearl [it] rolled down).

(42) *Cleanness* 967 Þe brethe of þe brynston bi þat *hit* blende were (= By the time the stench of the brimstone had spread).

Other examples: *Cleanness* 858; *Gawain* 504.

上例 (41) では強調もしくは韻律を保つために，(42) では頭韻の要請で真主語と動詞の位置が離れすぎたために冗語の *hit* が繰り返されたのであろう。

(b) 関係節の後 (2 例)：

(43) *Cleanness* 141 Þe abyt þat þou hatȝ vpon, no halyday *hit* menskeȝ (= The clothing that thou hast on, [it] honors no holiday).
(44) *Cleanness* 235 Bot þat oþer wrake þat wex, on wyȝeȝ *hit* lyȝt (= But the second vengeance that occurred [it] fell on men).

いずれも主語を明確に示すために *hit* が用いられたのであろう。

(c) 関係節の中 (2 例)：

(45) *Cleanness* 447–8 On þe mounte of *Ararach,* of Armene hilles, Þat oþerwayeȝ on Ebrv *hit* hat þe Thanes (= Which in Hebrew [it] is otherwise called Thanes).
(46) *Cleanness* 926 Þer is *a cite* herbisyde þat Segor *hit* hatte (= There is a city nearby that [it] is called Segor).

いずれも主語を明確に示すため，あるいは強調するために *hit* が繰り返されたのであろう。

3.2.2　形式目的語としての It

前節で観察した形式主語の場合ほど広範囲には用いられていない。僅かに予備の 'it'，状況の 'it'，冗語の 'it' が起こるぐらいである。

3.2.2.1　予備の 'it'

それほど例は多くないが，後続の名詞 (2 例)，不定詞 (2 例)，that-clause (2 例)，how-clause (1 例) を代表して前に立ち動詞の目的語となっている。そのうち，下例 (49) は当時としては珍しい 'Vt + hit + Comp + To-inf' 型構文である。[14]

(47) *Gawain* 2390 I halde *hit* hardily hole þe harme þat I hade.
(48) *Gawain* 975–6 he *hit* quyk askez *To be her seruaunt sothly.*
(49) *Gawain* 348–50 For me þink *hit* not semly (= fitting) ... *to take hit to yourseluen.*
(50) *Patience* 530–1 For-þy penaunce and payne to-preue (= prove) *hit* in syȝt Þat pacience is a nobel poynt.

Other examples: *Pearl* 985–6 (名詞); *Cleanness* 1941 (*that*-clause); *Cleanness* 1153 (*how*-clause).

前置詞の目的語になっている予備の *hit* の例 (e.g. [ModE] I looked upon *it* as very awkward *that he changed the subject just then*. [Jespersen]) は *Gawain* 詩群には起こらない。

3.2.2.2　状況の 'it'

この用法はすでに OE に現われ，ME でも散見されるが，Kellner (1892, §283) や MED (s.v. *hit* pron. 8) に引用されている例を見ても 'make' と共に起こることが多いようである。*Gawain* 詩群にはこの用法が 8 例見られるが，そのうち 3 例は *make* と共起する。その他は ȝelde (= reward) 3 例，*hafe* 1 例，*lyke* 1 例である。

(51) *Gawain* 988 Þus wyth laȝande lotez þe lorde *hit* tayt makez (= So

---

14)　ブルンナー (1973, p. 496) は，この型は後期 ME および初期 ModE に発達したものであると説明し，その初出例を *Mandeville's Travels* (c1400) に求めている。上例 (49) の *Sir Gawain* (?c1390) の例は，ブルンナーが挙げる例とほぼ同じ時期のものである。

(52) *Gawain* 2441 þe wyʒe *hit* yow ʒelde (= may the One reward you for it).

(53) *Gawain* 2134–5 as þe wyrde lykez *hit* hafe (= as fate is pleased to have it).

(54) *Patience* 47 Þenne is me lyʒtloker *hit* lyke and her lotes prayse (= Then it is easier for me to like it and praise their manners).[15]

Other examples: *Pearl* 512, 522; *Gawain* 839, 2410.

3.2.2.3 冗語の 'it' (Pleonastic 'it')

冗語の 'it' は目的語の場合にも見られる。MED (s.v. *hit* pron. 6.) は，主語の場合同様，12 世紀初頭の *Peterborough Chronicle* 以降の例を挙げている。*Gawain* 詩群では 4 例，それも *Sir Gawain* にしか起こらない。

(a) 目的語にあたる名詞句の後 (1 例):

(55) *Gawain* 1249–50 Þe prys and þe prowes þat plesez al oþer, If I *hit* lakked oþer set at lyʒt, hit were littel daynté (= The excellence and the prowess that pleases all others, If I disparaged or made light of [it], it would be small courtesy).

これは頭韻を整え，曖昧さを避けるためであろう。

(b) 関係節の中 (3 例):

(56) *Gawain* 2195 Þis *a chapel of meschaunce,* þat chekke *hit* bytyde! (= This is a chapel of doom, which ill luck bafall [it]!)

Other examples: *Gawain* 28, 1274.

---

15) Anderson (1969, 'Glossary', s.v. *hit*) は，この *hit* を 'Impersonal object' と注記している。

構文上不必要と思われる hit が起こるのはリズムを整えるためか，目的語を強調するためであろう．

3.3　再帰用法の 'it' (Reflexive 'it')

再帰代名詞の itself は 10 世紀末に初出するが，ME ではまだ稀で，[16] 単に目的格の it がそのまま再帰的に用いられることが少なくなかった．もっとも，人称代名詞の目的格が再帰代名詞として用いられることは ME の一般的な傾向であるが，it は him, her などに比べると少ないようである．*Gawain* 詩群では，*hitself, hytself, hitselven* という複合形もそれぞれ 1 例ずつ見られるが，hit がそのまま再帰的に用いられた例も 1 つだけある．

 (57) *Cleanness* 927 Hereᵹtter on a rounde hil hit houeȝ *hit* one (= Out here on a round hill it lifts itself, alone).

4.　まとめ

以上，*Gawain* 詩群に見られる中性人称代名詞 *hit/hyt* の語形と用法を観察・記述した．主要な点をまとめると次のようになろうか．

(1)　語形

 Gawain 詩群で用いられた hit の語形は次のような屈折表になる．複数形については，より一般的な *þay* の屈折形も併記する．

	Sg.	Pl.
Nom.	hit/hyt	þay, hit
Gen.	hit, his	her/hor, þayr
Obj.	hit/hyt	hom/hem/him

ME でも極めて稀な無屈折属格 hit が *Gawain* 詩群において初めて用いられ，しかも *Pearl, Cleanness, Patience* では規則的な形である．しかし，

---

16)　OED (s.v. *Itself*, *pron.* 2. & 3.) 及び MED (s.v. *hit-self* pron. 1.) 参照．

Sir Gawain では男性属格形と同じ his しか起こらない。
(2) 用法
(a) 限定用法で注目されるのは，主格の hit が既出の複数名詞を指し，かつ be 動詞の複数形と呼応して，事実上 'they' と同義の例がしばしば見られることである。この複数名詞を受ける hit が be 動詞の単数形と呼応するのは 1 例のみである。また hit ⋯ þat = 'they ⋯ that' = 'those who' の例も稀に起こる。興味深い点は，このような特殊な用法がいずれも Pearl, Cleanness, Patience にのみ起こり，Sir Gawain には見られないことである。

(b) 不定用法では，形式主語として，非人称動詞と共起する hit がしばしば見られること，予備の hit が後続の複数名詞を指すことがあること（ただし Cleanness にのみ），予備の 'there' と同じ機能をもった hit が起こること（ただし Sir Gawain にのみ），状況の hit は人間を指す（it was +［人］）例がしばしば見られること，また韻律上の要請あるいは曖昧さを避けるために冗語の hit がよく起こること，それも特に関係節においてよく見られること，などが目立つ点である。

形式目的語としての hit の用法で目につく点は，ME で頻繁になると言われる予備の hit が稀であること，状況の hit が特定の動詞 (make, ȝelde, etc.) と共に慣用的に用いられること，冗語の hit が韻律上の要請や曖昧さを避けるために，特に関係節中に起こること，などである。

(c) 再帰用法の hit は他の人称代名詞に比べると極めて稀で，わずかに 1 例，Cleanness に見られる。

以上のことを英語史的に見れば，ME 文献にもごく稀にしか見られない用法，例えば，既出あるいは後続の複数名詞を指す hit (= 'they')，'those who' を意味する hit ⋯ þat の hit，予備の 'there' と同義の hit，無屈折属格の hit (= 'its') などがすべて Gawain 詩群に起こること，しかも無屈折属格形の hit は最古の例であることは，OE から ModE に至る it の歴史の中でも注目に値する事実と考えられる。

他方，Gawain 詩群の 4 つの作品—Pearl, Cleanness, Patience, Sir Gawain and the Green Knight—の中で見ると，既出・後続の複数名詞を指す hit

(= 'they'), 'those who' を意味する *hit* … *þat* の *hit*, 無屈折属格の *hit* (= 'its') は *Pearl, Cleanness, Patience* にのみ見られ, *Sir Gawain* には全く起こらない。制作年代的には 4 作品の中で最も後の作と考えられる *Sir Gawain* では属格は古形の *his* (= 'its') だけが用いられている。逆に, 予備の 'there' と同義の *hit* は *Sir Gawain* にのみ起こり, *Pearl, Cleanness, Patience* には見られない。このように, 中性人称代名詞の用法に関する限り, *Pearl, Cleanness, Patience* の 3 篇と *Sir Gawain and the Green Knight* との間には注目すべき相違がある。偶然性とか, 作者の個人的な好みとか, 頭韻・脚韻など韻律上の技巧にほとんど左右されることのない *hit* のような人称代名詞, いわゆる機能語の用法が, 同一詩人の作と考えられる 4 つの作品間で大きく異なることは, 同一作者説が定着した感があるとはいえ, 今なお異論の余地も残されている *Gawain* 詩群, つまり Cotton Nero A. x. 写本の authorship 研究に何らかの手がかりを与え得るかもしれない。しかし, ここではこのような統語上の重要な相違があるという事実の指摘にとどめ, authorship との関係については稿を改めたいと思う。[17]

参考文献
〈第一次資料〉
Pearl, ed. E. V. Gordon. Oxford, 1953.
Cleanness, ed. J. J. Anderson. Manchester, 1977.
Patience, ed. J. J. Anderson. Manchester, 1969.
Sir Gawain and the Green Knight, ed. J. R. R. Tolkien and E. V. Gordon. 2nd ed., rev. N. Davis. Oxford, 1967.

上記 *Gawain* 詩群以外に, 本章で言及した作品に関しては巻末の参考文献参照。

〈第二次資料〉
Baugh, A. C. 1957. *A History of the English Language.* 2nd ed. New York.
Bloomfield, M. W. and L. Newmark. 1963. *A Linguistic Introduction to the History of English.* New York.
Brook, G. L. 1958. *A History of the English Language.* London.
Dickins, B. & R. M. Wilson, eds. 1951. *Early Middle English Texts.* London.
Kellner, L. 1892. *Historical Outlines of English Syntax.* London.

---

[17] その後, authroship の問題に特化した論文を Tajima (1978) として発表している。

MED = *Middle English Dictionary,* ed. H. Kurath, S. M. Kuhn and R. E. Lewis. Ann Arbor, MI, 1952–2001.
Mitchell, B. 1968. *A Guide to Old English*. 2nd ed. Oxford.
Moore, S. 1951. *Historical Outlines of English Sounds and Inflections*. Rev. by A. H. Marckwardt. Ann Arbor, MI.
Mossé, F. A. 1952. *A Handbook of Middle English*. Transl. by J. A. Walker. Baltimore.
Mustanoja, T. F. 1960. *A Middle English Syntax*. Helsinki.
OED = *The Oxford English Dictionary,* ed. James A. H. Murray, et al. Oxford, 1933, 1989².
Quirk, R. & C. L. Wrenn. 1957. *An Old English Grammar*. 2nd ed. London.
Sisam, K., ed. 1955 (1921¹). *Fourteenth Century Verse and Prose*. Oxford.
Skeat, W. W., ed. 1886. *The Vision of William concerning Piers the Plowman in Three Parallel Texts*. 2 vols. London.
Tajima, M. 1978. "Additional Syntactical Evidence against the Common Authorship of MS. Cotton Nero A. x.". *English Studies* 59, 193–98.

江川泰一郎. 1955.『代名詞』（英文法シリーズ 4） 研究社.
ブルンナー, K. 1973.『英語発達史』（松浪有ほか訳）大修館書店. [K. Brunner, *Die englische Sprache: Ihre geschichtliche Entwicklung*. 2 vols. Tübingen: Niemeyer, 1960–62².]
安井　稔. 1960.「Its の年代」『英語学研究』（研究社）, pp. 133–35.

14

Gawain 詩群における絶対形容詞*

1

　J. P. Oakden は，大著 *Alliterative Poetry in Middle English* (1930 & 1935) の随所で中英語頭韻詩の文体にふれているが，とりわけ，第 2 巻の最終章にあたる第 14 章 (pp. 392–401) をその文体に充てている。実際の頁数は僅か 10 頁であるが，その大半は中英語頭韻詩の顕著な特徴と題した「形容詞の絶対用法」(The Absolute Use of the Adjective) に割かれている。「形容詞の絶対用法」とは，次の (1) － (4) に例示するイタリック体の形容詞を指し，英語で 'adjectives as nouns/substantives' とか，'absolute adjectives' あるいは 'substantival adjectives' などと呼ばれる統語法のことである。(以下，引用例中のイタリック体と下線は筆者のものである。)

(1) *Gawain* 672 Al þat seȝ þat *semly* syked in hert.
　　　'All who saw that <u>seemly (one)</u> sighed in their hearts'
(2) *Pearl* 421 '*Blysful*', quod I, 'may þis be trwe? '
　　　'<u>Blissful (one)</u>', said I, 'can this be true? '
(3) *Gawain* 424 Þat þe *scharp* of þe schalk schyndered þe bones.
　　　'So that the <u>sharp (blade)</u> of the man shattered the bones'
(4) *Patience* 298 Þurȝ mony a regioun ful roȝe, þruȝ *ronk* of his wylle

---

＊　本章は，日本英文学会第 74 回大会（2002 年 5 月 25 日，於北星学園大学）シンポジウム「中英語頭韻詩の言語と文体— J. P. Oakden (1930 & 1935) 再考」で発表した原稿を大幅に加筆・修正したものである。

'Through many a rough region, in the pride of his will'

上例 (1) では「立派な」という意味の形容詞 *semly* が，(2) では「至福の」という意味の形容詞 *blysful* が，その表す属性によって特徴づけられた人物を指す。つまり，前者は騎士 Sir Gawain を指し，後者は詩人の亡き娘 Pearl に対する呼びかけ語として使われている。(3) では「鋭い」を意味する形容詞 *scharp* が「剣」という具体的な事物を，(4) では「誇り高い」を意味する形容詞 *ronk* が「思い上がり」という抽象概念を表す名詞として使われている。このように形容詞が定冠詞 the や指示詞 that などを伴って，あるいは単独で，「人物」や「事物」，または「抽象概念」を指す名詞として使われる用法は OE 以来見られるが，形容詞の屈折語尾が消失するとともに，韻文，特に頭韻詩を除くと減少してゆき，14 世紀以降は one または man/woman/lady/thing などの名詞を伴う構造が増大する。[1] 今日では，定冠詞を伴い，総括的に人を表す *the rich* = 'rich people' のような用法や，定冠詞を伴い，抽象名詞的な意味を表す *the beautiful* = 'beauty', *the true* = 'truth' といった文語的な用法を除けば極めて限定されている。

　このような名詞的用法の形容詞，つまり絶対形容詞が中英語頭韻詩に多いことを系統立てて指摘したのは Koziol (1932, pp. 35–38) であるが，ほぼ同時期により詳細な研究を行ったのは Oakden (1930–35) である。[2] その Oakden (1935, pp. 394–99) は，14，15 世紀の作と考えられるほとんど全ての頭韻詩を調査し，収集した多くの用例を「具体的事物 (the concrete)」，「人物（the personal)」，「抽象概念 (the abstract)」という 3 つのタイプに分類・提示している。[3] その中で，中英語頭韻詩では「人

---

1) Mustanoja (1960, pp. 663–64)，中尾 (1972, p. 235)，ブルンナー (1973 [1960–62], pp. 454–59)，Burrow & Turville-Petre (2005, p. 45) など参照。
2) もっとも，この用法自体の指摘はもっとずっと早く，1865 年刊の G. G. Perry (ed.), *Morte Arthure* (EETS OS 8), p. xiii で，注目すべき特徴として言及されている。1886 年刊の Skeat (ed.), *The Wars of Alexander*（EETS ES 47）の 'Glossary' の中にも "adj. as sb." という注記がみられる。このようにすでに 19 世紀後半には一部で注目されていた。20 世紀に入ると *Sir Gawain and the Green Knight* の形容詞を詳述した Schmittbetz (1909) もこの用法を取り上げている。
3) 用例収集の基準が示されていないので，Oakden がどのようなものまでを名詞的用法と見なしているのか不明であるが，引用例から判断して，種類，状態，性質などを表す，い

物」を指すタイプが極めて広範囲に用いられていること,「具体的事物」と「抽象概念」を指すタイプはそれほど多くないこと,などが指摘されている。そして,いずれのタイプも Gawain 詩群 (Pearl, Cleanness, Patience, Sir Gawain and the Green Knight) に顕著な特徴であることが強調されている。

ところで,その Oakden の豊富な収集例を吟味してみると,用例の誤読に加え,見落とされた例も決して少なくない。今日利用できるような種々の刊本テキストもなければ,MED (1952–2001) も存在しなかった時代の研究であり,そもそもこの用法だけを調査対象としたわけでもないことを考えると,やむを得ない点もあろう。大著ゆえの瑕疵とでも言うべきものかもしれない。しかし,この Oakden の見解と収集例が十分な検証も行われないまま,優に半世紀以上たった今日でも多くの中英語関係,とりわけ頭韻詩関連の研究書,論文,刊本等で,ほとんどそのまま受け入れられ,ひとり歩きしている現実を考えると,このまま看過するわけにはゆかないのではないか。[4] 然るに,その後,この用法を本格的に論じたものといえば,頭韻詩 Morte Arthure を,「人物」を表す形容詞に限って調査したわが国の鈴木榮一氏の研究 (Suzuki 1965) ぐらいである。その後の研究も寡聞にして知らない。というわけで,「Oakden 再考」のささやかな試みとして行ったのが本論である。

絶対形容詞は,中英語頭韻詩では実際にどの程度見られるものなのか,そしてどのような特徴を有するものなのか,更には脚韻詩にはそれほど見られないものなのか,といった点などを次に挙げる諸作品に基づいて改めて観察してみたいと思う。実際に調査した作品は,14 世紀後半の作と考えられる Gawain 詩群,すなわち Pearl [Pe] (1,212 ll.), Patience [Pa] (531 ll.), Cleanness [Cl] (1,812 ll.), Sir Gawain and the Green Knight [Ga] (2,530 ll.) の 4 作品と,ほぼ同時代の頭韻詩 2 点 St. Erkenwald [Erk]

わゆる記述形容詞 (Descriptive Adjectives) だけを収集しているようである (1935, p. 185 参照)。起源的には形容詞であった数量,色彩等を表す形容詞,前置詞+形容詞からなる成句 (e.g. *on high, in derne* 'secretly', *in hiʒe and in loʒe* 'in all matters', *in hot and colde* 'at all times', *at þe laste*, etc.),同格用法 (e.g. *Alexander the great*) の形容詞等は除外されている。

4) Clark (1950), Benson (1965, pp. 129–30), Mustanoja (1960, p. 645), Suzuki (1965), Anderson (1969, p. 66), 中尾 (1972, pp. 235–36), Trigg (1990, p. 43), ほか。ただし, *Sir Gawain and the Green Knight* の文体を論じた Borroff (1962) にはこの絶対形容詞に関する直接の言及はない。

(352 ll.) と Morte Arthure [MA] (4,346 ll.), 脚韻詩 2 点 Emaré [Em] (1,035 ll.) と Le Mort Arthur [LMA] (3,969 ll.) である。[ ] 内は各作品の略称。Gawain 詩群を特に取り上げる理由は，この詩群こそ，Oakden が多岐にわたる用例を最も多く記録し，かつ，この文体的特徴を最も代表する作品群であると考えていることと，近年の刊本もこぞってこの詩群の注目すべき統語法として言及しているからである。[5] なお，参考までに同時代の Chaucer にも折にふれ言及するが，Chaucer に関しては，Gawain 詩群に見られる名詞的用法の形容詞に限って，Benson のコンコーダンス（1993）を利用して調査したものであり，Chaucer の全用例というわけではないことをお断りしておく。

2

　Gawain 詩群等に見られる形容詞の名詞的用法，つまり絶対形容詞の使用状況を，Oakden の研究と比較しながら見てゆくことにする。Oakden に倣って，収集したデータを（a）具体的事物，(b) 人物（動物を含む），(c) 抽象概念，の 3 つのタイプに分類し，表 1 ～ 3 で，該当する形容詞をアルファベット順に並べ，出現箇所（作品と行数）を示す。Gawain 詩群以外の作品については生起数のみ記すが，同詩群中に見られない形容詞については，作品と用例数を付して各表の下に示す。出現箇所の後の（　）内は当該形容詞が伴う冠詞や指示詞を，ø は単独で用いられていることを示す。アステリスク（＊）は Oakden が記録していない例である。

1　「具体的事物」を表す絶対形容詞
　名詞的に用いられた形容詞が具体的な事物（concrete things）を指す例は表 1 の通りである。Gawain 詩群全体では 17 の異なる形容詞（以下，17 種類と表記）が計 33 回使用されている。

---

5)　Tolkien-Gordon-Davis (1967, p. 144), Silverstein (1984, p. 29), Andrew & Waldron (1978[1], p. 46 & 2007[5], p. 44) など。

表1：The Absolute Adjective for "Concrete Things"

	Gawain-poems	Erk	MA	Em	LMA	Chaucer
*bare 'bare skin'	*Cl 791 (þe)	–	–	–	–	–
broun 'brown hide (of deer)'	Ga 1162 (þe)	–	–	–	–	–
coolde 'cold ground'	Ga 2474 (ø)	–	–	–	–	–
depe 'sea, depth'	Pe 109 (þo); *Pa 235 (þe), *263 (þe), *297 (ø)	–	–	–	–	*1
*druye/drye 'dry land'	*Cl 472 (ø); *Pa 338 (ø)	–	–	–	–	–
fresche 'fresh food'	Ga 122 (þe)	–	–	–	–	–
grene 'green grass / vegetation/green hair'	*Cl 634 (þe), *1028 (ø); Ga 189 (þe)	–	–	–	–	*13
hende 'gracious thing'	Cl 1083 (all)	–	–	–	–	–
hidde 'hidden thing'	Cl 1628 (vch)	–	–	–	–	–
hyȝe 'high ground'	*Cl 391 (þe); Ga 1152 (þe), 1169 (þe), 2004 (þe)	–	*1	–	–	–
naked 'bare flesh'	Ga 423 (þe), *2002 (þe)	–	–	–	–	–
*nwez (gen. sg.) 'new thing'	*Ga 1407 (what)	–	–	–	–	–
scharp 'sharp blade'	Ga 424 (þe), 1593 (þe), 1902 (þe), 2313 (þe), 2332 (þe)	–	1	–	–	–
schene 'bright sun/blade'	Pa 440 (þe), Ga 2268 (þe)	–	–	–	–	–
*schyre 'white flesh'	*Ga 1331 (þe), *2256 (þat),	–	–	–	–	–
*swetter 'gentler wave'	*Pa 236 (a)	–	–	–	–	–
sylueren 'silver things'	Ga 124 (þe)	–	–	–	–	–
[17 種類]	[33 例]	[0]	[2]	[0]	[0]	[14]

Cf. *feble 'poor food' (MA, 1)

作品別に形容詞の種類と用例数をまとめると次のようになる。

	種類	用例数		種類	用例数
Pearl	1	1	St. Erkenwald	0	0
Cleanness	6	7	Morte Arthure	3	3

Patience	4	6	Emaré	0	0
Sir Gawain	11	19	Le Morte Arthur	0	0

「具体的事物」を表すタイプの絶対形容詞は Sir Gawain で多少目立つ程度で，Pearl では僅かに 1 例，Cleanness と Patience はその中間に位置する。Gawain 詩群以外では Morte Arthure に散見されるだけである。

Oakden (1935, p. 395) は 14，15 世紀の頭韻詩全体から 22 種類の形容詞を挙げているが，誤読によるものや完全に名詞化したものも含まれており，明確なものは 14 種類である。しかし，筆者の調査では，上表に示したように，Gawain 詩群だけでも 17 種類の形容詞が 33 回用いられている。そのうち定冠詞を伴う場合が最も多く 23 例，単独用法も 5 例ある。これら 17 種類の形容詞のうち，12 種類 (broun, coolde, depe, fresche など) は Oakden が挙げるものと重なる。(ただし，Oakden は出現箇所を多少見落としている。) Oakden が全く挙げていない形容詞で，Gawain 詩群に起こる形容詞は (5) に示す bare, drye/druye, 'new' の属格形 nwez, schyre, swetter の 5 種類である。

(5) Cl 791 þe bare 'the bare skin', Cl 472 & Pa 338 drye/druye 'dry land', Ga 1407 what nwez 'whatever new thing', Ga 1331 & 2256 þe/þat schyre 'the/that white flesh', Pa 236 a swetter 'a gentler one (wave)'

逆に Oakden が挙げる形容詞のうち，他の頭韻詩には起こるが，Gawain 詩群に見られない形容詞は 2 種類 (gaye と ripe) だけである。[6] Oakden も記録しておらず，Gawain 詩群にも見られない形容詞が Morte Arthure に 1 例ある。次に示す feble 'poor food' である。

(6) MA 226 To feede ȝow with syche feble as ȝe before fynde.

「具体的事物」を表す絶対形容詞の例は，頭韻詩 St. Erkenwald には全

---

6) Oakden (p. 395) は gaye の複数形 (RR ii 94 the gayes 'gay clothes') と ripe の複数形 (Ppl.C xix 107 the ripen 'ripe ones (fruits)') を挙げている

く見られず，4,300 行余の *Morte Arthure* でも（6）に挙げた *feble* 以外に *hyȝe* と *scharp* の 2 種類が各 1 例見られるだけである。Oakden（1935, p. 395）は，このタイプの形容詞は頭韻詩以外には見られないと述べているが，確かに脚韻詩の *Emaré* や *Le Mort Arthur* には全く起こらない。ただし Chaucer では「海」の意の *depe* と「緑地」等の意の *grene* は使われている。とはいえ，脚韻詩はもちろん，頭韻詩でも稀な用法であったと推測される。その中で，*Gawain* 詩群における「具体的事物」を表す形容詞の種類の多さと頻度は注目に値する。しかし同詩群間で若干の違いも認められる。行数の違いを別にしても，*Sir Gawain* の用法が少し目立つ。*Cleanness* と *Patience* はほぼ似たような傾向を示すが，*Pearl* では明らかに脚韻の要請による 1 例（109 þo depe 'the depths'）しか見られない。Oakden は「剣」を意味する *the scharp* はもっぱら頭韻詩だけに起こると言うが，上表から判断する限りその通りで，*Gawain* 詩群では *Sir Gawain* にのみ 5 例，それに *Morte Arthure* に 1 例あるだけで，他の作品には見られない。また，*þe schene* は *Patience* では 'the bright sun'，*Sir Gawain* では 'the bright blade'，そして *Pearl* では次節で扱う 'fair maiden' を，更に *þe grene* も *Cleanness* では 'the green grass' と 'vegetation'，*Sir Gawain* では 'the green hair' を表す，といった具合に作品間で多少の違いが見られる。

　以上の絶対形容詞を，頭韻するかしないかで見てみると，33 例中 26 例（80.6％）は頭韻の位置に起こる。頭韻しないのは 7 例（*depe* 1 例，*drye* 1 例，*grene* 2 例，*hyȝe* 2 例，*naked* 1 例）で，いずれも頭韻詩特有の形容詞，つまり強頭韻語とはいえない日常語ばかりである。

2.「人物（または動物）」を表す絶対形容詞

　形容詞の名詞的用法で，圧倒的に多いのが「人物 (persons)」または「動物 (animals)」を指すタイプである。次の表 2 に示すように，*Gawain* 詩群全体では 70 の異なる形容詞が 152 回使用されている。

表 2：The Absolute Adjecrtive for "Persons (or Animals)"

	Gawain-poems	Erk	MA	Em	LMA	Chaucer
alder 'elder one'	*Ga 972 (þe), *1317 (þe)	-	-	-	-	-
*Almyȝty 'Almighty'	*Pe 1063 (þe)	-	-	-	-	-
auncian 'old woman'	Ga 948 (an)	-	-	-	-	-
best 'dearest/noblest one(s)'	Pe 279 (my); *Cl 130 (þe); *Ga 550 (þe), *986 (þe), *1325 (þe), *1645 (þe)	-	-	-	*1	*4
*biggest 'most prominent one'	*Cl 276 (þe)	-	-	-	-	-
*blysful 'blissful one'	*Pe 421 (ø), *1100 (my)	-	-	-	-	-
bolde 'bold man/men'	*Cl 811 (þe); Ga 21 (ø), *351 (mony so)	-	1+*5	-	*4	*1
*bonde 'bondmen'	*Cl 88 (ø)	-	-	-	-	*1
*bryȝt 'fair one'	*Pe 755 (ø); *Cl 470 (þat)	-	-	-	-	-
clere 'fair lady'	Ga 1489 (þe)	-	-	-	-	-
comly/comlokest 'fair(est) lady/knight'	*Pe 775 (mony a); *Ga 81 (þe), 674 (þat), 1755 (þat)	-	-	*1	-	-
cortays(e) 'gracious one'	*Cl 1097 (þat); Ga 2411 (þat)	-	-	-	-	-
dere/derrest 'noble(st) one(s)'	*Pe 777 (þo); *Cl 1306 (þe), *1394 (ø), *1399 (þe); *Ga 445 (þe), *483 (ø), 678 (ȝonder), 928 (þe), *1492 (my), *1798 (ø)	-	*2	-	-	-
*doȝty/doȝtyest 'bold(est) one(s)'	*Cl 1306 (þe); *Ga 2334 (þat)	-	*10	-	-	-
endorde (pp.) 'adored one'	Pe 368 (my)	-	-	-	-	-
*falce 'false people'	*Cl 1168 (þe)	-	*1	-	*1	*1
*faythful 'faithful people'	*Cl 1167 (þe)	-	-	-	-	-
felle 'wild beast'	Ga 1585 (þe)	-	-	-	-	-
fre/frely 'noble one/free men'	Pe 1155 (my); *Cl 88 (ø), *275 (ø), 929 (þat); Ga 1545 (my), 1549 (þat), 1783 (þat)	-	-	-	-	*1
frech 'fair one'	Pe 195 (þat)	-	-	-	-	-
gay(e)/gayest 'fair(est) one(s)'	Pe 189 (þat), 433 (þat); Ga 970 (þat), *1213 (ø), 1822 (my), *2023 (þe), 2035 (þat)	-	-	-	-	-

gentyle/ientyle/ gentylest 'gentle(st) one(s)'	Pe 602 (þat); *Cl 1180 (þe), *1216 (hise); Ga 542 (þat)	-	*1	-	-	-
gyltyf/gulty 'guilty man'	*Pe 669 (þe); *Pa 175 (þe)	-	-	-	-	-
gyltleʒ 'innocent one'	*Pe 668 (þe), *799 (þat)	-	-	-	-	*2
grene 'green man'	Ga 464 (þe)	-	-	-	-	-
grete/gretteste 'noble(st) one(s)'	*Cl 1363 (all þe); Ga 2490 (þe)	-	*2	-	-	-
*ʒep 'alert man'	*Cl 796 (þe)	-	-	-	-	-
ʒonge 'young one'	Ga 951 (þe), *1317 (þe)	-	-	-	-	-
hende/hynde/hendeste '(most) gracious one(s)'	Pe 909 (ø); Ga 827 (þe), *896 (ø), 946 (þat), 1104 (þe), 1252 (ø), 1813 (ø), 2330 (ø)	-	1+*3	*2	*1	-
*hyʒest 'God'	*Cl 1653 (þe)	-	-	-	-	-
*jumpred 'jumbled ones'	*Cl 491 (ø)	-	-	-	-	-
*joylez 'joyless ones'	*Ga 542 (mony)	-	-	-	-	-
*lef(e) 'beloved one'	*Pe 418 (Hys)	-	*1	-	-	*18
*lodly 'loathsome people'	*Cl 1093 (ø)	-	-	-	-	-
*loueloker 'lovelier one'	*Ga 973 (þe)	-	-	-	-	-
lufsum/-soum 'lovely one'	Pe 398 (þat); Ga 1814 (þat)	-	-	-	-	-
*luly-whit 'lily-white ones'	*Cl 977 (þo)	-	-	-	-	-
*maʒty 'mighty ones'	Cl 279 (þe)	-	*1	-	-	-
meke 'humble one'	*Cl 776 (þy)	-	-	-	-	-
menskful 'noble one(s)'	Ga 555 (mony oþer), 1268 (þe)	-	-	-	-	-
*mylde 'gentle one(s)'	*Pe 721 (hys)	-	*1	-	-	-
*nice 'wanton man'	*Cl 1359 (þe)	-	-	-	-	-
noble 'noble one(s)'	*Cl 1226 (his); Ga 1750 (þat)	-	*1	-	-	*1
*pouere/porer 'lowly / poor(er) one(s)'	*Cl 615 (þi)	*1	-	-	-	*10
*proud/pruddest 'proud (est) one(s)'	*Cl 1300 (þe)	-	*1	-	-	*2
*quykeʒ 'living creatures'	*Cl 567 (all)	-	-	-	-	-

*redles 'desperate ones'	*Pa 502 (þo)	-	-	-	-	-
riche/ryche/rychest(e) 'noble(st)/rich one(s)'	*Cl 1208 (ø), *1321 (þat), *1572 (þe); Ga 66 (ø), 362 (ø), 1130 (þe) 2177 (his)	-	*9	*1	*2	*7
*ryȝtwys 'righteous man'	*Pe 689 (þys)	-	-	-	-	-
*sakleȝ 'innocent ones'	*Cl 716 (ø)	-	-	-	-	-
schene 'fair maiden'	Pe 166 (þat), 965 (þat)	-	-	-	-	-
sem(e)ly/semloker 'fair(er) one(s)'	*Cl 870 (þo), *1055 (þat); *Ga 83 (a), 672 (þat)	-	-	*1	*1	-
*synful(l) 'sinful ones'	*Cl 716 (ø)	-	1	-	-	-
*spakest 'wisest one'	*Pa 169 (þe)	-	-	-	-	-
*stalworth 'stalwart one'	*Ga 1659 (þat)	-	-	-	-	-
*styffest 'strongest ones'	*Ga 1567 (þe)	-	-	-	-	-
sturne/steryn 'grim/bold one(s)'	Ga 214 (þe)	-	2+*5	-	-	-
swete 'fair/sweet one'	Pe 240 (þat), 325 (my); *Ga 1108 (ø), 1222(þat)	-	-	-	-	*19
*tame 'tame animals'	*Cl 311 (ø), *362 (þe)	-	-	-	-	-
*þryuande/þryuenest '(most) worthy one(s)'	*Cl 751 (þretty), *1639 (þe)	-	-	-	-	-
*þro 'fierce ones'	*Ga 1713 (þre)	-	-	-	-	-
*trysty 'true ones'	Cl 763 (ten)	-	-	-	-	-
true/trew 'virtuous one(s)'	*Cl 702 (two)	*1	-	-	-	*2
wery 'weary ones'	Pe 163 (þo)	-	-	-	-	-
*wykked 'wicked ones'	*Cl 718 (þe)	-	-	-	-	-
*wylde 'wild animal(s)'	*Cl 311 (ø), *362 (þe), *387 (þe), *503 (þe), *529 (þe), *1674 (þe); *Ga 1150 (þe), *1167 (What), *1586 (þe), *1900 (þe), *2003 (þe)	-	-	-	-	-
*wyly 'wily one'	*Ga 1905 (þis)	-	-	-	-	-
*wyse 'wise one(s)'	*Cl 1319 (þe), *1741 (þat)	-	-	-	-	*18
wlonk 'noble one'	Ga 1988 (þat)	-	1	-	-	-

| *worþy(ly)* 'worthy one(s)' | **Pe** 47 (þat); *****Cl** 718 (þe); **Ga** 1276 (ø), 1508 (þat) | – | – | – | *3 | – |
| [70 種類] | [152 例] | [2] | [49] | [8] | [10] | [87] |

Cf. **botelesse* 'helpless one' (MA, 1), **breme* 'fierce one' (MA, 1), **carefull* 'sorrowful ones' (MA, 1), *crowell* 'cruel ones' (MA, 1), **ded(e)* 'dead one(s)' (Erk, 1; MA, 1), **fay/fey(e)* 'dead one(s)' (MA, 4), **faire/fayre/fayreste* 'fair(est) one(s)' (MA, 1; LMA, 1; Chaucer, 1), **forbore* 'misbegotten creature' (LMA, 1), **frekke/frekkeste* 'bold(est) ones' (MA, 2), **goode* 'worthy ones' (LMA, 3), *hardieste* 'boldest ones' (MA, 1), **heþen* 'heathen(s)' (MA, 1; Chaucer, 2), **kene/kenneste* 'bold(est) one(s)' (MA, 4), **mysese* 'unfortunate ones' (MA, 1), **olde* 'old ones' (Chaucer, 1), *ryall/reall(s)* 'royal one(s)' (MA, 1 + *4), **rekenest* 'noblest ones' (Erk, 1), *skathell* 'dangerous one' (MA, 1), **skilfulle* 'righteous ones' (Erk, 1), **sorowfull* 'grieved one' (MA, 1), **valyant* 'valiant one' (MA, 1), *vnskathely* 'innocent ones' (Erk, 1)

作品別の形容詞の種類と用例数は次の通りである。

	種類	用例数		種類	用例数
Pearl	21	26	*St. Erkenwald*	6	6
Cleanness	37	53	*Morte Arthure*	31	76
Patience	4	4	*Emaré*	3	8
Sir Gawain	33	69	*Le Morte Arthur*	6	10

表2が示すように,「人物(または動物)」を表す絶対形容詞は極めて広範囲に用いられており,種類,用例数共に,「事物」や「抽象概念」と比べて,圧倒的に多い。各作品の詩行の違いを考慮しても,*Pearl, Cleanness, Sir Gawain* の3作品における種類,用例数の多さは際だっているが,*Patience* では極めて稀である。しかし,3作品に多いと言っても,*Cleanness* では頭韻語より日常語が多く,*Pearl* や *Sir Gawain* では後述するように,頭韻詩特有の語彙が目立つ,といった具合に質的な違いが認められる。*Gawain* 詩群以外では,頭韻詩の *St. Erkenwald* には少ないが,*Morte Arthure* ではかなり頻繁である。脚韻詩の *Emaré* と *Le Morte Arthur* では行数を考えると散発的である。

「事物」や「抽象概念」と異なり,この「人物(または動物)」を表す絶対形容詞については,Oakden も 'reasonably complete' (1935, p. 398)

と自負するほど多数の用例を収集している。[7] そして *Gawain* 詩群がこの種の絶対形容詞を広範囲に使っていることを特記している。その点に関しては Oakden の指摘通りである。他の頭韻詩と比較しても，絶対形容詞の種類と用例数の多さは突出している。しかし，肝心の *Gawain* 詩群に限っても，形容詞の種類，出現箇所の両方に関して，実に多数の漏れ（表 2 中，＊を付したもの）を指摘できる。Oakden が挙げる形容詞はごく少数の不適切な例を除いて 29 種類，つまり *auncian, best, bolde, clere, comly, cortays, dere, endorde, felle, fre, frech, gay, gentyle/jentyle, grene, grete, ʒong, hende, lufsum, meke, menskful, noble, riche, schene, semly, sturne, swete, wery, wlonk, worþy(ly)* であるが，[8] 全く挙げていない形容詞が 41 種類にものぼる。すなわち，*alder, Almiʒty, biggest, blysful, bonde, bryʒt, doʒty, falce, faythful, gyltyf/gulty, gyltleʒ, ʒep, hyʒest, jumpred, joyleʒ, lef, lodly, loueloker, luly-whit, maʒty, mylde, nice, pouere, pruddest, quikeʒ, redles, ryʒtwys, sakleʒ, synful, spakest, stalworth, styffest, tame, þryuande/þryuenest, þro, trysty, true, wykked, wylde, wyly, wyse* である。むしろ見落された形容詞の方が多い。

　他の頭韻詩 *St. Erkenwald* と *Morte Arthure* の場合はどうか。Oakden (1935, p. 397) は，*St. Erkenwald* には「人」を指示する絶対形容詞の例はないと明記しているが，(7) に示すように，少なくとも 6 例確認できる。そのうち 2 種類の形容詞（*porer* と *trew*）は *Gawain* 詩群にも見られるものである。

> (7) Erk 116 þe *dede* 'the dead man',[9] 153 mony *porer* 'many poorer ones', 135 þe *rekenest* 'the noblest ones', 278 Þe *skilfulle* and þe *vskathely* 'The righteous ones and the innocent ones', 336 alle *trew* 'all virtuous ones'.

　4,346 行からなる *Morte Arthure* に関しては，Oakden が挙げる用例の

---

7) Oakden は，同じリストのことを別のところ (1935, p. 185) では 'a complete list' と述べている。
8) Oakden が挙げる例のうち，誤読例は別として，*Pearl* に 5 回起こる *innocent* も，ここでは MED に従って名詞と解し，考察外とした。
9) Oakden はこれを 'the dead body' と解し，「具体的事物」のタイプに入れている。

うち明確なものは 6 種類 (*bolde, hende, ryall, skathell, steryne, wlonke*), 計 7 例である。しかし, 筆者の調査では, 31 種類, 計 76 例である。(ちなみに, 2,530 行の *Sir Gawain* では 34 種類, 69 例。) *Sir Gawain* ほどではないが, かなり頻繁であると言ってよい。*Gawain* 詩群と重なる 16 種類の形容詞については表 2 に示す通りで, それ以外の 15 種類の形容詞は表の下に列挙されている。「騎士」を指す伝統的な頭韻語 (*bolde, doȝty, hende, kene, riche, steryn* など) が繰り返し用いられ, かつ, すべて頭韻の位置に起こっている。後述する *Sir Gawain* ほどに多彩ではないが, この用法が頭韻を維持する有力な手段であったことを裏付けている。[10] なお, 脚韻詩 *Emaré* と *Le Morte Arthur*, 更に Chaucer の用法は, 上表から明らかなように, ごく一部の形容詞に限られている。

また, Oakden (1935, p. 396) は,「人」を表す *hende* と *semely* と *faire* は頭韻詩に限らず, 14 世紀の韻文で一般的であったと言う。*hende* と *semely* は *Gawain* 詩群や *Morte Arthure*, 更に脚韻詩の *Emaré* や *Le Mort Arthur* にも見られるが, Chaucer には全く起こらない。(Chaucer では *hende* が 15 回, *semely* が 10 回使われているが, いずれも絶対形容詞の例ではない。) 逆に *faire* は *Gawain* 詩群には全く起こらず, 頭韻詩 *Morte Arthure* に 1 例, 脚韻詩 *Le Mort Arthur* に 1 例, Chaucer でも僅かに 1 例見られるだけであり,[11] 通常は lady/man/wyf などを伴っている。このように, 作品によってばらつきがあり, 必ずしも Oakden の言う通りではない。ただし, *gay, gentil, schene* などの名詞的用法は頭韻詩に限られるとしているが, その通りである。脚韻詩では, これらの形容詞が起こる場合も man/lady などを伴っている。

以下で, *Gawain* 詩群の用例を少し詳しく見てみよう。Oakden (1935, p. 398) に倣って,「人物」を表す絶対形容詞が単数を指す場合と複数を指す場合に分けて考えてみたい。全 152 例のうち, 単数を指すのが 101 例, 複数が 51 例で, 単数用法が全体の 3 分の 2 (約 66%) を占める。この点は, 複数用法が一般的な今日の用法と大きく異なるところであ

---

10) このような絶対形容詞の文体的効果については, Krishna (1976, p. 30) 参照。
11) 約 300 例のうち, 一回だけ最上級の形容詞が呼びかけ語として使われている (Ch. KnT(1) 2221 *Faireste* of faire, O lady myn, Venus)。

る。まず単数用法から見てゆく。

2.(1) 名詞的に用いられた形容詞は，単数で，特定の人物（または動物）を指す場合が最も多く，「人物（または動物）」を表す絶対形容詞全70種類，計152例のうち，47種類90例（59.2％）を数える。そしてþat（33例），þe（30例）を伴う場合が最も多く，時に代名詞の所有格（13例）を，そして稀にþis（2例），ȝonder（1例）を伴う。決定詞を伴わず，単独で用いられる場合も時折（11例）ある。用例の一部は冒頭の(1)と(2)に示している。

　この「人」を表す絶対形容詞の用法で注目される点は，Pearl と Sir Gawain の2作品で特定の人物を指す形容詞の種類が極めて豊富なことである。具体的に見てみよう。Sir Gawain の中で，騎士 Gawain 卿は種々の名詞によるほかに，

(8) þat *comly*, ø/ȝonder/þe *dere*, þat *doȝty*, þat/þe *gay(est)*, þat *ientil*, ø/þe/þat *hende*, þat *noble*, þat *semly*, þat *stalworth*, *swete*, þat *wlonke*

と11通りの形容詞を使って指示されている。[12] 14世紀には，「男性」を指す名詞としては，*man, knight, lord, king* といった日常語のほかに，伝統的な頭韻語 *burn(e), freke, gome, hathel, lede, renk(e), schalk, segge, tulk, wyȝe* があったが，それらに加えて，これだけの形容詞が名詞として用いられ，頭韻の要請に応えていたのである。

　Gawain 詩群において，「男性」を指す形容詞以上に，重要な役割を果たしたと思われるのが，「女性」を指す形容詞群である。例えば，*Sir Gawain* の中で，Gawain 卿が逗留した城の主 Bercilak の妻は

---

[12] この中には，Ga 1813 *hende of hyȝe honours* 'noble knight of high honour' といった頭韻語句も含まれている。なお，Oakden (1935, p. 398) は Gawain 卿を指す絶対形容詞の種類を12と考えているが，これは l. 542 の *ientyle* を gentyle と ientyle の2語と数えたことによる。この点は，Clark (1950, p. 65, n.14) が半世紀以上も前に指摘しているが，彼自身は，Oakden のリストから不適切な2語を除き，最終的には10種類と考えている。しかし，元々 Oakden が見落とした例を含め，実際には上述したように11種類である。

(9) þe *clere*, þat *comly*, þat *cortays*, my *dere*, my/þat *fre*, þat/ø/my *gaye*, þe ȝonge, þe *loueloker*, þat *lufsum*, þe *menskful*, þat *swete*, ø/þat *worþy*

と 12 通りに形容される。[13] 更に，*Pearl* では，娘 Pearl が

(10) #my blysfol *beste*, ø/my *blysful*, ø*bryȝt*, #my dere *endorde*, þat *frech*, my *frely*, #þat gracios *gaye*, þat *gentyl*, *hynde*, þat *lufsoun*, þat *schene*, þat/my *swete*, þat *worþyly*

と実に 13 通りの形容詞で指示されている。[14] *Pearl* と *Sir Gawain* で重なる形容詞は *gaye, lufs(o)un, swete, worþy(ly)* の 4 語のみであり，*Gawain* では更に 8，*Pearl* では更に 9 の異なる形容詞が使われている。しかも，*Pearl* の 13 例中 3 例（#印を付した例）は，もう 1 つの形容詞に修飾された形式を取っている。これは *Pearl* にしか見られない構造である。[15]「妻」と「娘」の違いはあるが，「女性」を指す形容詞でもこれだけの違いがある。とまれ，*Pearl* と *Sir Gawain* で女性（婦人や乙女）を指す絶対形容詞が特に目立つのは，女性を指す伝統的な名詞が *lady, wommon, may(den), burde* や，OF 由来の *dame, damsel* ぐらいしかなかったことによる。[16] 換言すれば，頭韻の要請に応えるだけの同義語がなかったために，新たな同義語創出の手段として絶対形容詞が多用されたことによると考えられる。中英語ロマンスに数多く登場する騎士や女性を描写するためには，個々人のある資質を強調する意味もあったであろうが，それ以上に頭韻を維持する有力な手段として，多数の同義語が必要だったの

---

13) この中には，Ga 1814 *þat lufsum under lyne* 'that lovely one under linen, i.e. that lovely lady' といった頭韻語句も含まれている。なお，Benson (1965, p. 284) は 14 種類の形容詞を挙げているが，うち 1 例は不定代名詞 one の例であり，もう 1 例は 946 *þat hende* を 'that noble lady' と解したことによる。ここは Tolkien-Gordon-Davis (1967, p. 102) の l. 946 の注にあるように，'that noble man' を指すと取るべきところである。
14) この中には *Pearl* 195 *þat frech as flor-de-lys* 'that one fresh as fleur-de-lys', 398 *þat lufsoun of luth and lere* 'that one lovely of limb and face', 166 *þat schene an-vnder shore* 'that fair one on the shore' といった頭韻語句も含まれている。
15) *Pearl* には，娘 Pearl を指す例のほかに，もう 1 例，キリストを指す例がある。それは，799 Þat gloryous *gyltleȝ* 'That glorious innocent (one)' である。
16) この点については，Benson (1965, pp. 129–31) 及び Turville-Petre (1977, p. 81) 参照。

であろう。ちなみに，*Gawain* 詩群中，*Patience* と *Cleanness* という説教詩では「人物」を描写する名詞のヴァリエーションは豊かであるが，*Patience* には絶対形容詞の用例自体がほとんどなく，*Cleanness* でも貴族等を指す複数用法が主である。このように 4 つの作品間には無視できない用法上の違いが認められる。

　Gawain 詩群の用法でもう一つ目立つ点は，形容詞がしばしば呼びかけ語 (vocative) として使用されることである。この用法は *Pearl* と *Sir Gawain* だけに見られ，(11) に示すように，代名詞の所有格を伴う例が 7，単独の例が 10 起こる。「人物」を指す絶対形容詞の多い頭韻詩 *Morte Arthure* でも呼格の例は僅かに 3 例（所有格を伴う例 2，単独の例 1）しかないことを考えると，呼格用法の形容詞が多いことも *Gawain* 詩群の特徴の 1 つと言えるかもしれない。所有格を伴う例を先に，単独の例を後に示す。

> (11) Pe 279 my blysfol *beste*, 325 my *swete*, 368 my dere *endorde*; Ga 1492 my *dere*, 1545 my *fre*, 1822 my *gay* // Pe 421 *Blysful*, 755 *bryȝt*, 909 *hynde*; Ga 1798 *dere*, 1213 *gay*, 1252, 1813 & 2330 *hende*, 1108 *Swete*, 1276 *worþy*
>
> Cf. MA 712 & 4006 my *dere* (*pl.*) // 1035 *dere*

　これまで見てきた例はすべて単数・特定の「人物」を指す例であったが，特定の「動物」を指す例もごく稀に見られる。(12) に示すように，4 種類の形容詞が 5 回使われているが，*Cleanness* と *Sir Gawain* にしか見られない。順に，鳩を指す *bryȝt*，猪を指す *wylde*，狐を指す *wylde* と *wyly*，馬を指す *riche* である。

> (12) Cl 470 þat *bryȝt*; Ga 1586 þe *wylde*; Ga 1900 þe *wylde*; Ga 1905 þis *wyly*; Ga 2177 his *riche*

　以上はいずれも，名詞的用法の形容詞が単数・特定の人物（または動

物）を指す例であった。一方，単数・不特定の人物（または動物）を指すこともある。しかし，この用法は稀で，全70種類の形容詞152例のうち，10種類の形容詞が11回（全用例の7.2％）用いられているだけである。theを伴う例が5, 不定冠詞aを伴う例が3である。ほかにwhatを伴う例が1, 単独用法も2例ある。theの例は2つだけ，他はすべて挙げる。

> (13) Pe 669 Þe *gyltyf* 'a guilty one', Cl 1319 as þe *wyse* 'as a wise person should do; wisely'; Pe 775 So mony a *comly* on-vunder cambe 'so many a lovely one under comb'; Ga 83 A *semloker* 'a more beautiful one'; *Gawain* 948 an *auncian* 'an old woman', Ga 1167 What *wylde* 'any wild beast'; Cl 275 for *fre* 'as a noble man', Ga 896 As *hende* 'as a kind person should do; kindly'

2.(2) 形容詞がþeやþo, monyや数詞を伴ったり，あるいは単独で，複数の人物（または動物）を指示することがある。単数の場合同様，特定の人物（または動物）を指すこともあれば，不特定の人物（または動物）を指すこともある。ただし，複数の意味の絶対形容詞の例は単数の場合と比べて，はるかに少ない。*Gawain* 詩群では全70種類，152例のうち，35種類，52例（約34％）が複数の意味で用いられている。þeを伴う例が22と最も多く，指示詞の複数形はþoが5例見られるだけである。ここでも形容詞を単独で用いた例が12とやや目立つ。

複数の意味を表す形容詞の名詞的用法を扱う場合，Oakden (1935, p. 398) も, *the rich* = 'rich people' のように，形容詞が指す人々を総括的に表現する形式[17]と，単数・特定の人物を指す用法の延長線上にある複数用法とを区別する必要があると述べているが，判断が難しい例もある。ここでは文脈上，特定の人物を指すか不特定の人物を指すかを目安として，分類してみると，複数・特定の人物（または動物）を指す例が全52例中42例とほぼ8割に達する。「the + 形容詞」が概して，総括

---

17) Oakden (1935, p. 398) はこれを 'vague inclusive plurals' と呼んでいる。

的,集合的な意味で使われる今日の用法と大きく違う点である。Oakden (1935, p. 398) は,このような特定の人物(または動物)を指す複数形容詞に関しては代表的な例を挙げるだけで,頭韻詩全体から9種類の形容詞を12例(*Gawain* 詩群からは4種類の形容詞5例)記録している。そして,このタイプは mony を伴うことが多いことに加えて,*Gawain* 詩群では形容詞の単独用法が好まれると述べている。実際には,*Gawain* 詩群だけでも,Oakden の挙げる全用例の3倍以上,すなわち,30種類の形容詞が42例確認できる。その42例中,mony を伴う例は僅かに3例,*Gawain* 詩群で好まれるという単独用法も6例しかなく,必ずしも Oakden の説明通りではない。(14) に少し例を示す。

(14) Pe 721 hys *mylde* 'his mild ones, i.e. Christ's disciples'; Cl 751 þretty *þryuande* 'thirty worthy men'; Cl 870 þo *semly* 'those fair ones'; Cl 1093 *lodly* 'the loathsome people'; Cl 1306 alle þe *doȝtyest and derrest* 'all the boldest and bravest men'; Ga 542 Mony *ioyleȝ* 'many joyless ones'.

また Oakden (p. 398) は,複数・特定の動物を指す例も2例挙げているが,いずれも *Gawain* 詩群以外からの例である。*Gawain* 詩群では,*Cleanness* と *Sir Gawain* に3種類の形容詞が8回使用されている。

(15) Cl 362 þe *tame* 'the tame animals'; Cl 387 þe *wylde* of þe wode 'the wild creatures of the wood' (also in Cl 362, 503, 529; Ga 1150, 2003); Ga 1713 þre *pro* 'three fierce animals'.

複数・不特定の人物(または動物)を指示する絶対形容詞は,単数・不特定の場合同様,ごく稀である(9種類の形容詞10例で,全用例の6.6%)。*Pearl* と *Patience* には全く見られない。今日一般的な,人を表す複数普通名詞に相当する形式「the + 形容詞」は僅かに3例で,いずれも説教詩 *Cleanness* にしか見られない。

(16) Cl 718 þe *wykked* and þe *worfly* schal on wrake suffer 'wicked people

and worthy people must suffer one punishment', 1674 þe *wylde* 'wild animals'.

ほかには，all を伴う例が 1 例，単独の形容詞が 6 例ある。

(17) Cl 567 alle *quykeȝ* 'all living creatures'; Cl 1208 *Ryche* 'noblemen', 716 *synful* and *sakleȝ* 'sinful people and innocent people', 311 for *wylde* and for *tame* 'for wild animals and for tame animals'; Ga 21 *Bolde* 'bold men'

これまで観察した「人物（まれに動物）」を指す絶対形容詞を，頭韻・非頭韻の割合で見てみると，全 152 例のうち，130 例（85.5％）が頭韻の位置に起こる。非頭韻の位置に起こる形容詞は 22 例，そのうち 9 例は不規則な頭韻と脚韻を併用した *Pearl* に見られる。*Pearl* を除いて，*Cleanness, Patience, Sir Gawain* の 3 作品だけで見てみると 127 例中 114 例，約 90％が頭韻の位置に起こる。非頭韻の位置に起こるのは，*best, tame, wylde, noble, grete* などごく僅かである。いずれも日常語であり，頭韻詩特有の語彙ではない。ここでも，絶対形容詞が頭韻の有力な手段であったことを裏付けている。なお，one, man, lady などを伴わないことで，絶対形容詞は韻律上の要請にも応えていることは言うまでもない。

3.「抽象概念」を表す絶対形容詞

形容詞の名詞的用法で，最後に取り上げるのは抽象概念（concepts）を表すタイプの形容詞である。表 3 に示すのが全収集例である。

表 3：The Absolute Adjective for "Concepts"

	Gawain-poems	Erk	MA	Em	LMA	Chaucer
busy/besye 'busy-ness'	*Pa 157 (ø)	–	*1	–	–	–
cler 'clarity'	Pe 1050 (ø)	–	–	–	–	–
luþer 'vileness'	*Cl 1090 (ø)	–	–	–	–	–

*olde 'age'	*Ga 1440 (ø)	-	-	-	-	*2	
*redles 'lack of advice'	*Cl 1595 (ø)	-	-	-	-	-	
ronk 'pride'	Pa 298 (ø)	-	-	-	-	-	
*roȝ 'roughness'	*Pa 144 (ø)	-	-	-	-	-	
*selly/sellyez 'marvel(s)'	*Pa 140 (ø); *Ga 28 (a), *475 (a), *239 (ø)	-	-	-	-	-	
*þikke 'thickness'	*Cl 226 (ø)	-	-	-	-	-	
wylnesful 'wilfulness'	*Cl 231 (ø)	-	-	-	-	-	
[10 種類]	[13 例]	[0]	[1]	[0]	[0]	[2]	

Cf. *made* 'madness'; (MA, 1), *sore* 'pain' (LMA, 1), *wondsom and will* 'fierceness and wilfulness' (MA, 1).
Cf. Chaucer: *fair* 'beauty'（4）, *fals* 'falsehood' (2), *wery* 'weariness' (2)

作品別の絶対形容詞の種類と用例数は次の通りである。

	種類	用例数		種類	用例数
Pearl	1	1	*St. Erkenwald*	0	0
Cleanness	4	4	*Morte Arthure*	4	4
Patience	4	4	*Emaré*	0	0
Sir Gawain	2	4	*Le Morte Arthur*	1	1

上表によると，「抽象概念」を表す絶対形容詞は *Cleanness* と *Patience* に少し目立つ程度で，総行数を考えると *Pearl* や *Sir Gawain* ではごく稀である。

Oakden (p. 399) が挙げる例も 3 つのタイプでは最も少ない。全部で 8 種類の形容詞（*Gawain* 詩群からは 5 種類の形容詞各 1 例）を挙げているが，当時すでに完全に名詞化していたもの（*bliþe* 'favor', *graiþ* 'truth', *woghe* 'evil', *selcouthes* 'marvels' など）や，異論の余地のあるものも含まれており，明確な例は *Gawain* 詩群に起こる 2 種類の形容詞（*cler* と *ronk*）各 1 例だけである。しかし，それら 2 語以外にも，少なくとも更に 8 種類，計 10 種類の絶対形容詞が合計 13 回使われている。そしてその *Gawain* 詩群でも，3 つのタイプのうち，この「抽象概念」を表す用例が一番少ない。上述したように，*Cleanness* と *Patience* に少し目立つ

程度で，*Pearl* では「具体的事物」のタイプ同様，わずかに1種類，1例，*Gawain* でも2種類，4例である。*Gawain* 詩群以外では頭韻詩 *Morte Arthure* に4例，脚韻詩 *Le Mort Arthur* に1例あるだけで，頭韻詩 *St. Erkenwald* と脚韻詩 *Emaré* には1例もない。なお，表3では，Chaucer は *olde* を2回使っているだけであるという印象を与えるが，もちろんそういうことではない。Benson のコンコーダンスを利用して無作為に幾つかの形容詞を調べてみると，表3の下に示すように，例えば，*fair* 'beauty' が4回，*fals* 'falsehood' が2回，*wery* 'weariness' が2回，名詞的に使われている。ほかにも意外に多く見つけられるかもしれない。いずれにしろ，この「抽象概念」を表す絶対形容詞は，*Gawain* 詩群の *Cleanness* と *Patience* で散見されるとはいえ，頭韻詩でも極めて稀な用法であることは間違いないであろう。

この「抽象概念」を表す絶対形容詞の用法で注目すべきは，大半が決定詞等を伴わず単独で用いられていることと，わずか10種類の形容詞のうち，'because of' の意味の前置詞 for と構造をなす例が6種類，6例も見られることである。(*Morte Arthure* の4例, *Le Morte Arthur* の1例もそうである。) *Gawain* 詩群の全作品に例が見られる。

(20) Pe 1050 For sotyle *cler* 'because of transparent clarity'; Cl 1595 for *redles* 'because of lack of advice', 226 for *þikke* 'because of being dense', 231 for *wylnesful* 'because of willfulness'; Pa 144 for *roȝ* 'because of roughness'; Ga 1440 for *olde* 'because of age'.

Cf. MA 3630 for *besye* 'because of busy-ness', 3836 for *wondsom and will* 'because of being perplexed and bewildered', 4271 for *made* 'because of madness'; LMA 3405 for *sore* 'because of pain'.

この「for + 形容詞」構造については，Mustanoja (1960, pp. 381 & 647-48) が後期 ME でよく見られる表現形式であると言い，Chaucer や Gower などから例を挙げている。しかし，特に頭韻詩に多いという記述はどこにも見られない。*Gawain* 詩群に多少目立つとはいえ，4,300

行余の頭韻詩 Morte Arthure にも 3 例しかなく，特に頭韻詩に多いというわけでもなさそうである。[18]

　上の「for + 形容詞」構造以外で，決定詞を伴わない形容詞は 3 種類であるが，そのうちの 1 例 (Pa 298 ronk) は冒頭の (4) に挙げたので，残る 2 例を次に示す。

(21) Cl 1090 Þat alle þat longed to luþer ful lodly he hated 'So that everything that pertained to vileness He hated with great loathing'; Pa 157 Þer watȝ busy ouer-borde bale to kest 'There was bustle in casting packages overboard'.

「抽象概念」を表すタイプの絶対形容詞で，残るは selly だけである。(22) に示すように，Sir Gawain と Patience にしか見られない語であるが，2 例は不定冠詞を伴い，2 例は限定形容詞を伴っており，そのうちの 1 例は複数形である。

(22) Ga 28 & 475 a selly 'a marvel'; Pa 140 gret selly 'a great marvel'; Ga 239 fele sellyez 'many marvels'

このことからも selly は当時完全に名詞化したものと考えられていたのかもしれない。実際，MED (s.v. selli n.) は名詞としている。[19] しかし，ここでは Tolkien-Gordon-Davis (1967, 'Glossary') に従い，形容詞の名詞的用法と解した。

　なお，抽象概念を表す絶対形容詞で，非頭韻の位置に起こるのは全 14 例のうち，日常語の 2 例 (Pearl 1050 cler ; Gawain 1440 olde) のみであり，このタイプの形容詞もまた頭韻に関与していたことがわかる。

---

18) 他の頭韻詩では，Death & Liffe 34 for breme 'because of boldness'; The Parlement of the Thre Ages 101 for slepeles, 429 for radde 'for fear'; Susan 81 for proude などがある。

19) もう 1 語，Pearl 1086 ferly を Gordon (1953, 'Glossary') は形容詞の名詞的用法としているが，Andrew & Waldron (1978[1] &2007[5], 'Glossary') は名詞と解している。Sir Gawain に起こる 2 例についても，Tolkien-Gordon-Davis (1967) は名詞と解している。MED (s.v. ferli) も同様。ここでもその解釈に従った。

3

　以上，Oaklen の研究を出発点として，中英語頭韻詩の顕著な文体的特徴と見なされることの多い形容詞の名詞的用法，すなわち絶対形容詞の実際を，*Gawain* 詩群を中心に観察した。冠詞等を伴う場合もあれば伴わない場合もあり，単数の意味でも複数の意味でも使われる，など，現代英語の用法とは大きく異なることが分かった。そして，Oakden の指摘通り，*Gawain* 詩群に目立つ文体であることは確認できたと思う。意味的には，「人物」を表すタイプが極めて広範囲に使われており，「具体的事物」や「抽象概念」を指示するタイプはそれほど多くない。とりわけ後者は極めて限られている。その一方で，Oakden の収集例，特に「人物」を指す例に数多くの見落としや誤読例があること，また Oakden の見解がいくつかの点で必ずしも適切でないことも明らかにできたのではないかと思う。

　Gawain 詩群，とりわけ *Pearl* と *Sir Gawain* に絶対形容詞が多いのは，特定の人物，中でも女性（娘 Pearl と城主の妻）を描写する形容詞が多いことによる。同じように騎士，貴族，婦人に関する描写も多く，行数的にもはるかに長大な頭韻ロマンス *Morte Arthure* でもこの絶対形容詞が多用されているが，それと比べても，形容詞の種類の多さ，用例数は際だっている。この絶対形容詞が頭韻を維持するために必要な種々の同義語，とりわけ女性を意味する語彙の不足を補う重要な手段であったことは間違いない。同時期の脚韻詩と比較してもそれは明らかである。ただ，同じく騎士や貴族，婦人の描写が多い脚韻ロマンス *Le Morte Arthur* (3,969 行) に比較的多いという印象を受けるのは，この詩がしばしば頭韻を好んで用いたことと無関係ではないであろう。[20] 膨大な詩行からなる Chaucer でも，頭韻詩に見られるような絶対形容詞はそれほど多くはなさそうである。少なくとも，*Gawain* 詩群と重なる形容詞に関する

---

20)　実際 *semely, bolde, riche* などは頭韻の位置に起こる。しかし，*faire, hardy, fre* 'noble', *bright* といった形容詞はほとんど常に *knight, may* 'maid', *lady, wight* などの名詞を伴っている。

限り，名詞的用法は極めて限られている。[21]

本章の目的は，中英語頭韻詩の絶対形容詞に関する Oakden の記述を多少なりとも補足することであり，*Gawain* 詩群の authorship の問題を論ずることではなかったが，随所で言及したように，絶対形容詞の意味・用法に関して，この詩群の中でも，(1) *Pearl*, (2) *Cleanness* と *Patience*, (3) *Sir Gawain and the Green Knight* という3つのグループ間に，頭韻詩に共通の文体を超えた，無視できない違いが認められるという事実だけは付記しておきたい。この点については，テーマや詩形を勘案した更なる分析が必要であることは言うまでもない。

Oakden で尽くされた感のある中英語頭韻詩の語彙についてもまだまだ研究の余地は残されている。テキストを味読することで，古典的な研究にいささかの追補ができればそれなりに意義のあることであろう。志あるものなら誰にでもできることであるし，それこそ後世の学究の務めではなかろうか。

参考文献
〈第一次資料〉
Pe = *Pearl*, ed. E.V. Gordon. Oxford, 1953.
Cl = *Cleanness*, ed. J. J. Anderson. Manchester, 1977.
Pa = *Patience*, ed. J. J. Anderson. Manchester, 1969.
Ga = *Sir Gawain and the Green Knight*, ed. J. R. R. Tolkien and E.V. Gordon. 2nd ed., rev. N. Davis. Oxford, 1967.

Erk = *St. Erkenwald*, ed. C. Peterson. Philadelphia, 1977.
MA = *The Alliterative Mort Arthure*, ed. Valerie Krishna. New York, 1976.
Em = *Emaré*, in *Six Middle English Romances*, ed. Maldwyn Mills. London, 1973.
LMA = *Le Morte Arthur*, ed. J. D. Bruce. EETS ES 88 (1903).

〈第二次資料〉
Anderson, J. J., ed. 1969. *Sir Gawain and the Green Knight, Pearl, Cleanness, Patience*. London.

---

21) Davis (1987, p. xxxiv), Blake (1980, p. 662), Elliott (1974, p. 91) らが Chaucer の用法に言及しているが，用例数の多寡，意味の違いなどにはふれていない。Kerkhof (1982, pp. 482–84) は多くの用例を収集・記録しているが，引用例から判断する限り，今日的な「the + 形容詞」や，*yong and old, pore and riche, heigh and logh* といった成句的表現が大半で，それ以外は代表的な例 (*swete, wise, grete*, etc.) を挙げるだけである。

Andrew, M. and R. Waldron, eds. 1978¹ & 2007⁵, *The Poems of the Pearl Manuscript*. London; 5th ed., Exeter.
Benson, L. D. 1965. *Art and Tradition in 'Sir Gawain and the Green Knight'*. New Brunswick, NJ.
——. 1993. *A Glossarial Concordance to the Riverside Chaucer*. Vol. I. New York.
Blake, Norman, ed. 1980. *The Canterbury Tales*. London.
Borroff, Marie. 1962. *'Sir Gawain and the Green Knight': A Stylistic and Metrical Study*. New Haven, CT.
Burrow, J. A. and T. Turville-Petre. 2005. *A Book of Middle English*. 3rd ed. Oxford.
Clark, J. W. 1950. "'The *Gawain*-Poet' and the Substantival Adjective". *JEGP* 49, 60–66.
Davis, N. 1987. "Language and Versification", in *The Riverside Chaucer*, ed. L. D. Benson (Boston), pp. xxix–xlv.
Donatelli, J. M. P., ed. 1989. *Death and Liffe*. Cambridge, MA.
Elliot, R. W. V. 1974. *Chaucer's English*. London.
Kerkhof, J. 1982. *Studies in the Language of Geoffrey Chaucer*. Leiden.
Koziol, H. 1932. *Grundzüge der Syntax der mittelenglischen Stabreimdichtungen*. Wien.
MED = *Middle English Dictionary*, ed. H. Kurath, S. M. Kuhn and R. E. Lewis. Ann Arbor, MI, 1952–2001..
Mustanoja, T. F. 1960. *A Middle English Syntax. Part I*. Helsinki.
Oakden, J. P. 1930–35. *Alliterative Poetry in Middle English*. 2 vols. Manchester.
Perry, G. G., ed. 1865. *Morte Arthure or The Death of Arthur*. EETS OS 8.
Schmittbetz, K. R. 1909. "Das Adjektiv in *Sir Gawain and the Green Knight*". *Anglia* 32, 359–83.
Silverstein, T., ed. 1984. *Sir Gawain and the Green Knight*. Chicago.
Skeat, W. W., ed. 1886. *The Wars of Alexander*. EETS ES 47.
Suzuki, E. 1965. "The Substantival Adjective in *Morte Arthure*"『東北学院大学論集』48, 1–17.
Trigg, S., ed. 1990. *Wynnere and Wastoure*. EETS OS 297.
Turville-Petre, T. 1977. *The Alliterative Revival*. Cambridge.
——, ed. 1989. *Alliteratie Poetry of the Later Middle Ages: An Anthology*. London. ['The Parlement of the Thre Ages' (pp. 70–100); 'A Pistel of Susan' (pp. 123–39)]

中尾俊夫．1972.『英語史 II』（英語学大系 9）大修館書店．
ブルンナー，K. 1973.『英語発達史』（松浪有ほか訳）大修館書店．[K. Brunner, *Die englische Sprache: Ihre geschichtliche Entwicklung*. 2 vols. Tübingen: Niemeyer, 1960–2².]

参 考 文 献

I. 第一次資料

1. Facsimiles
Pearl, Cleanness, Patience and Sir Gawain, reproduced in facsimile from the unique MS. Cotton Nero A. x in the British Museum, with Introduction by I. Gollancz. EETS OS 162. London: Oxford University Press, 1923.

The Canterbury Tales: A Facsimile and Transcription of the Hengwrt Manuscript, with Variants from the Ellesmere Manuscript, edited by Paul G. Ruggiers. Norman, OK: University of Oklahoma Press, 1979.

2. Editions
(略称で言及した刊本テキスト)

Alex. & D. = *Alexander and Dindimus*, in *The Gests of King Alexander of Macedon*, ed. F. P. Magoun, Jr. Cambridge, MA: Harvard University Press, 1929, 171–216.

Alex. Maced. = *Alisaunder of Macedoine*, in *The Gests of King Aexander of Macedon*, ed. F. P. Magoun, Jr. Cambridge, MA: Harvard University Press, 1929, 121–70.

Alph. Tales = *An Alphabet of Tales*, ed. M. M. Banks, EETS OS 126 and 127 (1904 and 1905; repr. as one vol., 1972).

Amadace = *Sir Amadace*, in *Six Middle Englsh Romances*, ed. Maldwyn Mills. London: Dent, 1973, 169–92.

Amis = *Amis and Amiloun*, ed. MacEdward Leach, EETS 203 (1937).

Ancr. = *Ancrene Wisse: A Corrected Edition of the Text in Cambridge, Corpus Christi College, MS 402, with Variants from Other Manuscripts,* ed. Bella Millett, EETS 325 (2005) and 326 (2006).

Arth. & M. = *Of Arthur and Of Merlin*, ed. O. D. Macrae-Gibson. EETS 268 (1973) and 279 (1979).

Ass. Ladies = *The Assembly of Ladies*, in *The Floure and the Leafe, The Assembly of Ladies, The Isle of Ladies*, ed. Derek Pearsall. Kalamazoo, MI: Medieval Institute Publications, Western Michigan University, 1990, 32–55.

Assump. Virg. = *The Assumption of Our Lady*, in *King Horn, Floris and Blauncheflur, The Assumption of our Lady*, ed. J. R. Lumby and G. H. McKnight, EETS 14 (1866; re-ed. 1901), 111–18.

Athelston = *Athelston: A Middle English Romance*, ed. A. McI. Trounce. EETS 224 (1951; repr., 1957).

Audelay Poems = *The Poems of John Audelay*, ed. E. K. Whiting, EETS 184 (1931).

Avow. Arth. = *The Avowing of King Arthur*, ed. Roger Dahood. New York; Garland, 1984.

Awntyrs Arth. = *The Awntyrs off Arthure at the Terne Wathelyn,* ed. Ralph Hanna III. Manchester: Manchester University Press, 1974.

Ayenb. = *Dan Michael's Ayenbite of Inwyt,* ed. Richard Morris, newly collated with the unique MS by Pamela Gradon, EETS 23 (1866; reissued with corrections to the text pages, 1965) & 278 (1979).

Barbour *Bruce* = *Barbour's Bruce,* ed. W. W. Skeat, EETS ES 11 and 55 (1870 & 1889; repr. as one vol. 1968), 21 and 29 (1874 & 1877; repr. as one vol., 1968).

Beryn = *The Tale of Beryn,* ed. F. J. Furnivall ad W. G. Stone, EETS ES 105 (1909; repr., 1975).

Bestiary = *The Middle English Physiologus* [= *The Bestiary*], ed. Hanneke Wirtjes, EETS 299 (1991).

Bevis = *The Romance of Sir Beues of Hamtoun,* ed. E. Kölbing, EETS ES 46 & 48 (1885 &1886; repr. as one vol., 1973).

Bk.Howlat = *The Buke of the Howlat,* in *Longer Scottish Poems,* Vol. I, ed. Priscilla Bawcutt and Felicity Riddy. Edinburgh: Scottish Academic Press, 1987, 46–84.

Bk.Lond.E. = *A Book of London English 1384–1425,* ed. R. W. Chambers and Marjorie Daunt. Oxford: Clarendon Press, 1935.

Bod.Hom. = *Twelfth-Century Homilies in MS. Bodley 343* [= *Bodley Homilies*], ed. A. O. Belfour, EETS 137 (1909; repr., 1962).

Bokenham *Sts.* = *Bokenham's Legendys of Hooly Wummen,* ed. Mary S. Serjeantson. EETS 206 (1938).

Bonav.Medit. = *Meditations on the Supper of Our Lord, and the Hours of the Passion,* ed. J. M. Cowper, EETS 60 (1875; repr., 1973).

Capgr.Chron. = *John Capgrave's Abbreviacion of Chronicle,* ed. Peter J. Lucas, EETS 285 (1983).

Capgr.St.Kath = *The Life of St. Katharine of Alexandria, by John Capgrave,* ed. C. Horstmann, EETS 100 (1893; repr., 1987).

Castle Persev. = *The Castle of Perseverance,* in *The Macro Plays,* ed. Mark Eccles, EETS 262 (1969), 1–111.

Caxton *Aymon* = Caxton, *The Foure Sonnes of Aymon,* ed. Octavia Richardson, EETS ES 44 (1884; repr., 1973) & 45 (1885; repr., 1973).

Caxton *Blanchardyn* = Caxton, *Blanchardyn and Eglantine,* ed. Leon Kellner, EETS ES 58 (1890, repr., 1962).

Caxton *Charles* = Caxton, *The Lyf of Charles the Great,* ed. Sidney J. H. Herrtage. EETS ES 36 & 37 (1880–01).

Caxton *Jason* = *The History of Jason by William Caxton,* ed. John Munro, EETS ES 111 (1913).

Caxton *Paris & V.* = Caxton, *Paris and Vienne,* ed. MacEdward Leach, EETS 234 (1957; repr., 1970).

Caxton *Prose* = *Caxton's Own Prose,* ed. N. F. Blake. London: André Deutsch, 1973.

Caxton *Reynard* = Caxton, *The History of Reynard the Fox,* ed. N. F. Blake, EETS 263 (1970).

Cely Letters = *The Cely Letters, 1472–1488,* ed. Alison Hanham, EETS OS 273 (1975).

Chancery English = *An Anthology of Chancery English*, ed. John H. Fisher, Malcolm Richardson, and Jane L. Fisher. Knoxville, TN: The University of Tennessee Press, 1984.

Chaucer = *The Riverside Chaucer,* 3rd ed., ed. L. D. Benson. Boston: Houghton Mifflin, 1987.

Chester Pl. = *The Chester Mystery Cycle,* ed. R. N. Lumiansky and D. Mills, EETS SS 3 (1974).

Chestre Launfal = Thomas Chestre, *Sir Launfal,* ed. A. J. Bliss. London and Edinburgh: Thomas Nelson and Sons, 1960.

Chev. Assigne = *Chevelere Assigne,* in *Middle English Metrical Romances,* ed. W. H. French & C. B. Hale. New York: Russell & Russell, 1964 (1930¹), 859–95.

?Clanvowe *Cuckoo & N.* = *The Cuckoo and the Nightingale* [= *The Boke of Cupide, God of Loue*], in *The Works of Sir John Clanvowe,* ed. V. J. Scattergood. Cambridge: D. S. Brewer, 1975, 35–53.

Cleanness = *Cleanness,* ed. J. J. Anderson. Manchester: Manchester University Press, 1977.

Cleges = *Sir Cleges,* in *Middle English Metrical Romances,* ed. W. H. French & C. B. Hale. New York: Russell & Russell, 1964 (1930¹), 877–95.

Cloud = *The Cloud of Unknowing,* in *The Cloud of Unknowing and The Book of Privy Counselling,* ed. Phyllis Hodgson, EETS 218 (1944), 1–133.

Crowned King = *The Crowned King,* in *Historical Poems of the XIVth and XVth Centuries,* ed. Rossell Hope Robbins. New York: Columbia University Press, 1959, 227–32.

Cursor (Vsp) (Frf) (Göt) (Trin-C) = *Cursor Mundi,* ed. R. Morris, EETS 57 (1874), 59 (1875), 62 (1876), 66 (1877), and 68 (1878).

Death & L. = *Death and Liffe,* ed. Joseph M. P. Donatelli. Cambridge, MA: The Medieval Academy of America, 1989.

Degare = *Sir Degaré,* in *Middle English Metrical Romances,* ed. W. H. French & C. B. Hale. New York: Russell & Russell, 1964 (1930¹), 288–320.

Dest. Troy = *The 'Gest Hystoriale' of the Destruction of Troy,* ed. G. A. Panton and D. Donaldson, EETS 39 and 56 (1869 and 1874; repr. as one vol., 1968).

DSPhilos. = *The Dicts and Sayings of the Philosophers,* ed. Curt F. Bühler, EETS 211 (1941; repr., 1961), odd pp. 3–293.

EEWills = *The Fifty Earliest English Wills on the Court of Probate, London,* ed. F. J. Furnivall, EETS 78 (1882; repr., 1964).

Eger & Grime = *Eger and Grime,* in *Middle English Metrical Romances,* ed. W. H. French and C. B. Hale. New York: Russell & Russell, 1964 (1930¹), 650–717.

Eglam. = *Sir Eglamour of Artois,* ed. Frances E. Richardson, EETS 256 (1965).

Emare = *Emaré,* ed. E. Rickert, EETS ES 99 (1908; repr., 1958).

EToulouse = *The Erle of Tolous,* in *Of Love and Chivalry: An Anthology of Middle English Romance,* ed. Jennifer Fellows. London: Dent, 1993, 231–65.

Everyman = *Everyman,* ed. A. C. Cawley. Manchester: Manchester University Press, 1961.

Firumb.(1) = *Sir Ferumbras,* ed. S. J. Herrtage, EETS ES 34 (1879; repr., 1966).

Firumb.(2) = *Firumbras and Otuel and Roland,* ed. Mary Isabelle O'Sullivan, EETS 198 (1935; repr., 1971), 3–58.

Five Wits = *The Fyve Wyttes*, ed. Rolf H. Bremmer. Amsterdam: Rodopi, 1987.
Florence = *Le Bone Florence of Rome*, ed. C. F. Heffernan. Manchester: Manchester University Press; New York: Barnes & Noble, 1976.
Floris = *Floris and Blauncheflur*, ed. F. C. de Vries. Groningen: Druk.V. R. B., 1966.
Flower & L. = *The Floure and the Leafe*, in *The Floure and the Leafe, The Assembly of Ladies, The Isle of Ladies*, ed. Derek Pearsall, Kalamazoo, MI: Medieval Institute Publications, Western Michigan University, 1990, 4–21.
Fortescue *Gov.E.* = Sir John Fortescue, *The Governance of England*, ed. Charles Plummer. Oxford: Clarendon Press, 1885.
Gawain [= *Sir Gawain*]
Gen.& Ex. = *The Middle English Genesis and Exodus*, ed. Olof Arngart. Lund: C. W. K. Gleerup, 1968.
Generydes = *Generydes, a Romance*, ed. W. A. Wright, EETS 55 and 70 (1873 & 1878; repr. as one vol., 1973).
Glo.Chron. = *The Metrical Chronicle of Robert of Gloucester*, ed. W. A. Wright, Rolls Series 86. London, 1887; repr., Lessing-Druckerei, Wiesbaden: Kraus Reprint, 1965.
Golagros = *The Knightly Tale of Gologras and Gawain*, in *Sir Gawain: Eleven Romances and Tales*, ed. Thomas Hahn. Kalamazoo, MI: Medieval Institute Publications, Western Michigan University, 1995, 234–77.
Gower *CA* = *Confessio Amantis*, in *The English Works of John Gower*, ed. G. C. Macauley, EETS ES 81 (1900) and 82 (1901).
Green Knight = *The Green Knight*, in *Sir Gawain: Eleven Romances and Tales*, ed. Thomas Hahn. Kalamazoo, MI: Medieval Institute Publications, Western Michigan University, 1995, 313–28.
GRom (Add + Hrl) = *The Early English Versions of the Gesta Romanorum*, ed. Sidney H. H. Herrtage, EETS ES 33 (1879; repr., 1962). [MS Hrl: 1–326; MS Add: 327–428]
GRom (Glo) = *A Middle English Version of the Gesta Romanorum, edited from Gloucester Cathedral MS 22*, ed. Karl Inge Sandred. (Studia Anglistica Upsasliensia, 8.) Uppsala: Almqvist & Wiksell, 1971, 41–82.
Guy(1) = *The Romance of Guy of Warwick*, ed. Julius Zupita, EETS ES 42, 49 and 59 (1883, 1887 and 1891; repr. as one vol., 1966).
Guy(4) = *The Romance of Guy of Warwick: The Second or 15th-Century Version*, ed. J. Zupita, EETS ES 25 and 26 (1875 & 1876; repr. as one vol., 1966).
Harley Lyrics = *The Harley Lyrics*, 4th ed., ed. G. L. Brook. Manchester: Manchester University Press, 1968.
Havelok = *Havelok*, ed. G.V. Smithers. Oxford: Clarendon Press, 1987.
Henryson *MFables* = *Moral Fables*, in *The Poems of Robert Henryson*, ed. Denton Fox. Oxford: Clarendon Press, 1981, 3–110.
Higd.(2) (Hrl) = *Polychronicon Ranulphi Higden maonachi Cestrensis*; together with the English translations of John Trevisa and of an unknown writer of the fifteenth century, ed. G. Babington and J. R. Lumby, 9 vols. London: Longman & co., 1865–86.
HMaid = *Hali Meiðhad*, ed. Bella Millett, EETS 284 (1982).
Hoccl.RP = *Hoccleve's Regement of Princes*, ed. F. J. Furnival, EETS ES 72 (1897).

参考文献

Horn = *King Horn*, in *Middle English Metrical Romances,* ed. W. H. French and C. B. Hale. New York: Russell & Russell, 1930, 25–70.
Horn Child = *Horn Childe and Maiden Rimnild*, ed. Maldwyn Mills. Heidelberg: Carl Winter, 1988.
Ipomadon = *Ipomadon,* ed. Rhiannon Purdie, EETS 316 (2001).
Isle of Ladies = *The Isle of Ladies,* in *The Floure and the Leafe, The Assembly of Ladies, The Isle of Ladies,* ed. Derek Pearsall. Kalamazoo, MI: Medieval Institute Publications, Western Michigan University, 1990, 68–129.
Isumb. = *Sir Isumbras*, in *Six Middle Engilsh Romances,* ed. Maldwyn Mills. London: Dent, 1973, 125–47.
Jacob & J. = *Iacob and Iosep: A Middle English Poem of the Thirteenth Century,* ed. Arthur S. Napier. Oxford: Clarendon, 1916.
Jacob's W. = *Jacob's Well*, ed. Arthur Brandeis, EETS 115 (1900).
Jos. Arim. = *Joseph of Arimathie*, ed. W. W. Skeat, EETS 44 (1871; repr., 1969).
KAlex. = *Kyng Alisaunder*, ed. G. V. Smithers, EETS 227 (1952) and 237 1957).
KEdw.& S. = *King Edward and the Shepherd,* in *Middle English Metrical Romances*, ed. W. H. French and C. B. Hale. New York: Russell & Russell, 1964 (1930¹), 950–85.
Lancelot = *Lancelot of the Laik,* ed. Alan Lupack. Kalamazoo, MI: Medieval Institute Publications, Western Michigan University, 1994.
Lay. Brut = *Laȝamon: Brut,* ed. G. L. Brook and R. F. Leslie, EETS 250 (1963) and 277 (1978).
Ld. Troy = *The Laud Troy Book,* ed. J. Ernst Wülfing, EETS 121 and 122 (1902 and1903, repr. as one vol., 1972).
Le Morte Arth. = *Le Morte Arthur* [stanzaic], ed. J. D. Bruce, EETS ES 88 (1903; repr., 1959).
Libeaus = *Lybeaus Desconus,* ed. M. Mills, EETS 261 (1969).
Lofsong Lefdi = *On Lofsong of Ure Lefdi,* in *Þe Wohunge of Ure Lauerded,* ed. W. Meredith Thompson, EETS OS 241 (1958), 16–18.
Lofsong Louerde = *On Lofsong of Ure Louerd,* in *Þe Wohunge of Ure Lauerde*d, ed. W. Meredith Thompson, EETS OS 241 (1958), 10–15.
Love Mirror = Nicholas Love's *Mirror of the Blessed Life of Jesus Christ,* ed. Michael G. Sargent. New York: Garland, 1992.
Ludus C. [= *N-town Pl.*]
Lydg. FP = *Lydgate's Fall of Princes,* ed. Henry Bergen, EETS ES 121–23 (1924; repr., 1967).
Lydg. RS = *Lydgate's Reson and Sensuallyte,* ed. Ernst Sieper, EETS ES 84 (1901) and 89 (1903).
Lydg. ST = *Lydgate's Siege of Thebes,* Part I, ed. Axel Erdmann, EETS ES 108 (1911; repr., 1960).
Lydg. TB = *Lydgate's Troy Book,* ed. Henry Bergen, EETS ES 97, 103, and 106 (1906, 1908, and 1910; repr., 1973).
Malory *Wks.* = *The Works of Sir Thomas Malory.* 2nd edition, ed. E. Vinaver. London: Oxford University Press, 1971.

Mandev. = *Mandeville's Travels,* ed. P. Hamelius, EETS 153 (1919; repr., 1960) and 154 (1923; repr., 1961).

Mankind = *Mankind,* in *The Macro Plays,* ed. Mark Eccles, EETS 262 (1969), 154–84.

Mannyng *Chron.* = Robert Mannyng of Brunne: *The Chronicle,* ed. Idelle Sullens. Binghamton, NY: *MRTS,* State University of New York at Binghamton, 1996.

Mannyng *HS* = Robert Mannyng of Brunne: *Handlyng Synne,* ed. Idelle Sullens. Binghamton, NY: *MRTS,* State University of New York at Binghamton, 1983.

Medit.Pass. = *Meditations on the Life and Passion of Christ,* ed. Charlotte D'Evelyn, EETS 158 (1921; repr., 1971).

Merlin = *Merlin: or, the early history of King Arthur: a prose romance,* ed. Henry B. Wheatley, EETS 10 (1865), 21 (1866), 36 (1869), and 112 (1899).

Mirk *Fest.* = *Mirk's Festial: A Collection of Homilies by Johannes Mirkus (John Mirk),* ed. T. Erbe, EETS ES 96 (1905).

MKempe = *The Book of Margery Kempe,* ed. S. B. Meech and H. E. Allen, EETS 212 (1940; repr., 1963).

Morte Arth. = *The Alliterative Morte Arthure,* ed. Valerie Krishna. New York: Burt Franklin, 1976.

MPPsalter = *The Earliest Complete English Prose Psalter,* ed. Karl D. Bülbring, EETS 97 (1891; repr., 1973).

Mum & S. = *Mum and the Sothsegger,* ed. Mabel Day & R. Steele, EETS 199 (1934), 27–78.

Mum & S.(1) [= *RR*]

NHom. = *English Metrical Homilies from Manuscripts of the Fourteenth Century* [= *Northern Homilies*], ed. John Small. Edinburgh: William Paterson, 1862.

N-town Pl. = *The N-town Play: Cotton MS Vespasian D. 8,* ed. Stephen Spector, EETS SS 11–12 (1991).

Octavian = *Octovian,* ed. Frances McSparran, EETS 289 (1986).

Orfeo = *Sir Orfeo,* 2nd ed., ed. A. J. Bliss. Oxford: Clarendon Press, 1966.

Ormulum = *The Ormulum,* with the Notes and Glossary of Robert M. White, ed. Robert Holt. Oxford: Clarendon, 1878; repr., New York: AMS Press, 1974.

Otuel & R. = *Otuel and Roland,* ed. M. I. O'Sullivan, EETS 198 (1935).

Owl & N. = *The Owl and the Nightingale,* ed. Neil Cartridge. Exeter: University of Exeter Press, 2001.

Parl.3 Ages = *The Parlement of the Thre Ages,* in *Alliterative Poetry of the Later Middle Ages: An Anthology,* ed. T. Turville-Petre. London: Routledge, 1989, 67–100.

Paston = *Paston Letters and Papers of the Fifteenth Century,* ed. Norman Davis, 1 (1971) and 2 (1976). Oxford: Clarendon Press.

Paston [Selections] = *Paston Letters* [1426–84], ed. Norman Davis. Oxford: Clarendon Press, 1958.

Patience = *Patience,* ed. J. J. Anderson, Manchester: Manchester University Press, 1969.

PConsc. = *The Pricke of Conscience, a Northern Poem,* ed. Richard Morris. Berlin: A. Asher & Co., 1863; repr., New York: AMS Press, 1973.

Pearl = *Pearl,* ed. E. V. Gordon. Oxford: Clarendon Press, 1953.

Pecock *Donet* = *The Donet by Reginald Pecock*, ed. E.V. Hitchcock, EETS 156 (1921).
Perceval = *Sir Perceval of Galles*, in *Middle English Metrical Romances*, ed. W. H. French and C. B. Hale. New York: Russelll & Russell, 1964 (1930¹), 531–603.
Peterb.Chron. = *The Peterborough Chronicle 1070–1154.* 2nd ed., ed. Cecily Clark. Oxford: Clarendon Press, 1970.
PLAlex. = *The Prose Life of Alexander*, ed. J. S. Westlake, EETS 143 (1913; repr., 1971).
Play Sacr. = *The Play of the Sacrament*, in *Non-Cycle Plays and Fragments*, ed. Norman Davis, EETS SS 1 (1970), 58–89.
PPl.A, B, C . = William Langland, *Piers Plowman: A Parallel-Text Edition of the A, B, C and Z Versions*, ed. A.V. C. Schmidt. London: Longman, 1995.
PPl.Creed = *Pierce the Ploughmans Crede,* ed. W.W. Skeat, EETS 30 (1867; repr., 1969).
Prov.Alf. = *The Proverbs of Alfred, II. The Texts Edited with Introduction, Notes and Glossary.* ed. O. Arngart. Lund: C W K Gleerup, 1955.
Quatref.Love = *The Quatrefoil of Love*, ed. I. Gollancz and M. M. Weale, EETS 195 (1935).
Rauf Coilȝar = *Rauf Coilȝar*, in *Medieval English Romances, Part I*, 3rd ed., ed. Diane Speed. Durham: Durham Medieval Texts, 1993, 204–35.
Rich. = *Der mittelenglische Versroman über Richard Löwenherz* [= *Richard the Lion-Hearted*]. ed. Karl Brunner. Wien & Leiptiz: Wilhelm Braumüller, 1913.
Roland & V. = *Roland and Vernagu*, in *The Taill of Rauf Coilyear, with the Fragments of Roland and Vernagu and Otuel,* ed. S. J. H. Herrtage, EETS ES 39 (1882; repr., 1969), 37–61.
Rolle = *English Writings of Richard Rolle*, ed. Hope Emily Allen. Oxford: Clarendon Press, 1931.
RR [= *Mum and S.(1)*] = *Richard the Redeless* [= *Mum and the Sothsegger (1)*], in *Mum and the Sothsegger*, ed. Mabel Day and Robert Steele, EETS OS 199 (1936; repr., 1971), 1–26.
RRose = *The Romaunt of the Rose* in *The Riverside Chaucer,* ed. L. D. Benson, 686–767.
Scrope *DSP* = *The Dicts and Sayings of the Philosophers,* ed. Curt F. Bühler, EETS 211 (1941; repr., 1961), even pp. 2–292.
Seven Sages(1) = *The Seven Sages of Rome*, ed. K. Brunner, EETS 191 (1933).
Seven Sages(3) = *The Seven Sages of Rome (Midland Version),* ed. Jill Whitelock, EETS 324 (2005).
Shillingford = *Letters and Papers of John Shillingford, Mayor of Exeter 1447–50,* ed. Stuart A. Moore. London: Camden Society, 1871.
Shoreham *Poems* = *The Poems of William of Shoreham*, ed. M. Konrath, EETS ES 86 (1902).
Sidrak & B. = *Sidrak and Bokkus,* ed. T. L. Burton, EETS 311 (1998) and 312 (1999).
Siege Jerus.(1) = *The Siege of Jerusalem,* ed. Ralph Hanna and David Lawton, EETS OS 320 (2003).
Siege Jerus.(2) = *The Siege of Jerusalem in Prose,* ed. Auvo Kurvinen. (Mémoires de la Société Néophilologique de Helsinki, 34.) Helsinki: Société Néophilologique, 1969.
Siege Milan = *The Sege off Malayne, Sir Otuell, &c.,* ed. S. J. H. Herrtage, EETS ES 35 (1880; repr., 1973), 1–52.

Siege Troy = *The Seege or Batayle of Troye*, ed. Mary E. Barniccle, EETS 172 (1927; repr., 1971).

Sir Gawain = *Sir Gawain and the Green Knight*, ed. J. R. R. Tolkien & E. V. Gordon, rev. Norman Davis. Oxford: Clarendon Press, 1967 (1925[1]).

SLeg. = *The Early South-English Legendary; or, Lives of Saints*, ed. Carl Horstmann, EETS 87 (1887; repr., 1973).

SLeg.Pass. = *The Southern Passion*, ed. B. D. Brown, EETS 169 (1927; repr., 1987).

Squire LD = *The Squire of Low Degree*, in *Middle English Metrical Romances*, ed. W. H. French and C. B. Hale. New York: Russelll & Russell, 1964 (1930[1]), 721–55.

St.Erk. = *Saint Erkenwald*, ed. Clifford Peterson. Philadelphia: University of Pennsylvania Press, 1977.

St.Juliana = *Þe Liflade ant te Passiun of Seinte Iuliene*, ed. S. T. R. O. d'Ardenne, EETS OS 248 (1961).

St.Kath = *Seinte Katerine, re-edited from MS Bodley 34 and the Other Manuscripts*, ed. S. R. T. O. d'Ardenne and E. J. Dobson, EETS SS 7 (1981).

St.Marg. = *Seinte Marherete*, ed. Frances M. Mack, EETS 193 (1934; repr., 1958).

Stonor Letters = *The Stonor Letters and Papers, 1290–1483*, ed. C. L. Kingsford. (Camden Third Series, 29 & 30.) London: Offices of the Society.

Sultan Bab. = *The Romaunce of The Sowdone of Babylone*, ed. Emil Hausknecht, EETS ES 39 (1881; repr., 1969).

Susan = *A Pistel of Susan*, in *Alliterative Poetry of the Later Middle Ages: An Anthology*, ed. Thorlac Turville-Petre. London: Routledge, 1989, 123–89.

SWard = *Sawles Warde*, in *Early Middle English Verse and Prose*, ed. J. A. W. Bennett and G. V. Smithers. Oxford: Clarendon Press, 1974 (1968[1]), 247–61.

Thos.Ercel. = *The Romance and Prophecies of Thomas of Erceldoune*, ed. J. A. H. Murray, EETS 61 (1875; repr., 1987).

Titus & V. = *Titus and Vespasian*, ed. John A. Herbert. (Roxburghe Club Publications, 146.) London: The Roxburghe club, 1905.

Torrent = *Sir Torrent of Portyngale*, ed. E. Adam, EETS ES 51 (1887; repr., 1973).

Tourn.Tott. = *The Tournament of Tottenham*, in *Middle English Metrical Romances*, ed. W. H. French and C. B. Hale. New York: Russell & Russell, 1964 (1930[1]), 990–98.

Towneley Pl. = *The Towneley Plays*, ed. Martin Stevens and A. C. Cawley, EETS SS 13 (1994).

Treat.L. = *The Tretyse of Love*, ed. John H. Fisher, EETS 223 (1951).

Trev.Dial.MC & *Trev.DCur.* = *Trevisa's Dialogus inter Militem et Clericum & Richard FitzRalph's Sermon: 'Defensio Curatorum'*, ed. Aaron Jenkins Perry, EETS 167 (1925; repr., 1971).

Trev.Higd. (StJ-C) = *Polychronicon Ranulphi Higden maonachi Cestrensis*; together with the English translations of John Trevisa and of an unknown writer of the fifteenth century, ed. G. Babington and J. R. Lumby, 9 vols. London: Longman & Co., 1865–86.

Triam. = *Syr Tryamowre*, in *Of Love and Chivalry: An Anthology of Middle English Romance*, ed. Jennifer Fellows. London: J. M. Dent, 1993, 147–98.

Tristrem = *Sir Tristrem*, ed. George P. McNeill. Edinburgh, 1886; repr., New York: Johnson

Reprint Corporation, 1966.

Turk & G. = *The Turke and Sir Gawaint*, in *Sir Gawain: Eleven Romances and Tales*, ed. Thomas Hahn. Kalamazoo, MI: Medieval Institute Publications, Western Michigan University, 1995, 340–51.

Wars Alex. = *The Wars of Alexander*. ed. W. W. Skeat, EETS ES 47 (1886; repr., 1973).

Wedding Gawain = *The Weddynge of Sir Gawen and Dame Ragnell*, ed. Laura Sumner. Northampton, MA: Smith College, 1924.

Winner & W. = *Wynnere and Wastoure*, in *Alliterative Poetry of the Middle Ages: An Anthology*, ed. Thorlac Turville-Petre. London: Routledge, 1989, 41–66.

Wooing Lord = *The Wohunge of ure Lauerd*, in *Þe Wohunge of Ure Lauerd*, ed. W. Meredith Thompson, EETS OS 241 (1958), 20–38.

WPal. = *William of Palerne: an Alliterative Romance*. ed. G. H. V. Bunt. Groningen: Bouma's Boekhuis, 1985.

Wyclif *EWks.* = *The English Works of Wyclif Hitherto Unprinted*, ed. F. D. Matthew, EETS 74 (1880; 2nd rev. ed., 1902; repr., 1973).

York Pl. = *The York Plays*, ed. Richard Beadle. London: Edward Arnold, 1982.

Ywain = *Ywain and Gawain*, ed. A. B. Friedman and N. T. Harrington, EETS 254 (1964).

(編著者名で言及した刊本テキスト、選集等)

Alexander, M. 1980. *York Notes on Geoffrey Chaucer, Prologue to the Canterbury Tales*. Harlow, Essex: York Press / Longman.

Alexander, M., ed. 1996. *Geoffrey Chaucer, The Canterbury Tales: The First Fragment*. London: Penguin Books.

Allen, H. E., ed. 1931. *English Writings of Richard Rolle*. Oxford: Clarendon Press.

Anderson, J. J., ed. 1969. *Patience*. Manchester: Manchester University Press.

──, ed. 1977. *Cleanness*. Manchester: Manchester University Press.

──, ed. 1996. *Sir Gawain and the Green Knight, Pearl, Cleanness, Patience*. London: Dent.

Andrew, Malcom & Ronald Waldron, eds. 1978[1], 1987[2], 1996[3,] 2002[4], & 2007[5], *The Poems of the Pearl Manuscript*. London: Edward Arnold; 2nd ~ 5th eds., Exeter: University of Exeter Press.

──, D. J. Ransom and C. Moorman, eds. 1993. *A Variorum Edition of the Works of Geoffrey Chaucer*, Vol. II: *The Canterbury Tales: The General Prologue*, Part 1A. Norman, OK: University of Oklahoma Press.

Baugh, Albert C., ed. 1963. *Chaucer's Major Poetry*. Englewood Cliffs, NJ; Prentice-Hall.

Bennett, J. A. W., ed., 1972. *Langland: Piers Plowman*. Oxford: Clarendon Press.

Benson, L. D., gen. ed. 1987. *The Riverside Chaucer*. 3rd ed. Boston: Houghton Mifflin.

Blake, N. F., ed. 1980. *The Canterbury Tales by Geoffrey Chaucer: Edited from the Hengwrt Manuscript*. London: Edward Arnold.

Bliss, A. J., ed. 1960. Thomas Chestre, *Sir Launfal*. London and Edinburgh: Thomas Nelson and Sons.

Brock, E., ed. 1871. *Morte Arthure*. EETS OS 8. [Revision of Perry 1865]

Burrell, A., ed. 1908. *Chaucer's Canterbury Tales for the Modern Reader*. London: Dent.

Burrow, J. A. and Thorlac Turville-Petre. 2005. *A Book of Middle English*. Third Edition.

Oxford: Blackwell.
Carpenter, Stephen H. 1904. *Chaucer's Prologue and Knight's Tale*. Boston: Ginn & Company.
Cawley, A. C., ed. 1958. *Geoffrey Chaucer: Canterbury Tales*. London: Dent.
———, ed. 1962. *'Pearl' and 'Sir Gawain and the Green Knight'*. London: Dent.
——— and J. J. Anderson, eds. 1976. *Pearl, Cleanness, Patience, Sir Gawain and the Green Knight*. London: Dent.
Cook, D., ed. 1961. *The Canterbury Tales of Geoffrey Chaucer: A Selection*. Garden City, NY: Doubleday.
Coote, Lesley A., ed. 2002. *Geoffrey Chaucer: The Canterbury Tales*. Ware, Hertfordshire: Wordsworth Editions.
Coote, Stephen, ed. 1985. *Geoffrey Chaucer, The Prologue to the Canterbury Tales*. (Penguin passnotes.) Harmondsworth: Penguin Books.
Cunningham, J. E., ed. 1985. *Chaucer: The Prologue to The Canterbury Tales*. (Penguin Masterstudies.) Harmondsworth: Penguin Books.
Davies, R. T., ed. 1953. *The Prologue to the "Canterbury Tales"*. London: Harrap.
deFord, S., ed. and tr. 1967. *The Pearl*. New York: Appleton-Century-Crofts.
Dickins, Bruce & R. M. Wilson, eds. 1951. *Early Middle English Texts*. London: Bowes & Bowes.
Donaldson, E. Talbot, ed. 1958, 1975^2. *Chaucer's Poetry: An Anthology for the Modern Reader*. New York: Ronald Press.
Duggan, H. N. and Thorlac Turville-Peter, eds. 1989. *The Wars of Alexander*. EETS SS 10.
Dunn, Charles W. and Edward T. Byrnes, eds. 1973, 1990^2. *Middle English Literature*. New York: Harcourt Brace Javanovich; rev. ed., New York: Garland.
Fisher, John H., ed. 1977. *The Complete Poetry and Prose of Geoffrey Chaucer*. New York: Holt, Rinehart & Winston.
Garbáty, Thomas J., ed. 1984. *Medieval English Literature*. Lexington, MA: D. C. Heath.
Gollancz, Israel, ed. 1891. *Pearl: An English Poem of the Fourteenth Century*. London: David Nutt.
———. ed. and tr. 1921. *Pearl: An English Poem of the XIVth Century*. London: Chatto and Windus.
———. ed. 1922. *St. Erkenwald*. London: Humphrey Milford.
Gordon, Eric V., ed. 1953. *Pearl*. Oxford: Clarendon Press.
Hamel, Mary, ed. 1984. *Morte Arthure*. New York: Garland.
Hanna, Ralph, III., ed 1974. *The Awntyrs off Arthure at the Terne Wathelyn*. Manchester: Manchester University Press.
Haskell, A. S., ed. 1969. *A Middle English Anthology*. Garden City, NY: Doubleday.
Herrtage, S. J. H. ed. 1882. *The Taill of Rauf Coilyear, with the Fragments of Roland and Vernagu and Otuel*. EETS ES 39.
Hieatt, A. K. and C. Hieatt, eds. 1981. *The Canterbury Tales by Geoffrey Chaucer*. Toronto: Bantam.
Hillman, Sr. M.V., ed. and tr. 1961. *'The Pearl': Medieval Text with a Literal Translation and Interpretation*. Convent Station, NJ: College of Saint Elizabeth Press; paperback ed.,

Notre Dame, IN and London: University of Notre Dame Press, 1967.

Hodgson, P., ed. 1969. *Chaucer, General Prologue: The Canterbury Tales*. London: The Athlone Press.

Kane, George and E. Talbot Donaldson, eds. 1975, 1988². *Piers Plowman: The B Version*. London: The Athlone Press.

Kolve, V. A., ed. 1989. *The Canterbury Tales: Nine Tales and the General Prologue*. New York: Norton.

Krishna, Valerie, ed. 1976. *The Alliterative Morte Arthure*. New York: Burt Franklin.

Liddell, Mark H., ed. 1932. *Chaucer: The Prologue to The Canterbury Tales, The Knightes Tale, The Nonnes Prestes Tale*. New York: Macmillan.

Mack, P. and C. Walton, eds. 1994. *Geoffrey Chaucer: General Prologue to the Canterbury Tales*. (Oxford Student Texts.) Oxford: Oxford University Press.

Madden, Frederic, ed. 1839. *Syr Gawayne: A Collection of Ancient Romance-Poems by Scotish [sic] and English Authors Relating to that Celebrated Knight of the Round Table*. London: Bannatyne Club; repr., New York: AMS, 1971.

Manly, J. M. and Edith Rickert, eds. 1940. *The Text of the 'Canterbury Tales', Studied on the Basis of All Known Manuscripts*. 8 vols. Chicago: University of Chicago Press.

Mann, Jill, ed. 2005. *Geoffrey Chaucer: The Canterbury Tales*. London: Penguin Books.

Menner, Robert J., ed. 1920. *Purity*. New Haven, CN: Yale University Press.

Moorman, Charles. 1977. *The Works of the 'Gawain'-Poet*. Jackson, MS: University Press of Mississippi.

Morris, Richard, ed. 1864, 1869². *Early English Alliterative Poems in the West-Midland Dialect of the Fourteenth Century*. EETS OS 1.

Osgood, C. G., ed. 1906. *'The Pearl': A Middle English Poem*. Boston: Heath.

Pearsall, Derek, ed. 1990. *The Flour and the Leafe, The Assembly of Ladies, The Isle of Ladies*. Kalamazoo, MI: Medieval Institute Publications, Western Michigan University.

———, ed. 1999. *Chaucer to Spenser: An Anthology*. Oxford: Blackwell.

Perry, G. G., ed. 1865. *Morte Arthure or The Death of Arthur*. EETS OS 8.

Peterson, Clifford, ed. 1977. *Saint Erkenwald*. Philadelphia: University of Pennsylvania Press.

Pollard, A. W., et al., eds. 1898. *The Works of Geoffrey Chaucer*. London: Macmillan.

Pratt, Robert A., ed. 1974. *The Tales of Canterbury*. Boston: Houghton Mifflin.

Robinson, Fred N., ed. 1933, 1957². *The Works of Geoffrey Chaucer*. Boston: Houghton Mifflin.

Savage, Henry L., ed. 1926. *St. Erkenwald: A Middle English Poem*. New Haven, CN: Yale University Press.

Schmidt, A. V. C., ed. 1974. *Geoffrey Chaucer: The General Prologue to The Canterbury Tales and The Canon's Yeoman's Prologue and Tale*. London: University of London Press.

———, ed. 1978, 1995². *William Langland, The Vision of Piers Plowman: A Critical Edition of the B-Text*. London: Dent.

———, ed. 1995. *William Langland, Piers Plowman: A Parallel-Text Edition of the A, B, C and Z Versions*, Vol. I: *Text*. London: Longman.

Shakespeare = *The Riverside Shakespeare*, Second Edition, ed. G. Blakemore Evans.

Boston: Houghton Mifflin, 1997.
Silverstein, T., ed. 1984. *Sir Gawain and the Green Knight.* Chicago: The University of Chicago Press.
Sisam, Kenneth, ed. 1955 (1921[1]). *Fourteenth Century Verse and Prose.* Oxford: Clarendon Press.
Skeat, Walter W., ed. 1867. *William's Vision of Piers the Plowman* (Text A). EETS OS 28.
———, ed. 1869. *The Vision of William concerning Piers the Plowman* (Text B). EETS OS 38.
———, ed. 1873. *The Vision of William concerning Piers the Plowman* (Text C). EETS OS 54
———, ed. 1886. *The Vision of William concerning Piers the Plowman in Three Parallel Texts,* 2 vols. London: Oxford University Press.
———, ed. 1886. *The Wars of Alexander.* EETS ES 47.
———, ed. 1894, 1900[2]. *The Complete Works of Geoffrey Chaucer.* Oxford: Clarendon Press.
Skelton = *The Complete Poems of John Skelton,* 4th ed., ed. Philip Henderson. London: Dent, 1964.
Sommer, H. O., ed. 1889–91. *Le Morte Darthur, by Syr Thomas Malory: The Original Edition of William Caxton.* London: David Nutt; repr., New York: AMS Press, 1973.
Spenser = Spenser's *Faerie Queene,* 2 vols., ed. J. C. Smith. Oxford: Clarendon Press, 1909.
Stanbury, S., ed. 2001. *Pearl.* Kalamazoo, MI: Medieval Institute Publications, Western Michigan University.
Stanley, E. G., ed. 1972 (1960[1]). *The Owl and the Nightingale.* Manchester: Manchester University Press.
Tolkien-Gordon-Davis = Tolkien, J. R. R. & E. V. Gordon, eds. 1967 (1925[1]). *Sir Gawain and the Green Knight.* 2nd ed., rev. Norman Davis. Oxford: Clarendon Press.
Trapp, J. B., Dougls Gray and Julia Boffey, eds. 2002. *Medieval English Literature.* 2nd ed. Oxford: Oxford University Press.
Trigg, Stephanie, ed. 1990. *Wynnere and Wastoure.* EETS OS 297.
Turville-Petre, Thorlac, ed. 1982. *Medieval Literature: Chaucer and the Alliterative Tradition.* Vol. 1, Part One. Rev. ed., ed. Boris Ford. Harmondsworth: Penguin.
Vantuono, William, ed. and tr. 1984. *The Pearl Poems: An Omnibus Edition.* 2 vols. New York: Garland.
———, ed. and tr. 1987. *The Pearl Poem in Middle and Modern English.* Lanham, MD: University Press of America.
———, ed. and tr. 1995. *Pearl: An Edition with Verse Translation.* Notre Dame, IN and London: University of Notre Dame Press.
Windeatt, Barry, ed. 2003. *Geoffrey Chaucer: Troilus and Criseyde.* London: Penguin Books.
Winny, James, ed. 1965. *The General Prologue to the Canterbury Tales.* Cambridge: Cambridge University Press.

市河三喜註釈．1934. *Chaucer's Canterbury Tales (The Prologue).* 研究社出版．
──・松浪　有編注．1987. *Chaucer's Canterbury Tales (General Prologue).* 研究社出版．
大山俊一註釈．1956. *The Canterbury Tales: Prologue.* 篠崎書林．
生地竹郎註釈．1968–69 & 1973–78.『農夫ピアズの夢』2巻．篠崎書林．

成瀬正幾. 1981.『中世英詩「真珠」の研究』(神戸商科大学研究叢書　XIX) 神戸商科大学学術研究会.

3. Translations

Andrew, Malcom. and R. Waldron, tr. 2008. *The Poems of the Pearl Manuscript in modern English prose translation*. Exeter: The Exeter Press.

Attwater, Donald. 1930. *The Vision of William concerning Piers the Plowman*. London: Cassell & Co. [re-issued as *William Langland: The Book Concerning the Plowman,* transl. by Donald and Rachel Attwater. London: Dent, 1957.]

Borroff, Marie, tr. 1977. *Pearl: A New Verse Translation*. New York: Norton.

Chase, S. P., tr. 1932. *The Pearl: The Fourteenth Century English Poem. Rendered in Modern Verse*. New York: Oxford University Press.

Coghill, Nevill, tr. 1951. *Geoffrey Chaucer: The Canterbury Tales*. Harmondsworth: Penguin.

Coulton, G. G., tr. 1907 (1906[1]). *Pearl: A Fourteenth-Century Poem, rendered into Modern English*. 2nd ed. London: Nutt.

Donaldson, E. Talbot, tr. 1990. *William Langland: Will's Vision of Piers Plowman*. New York: Norton.

Ecker, R. L. and E. J. Crook, tr. 1993. *The Canterbury Tales by Geoffrey Chaucer*. Palatka, FL: Hodge & Braddock.

Eller, V., tr. 1983. *Pearl of Christian Counsel for the Brokenhearted*. Washington, DC: University Press of America.

Finch, C., tr. 1993. *The Complete Works of the 'Pearl' Poet*. Berkeley: University of California Press.

Gardner, J., tr. 1965. *The Complete Works of the 'Gawain'-Poet*. Chicago: The University of Chicago Press.

Gollancz, Israel, tr. 1918. *Pearl: An English Poem of the Fourteenth Century*. London: Jones.

Goodridge, J. F. G., tr. 1959. *Langland: Piers the Plowman*. Harmondsworth: Penguin Books.

Jewett, S., tr. 1908. *The Pearl: A Modern Version in the Metre of the Original*. New York: Crowell.

Lumiansky, Robert M., tr 1948. *The Canterbury Tales by Geoffrey Chaucer*. New York: Simon Schuster.

Morrison, T. 1949. *The Portable Chaucer*. New York: The Viking Press.

Nicolson, J. U., tr. 1934. *Geoffrey Chaucer: Canterbury Tales*. New York: Covici Friede.

Schmidt, A. V. C. 1992. *William Langland: Piers Plowman: A New Translation of the B-Text*. Oxford: Oxford University Press.

Stone, B., tr. 1964. *Medieval English Verse*. Harmondsworth: Penguin Books.

Tatlock, John S. P. and Percy Mackaye. 1912. *The Complete Poetical Works of Geoffrey Chaucer*. New York: Macmillan.

Tolkien, J. R. R., tr. 1975. *Sir Gawain and the Green Knight, Pearl, and Sir Orfeo*. London: Allen and Unwin.

Wells, Henry W., tr. 1935 & 1973. *The Vision of Piers Plowman of William Langland*.

London: Sheed and Ward.
Weston, J. L., tr. 1912. *Romance, Vision and Satire: English Alliterative Poems of the Fourteenth Century*. Boston and New York: Houghton Mifflin.
Williams, Margaret, tr. 1967. *The 'Pearl'-Poet: His Complete Works*. New York: Random House.
―――, tr. 1971. *Piers Plowman by William Langland*. New York: Random House.
Wright, D., tr. 1964. *The Canterbury Tales* [Prose]. London: Barrie and Rockliff.
―――, tr. 1985. *The Canterbury Tales* [Verse]. Oxford: Oxford University Press.

生地竹郎訳．1974．『ウィリアムの見たピアズの夢』篠崎書林．
御輿員三．1959．『キャンタベリー物語序歌訳解』南雲堂．
繁尾　久編訳．1985．『カンタベリ物語選』荒地出版社．
柴田忠作訳注．1981．『農夫ピアースの夢』（東海大学古典叢書）東海大学出版会．
桝井迪夫訳．1995 (1973¹)『完訳　カンタベリー物語（上）』岩波文庫．
西脇順三郎訳．1987 (1972¹)．『カンタベリ物語　上』ちくま文庫．
吉田新吾訳．1949．『キャンタベリー物語』創元社．

II. 第二次資料（Dictionaries and studies）

Abbott, Edwin A. 1870. *A Shakespearian Grammar*. 3rd ed. London: Macmillan.
AHD = *The American Heritage Dictionary of the English Language*. 4th ed. Boston: Houghton Mifflin, 2007.
Allen, Cynthia L. 1995. *Case Marking and Reanalysis: Grammatical Relations from Old to Early Modern English*. Oxford: Clarendon Press.
Armstrong, J. L. 1892. "The Gerund in Nineteenth-Century English". *PMLA* 7, 200–11.
Arngart, Olaf S. A. 1942. *The Proverbs of Alfred, I. A Study of the Texts*. Lund: C. W. K. Gleerup.
Barber, Charles. 1976. *Early Modern English*. London: André Deutsch.
Baugh, Albert. C. 1957. *A History of the English Language*. 2nd ed. New York: Appleton-Century-Crofts.
―――, ed. 1967² (1948¹). *A Literary History of England. I: The Middle Ages*. New York: Appleton-Century-Crofts．
Benson, Larry D. 1961. "Chaucer's Historical Present: Its Meaning and Uses". *English Studies* 42, 65–77.
―――. 1965. *Art and Tradition in 'Sir Gawain and the Green Knight'*. New Brunswick, NJ: Rutgers University Press.
―――. 1965. "The Authorship of *St. Erkenwald*". *JEGP* 64, 393–405.
―――. 1993. *A Glossarial Concordance to the Riverside Chaucer*, Vol. I. New York: Garland.
Blake, Norman, ed. 1992. *The Cambridge History of the English Language*. Volume II: *1066–1476*. Cambridge: Cambridge University Press.
Bloomfield, Morton W. 1939. "The Present State of *Piers Plowman* Studies". *Speculum* 14, 215-32.
―――. 1961. "*Sir Gawain and the Green Knight:* An Appraisal". *PMLA* 76, 7–19.

―― and Leonard Newmark. 1963. *A Linguistic Introduction to the History of English.* New York: Knopf.

Blume, Rudolf. 1880. *Über den Ursprung und die Entwicklung des Gerundiums im Englischen.* Jena diss. Bremen: Heinrih Frese.

Bøgholm, Niels. 1939. *English Speech from an Historical Point of View.* Copenhagen: Nyt Nordisk Forlag.

Borroff, Marie. 1962. *'Sir Gawain and the Green Knight': A Stylistic and Metrical Study.* New Haven, CT: Yale University Press.

Brewer, Derek S. 1967. "The *Gawain*-Poet: A General Appreciation of Four Poems". *Essays in Criticism* 17, 130–42.

Brinton, Laurel J. 1984. "Criteria for Distinguishing the Non-Aspectual Functions of ME *Ginnen*". *General Linguistics* 23, 235–45.

――. 1988. *The Development of English Aspectual Systems: Aspectualizers and Post-verbal Particles.* Cambridge: Cambridge University Press.

――. 1990. "The Stylistic Function of ME *gan* Reconsidered". *Papers from the 5th International Conference on English Historical Linguistics,* ed. S. Adamson, et al. Amsterdam: John Benjamins, 31–53.

Brook, George L. 1958. *A History of the English Language.* London: André Deutsch.

Brown, J. T. T. 1902. *Huchown of the Awle Ryale and His Poems, examined in the Light of Recent Criticism.* Edinburgh: Lorimer and Chalmers.

Brunner, Karl. 1962. *Die englische Sprache,* II. 2nd ed. Tübingen: Max Niemeyer.

Burnley, (J.) David. 1979. *Chaucer's Language and the Philosophers' Tradition.* Cambridge: D. S. Brewer.

―― and M. Tajima. 1994. *The Language of Middle English Literature.* (Annotated Bibliographies of Old and Middle English Literature, 1.) Cambridge: D. S. Brewer.

Burrow, John A. and Thorlac Turville-Petre. 2005. *A Book of Middle English.* Third Edition. Oxford: Blackwell.

Callaway, Morgan, Jr. 1929. "Concerning the Origin of the Gerund in English". *Studies in English Philology: A Miscellany in Honor of F. Klaeber,* ed. Kemp Malone and M. B. Ruud. Minneapolis: University of Minnesota Press, 32–49.

Clark, John W. 1941. *The Authorship of 'Sir Gawain and the Green Knight', 'Pearl', 'Cleanness', 'Patience', and 'Erkenwald' in the Light of the Vocabulary.* Univ. of Minnesota diss.

――.1949. "Observations on Certain Differences in Vocabulary between *Cleanness* and *Gawain*". *Philological Quarterly* 28, 261–73.

――.1950a. "Paraphrases for 'God' in the Poems Attributed to 'the *Gawain*-Poet'". *Modern Language Notes* 65, 232–36.

――.1950b. "'The *Gawain*-Poet' and the Substantival Adjective". *JEGP* 49, 60-66.

――.1951. "On Certain 'Alliterative' and 'Poetic' Words in the Poems Attributed to 'the *Gawain*-Poet'". *Modern Language Quarterly* 12, 387-98.

COD = *The Concise Oxford Dictionary of Current English.* 11th ed. Oxford: Clarendon Press, 2004.

Cooper, R. A. and D. A. Pearsall. 1988. "The *Gawain* Poems: A Statistical Approach to the

Question of Common Authorship". *The Review of English Studies* n.s. 39, 365–85.

Curme, George O. 1912. "History of the English Gerund". *Englische Studien* 45, 349–80.

——. 1931. *Syntax*. Boston: D. C. Heath.

Davenport, William A. 1978. *The Art of the 'Gawain'-Poet*. London: The Athlone Press.

Dal, Ingerid. 1952. "Zur Entstehung des englischen Participium Praesentis auf *-ing*". *Norsk Tidsskrift for Sprogvidenskap* 16, 5–116.

Davis, Norman. 1987. "Language and Versification". *The Riverside Chaucer*, ed. L. D. Benson. Boston: Houghton Mifflin, xxix–xlv.

Denison, David. 1993. *English Historical Syntax: Verbal Constructions*. London: Longman.

Derolez, R. 1981. "Authorship and Statistics: The Case of the *Pearl*-Poet and the *Gawain*-Poet". *Occasional Papers in Linguistics and Language Teaching* (The New Univ. of Ulster) 8, 41–51.

De Smet, Hendryk. 2008. "Functional motivations in the development of nominal and verbal gerunds in Middle and Early Modern English". *English Language and Linguistics* 12, 55–102.

Donner, Morton. 1986. "The Gerund in Middle English". *English Studies* 67, 394–400.

Ebbs, J. D. 1958. "Stylistic Mannerisms of the *Gawain*-Poet". *JEGP* 57, 522–25.

Einenkel, E. 1914. "Die Entwickelung des englischen Gerundiums". *Anglia* 38, 1–76.

Eldredge, Laurnce M. 1975. "The State of "Pearl" Studies since 1933". *Viator: Medieval and Renaissance Studies* 6, 171–94.

Ellegård, Alvar. 1953. *The Auxiliary 'Do': The Establishment and Regulation of its Use in English*. (Gothenburg Studies in English, 11.) Stockholm: Almqvist & Wiksell.

Elliot, Ralph. W. V. 1974. *Chaucer's English*. London: André Deutsch.

Everett, Dorothy. 1955. *Essays on Middle English Literature*, ed. Patricia Kean. Oxford: Clarendon Press.

Fanego, Teresa. 1996. "The Gerund in Early Modern English: Evidence from the Helsinki Corpus". *Folia Linguistica Historica* 17, 97–152.

——. 2004. "On reanalysis and actualization in syntactic change: The rise and development of English verbal gerunds". *Diachronica* 21, 5–55.

Few, W. P. 1896. "Verbal Nouns in *-inde* in Middle English and the Participial *-ing* Suffix". *Harvard Studies and Notes in Philology and Literature* 5, 269–76.

Fischer, Olga. 1988. "The Rise of the *for NP to VP* Construction: An Explanation". *An Historic Tongue: Studies in English Linguistics in Memory of Barbara Strang*, ed. G. Nixon and J. Honey. London: Routledge, 67–88.

——. 1989. "The Origin and Spread of the Accusative and Infinitive Construction in English". *Folia Linguistica Historica* 8, 143–217.

——. 1990. *Syntactic Change and Causation: Developments in Infinitival Constructions in English*. (Amsterdam Studies in Generative Grammar, 2.) Amsterdam: Faculteit der Letteren.

——. 1991. "The Rise of the Passive Infinitive in English". *Papers from the Kellner Conference on English Historical Syntax*, ed. D. Kastovsky. Berlin: Mouton de Gruyter, 141–88.

——. 1992. "Syntactic Change and Borrowing: The Case of the Accusative and Infinitive

Construction in English". *Internal and External Factors in Syntactic Change,* ed. M. Gerritsen & D. Stein. Berlin: Mouton de Gruyter, 17–88.
―――. 1992. "Factors influencing the Choice of Infinitive Marker in Late Middle English". *Dutch Working Papers in English Language and Linguistics* 25, 1–28.
―――. 1992. "Syntax". *The Cambridge History of the English Language,* II: *1066–1476,* ed. Norman Blake. Cambridge: Cambridge University Press, 207–408.
―――and Wim van der Wurff. 2006. "Syntax". *A History of the English Language,* ed. Richard Hogg and David Denison. Cambridge: Cambridge University Press, 109–98.
Fowler1, 2 = H. W. Fowler, *A Dictionary of Modern English Usage.* 1st ed. (1926), 2nd ed. (1965). Oxford: Clarendon Press.
Folwer3 = *The New Fowler's Modern English Usage.* 3rd ed., ed. R. W. Burchfield. Oxford: Clarendon Press, 1996.
Fridén, Georg. 1948. *Studies on the Tenses of the English Verb from Chaucer to Shakespeare with Special Reference to the Late Sixteenth Century.* Uppsala: Almqvist & Wiksell.
Gollancz, Sir Israel. 1907. "*Pearl, Cleanness, Patience,* and *Sir Gawayne*". *The Cambridge History of English Literature,* Vol. I, ed. A. W. Ward & A. R. Waller. Cambridge: Cambridge University Press, 320–34.
Goldbeck, H. J. 1972. *The Gawain-Puzzle: A Study of MS Cotton Nero A.x.* Univ. of Oklahoma diss.
Hinckley, Henry B. 1918–19. "Chauceriana". *Modern Philology* 16, 39–48.
Homann, Elizabeth R. 1954. "Chaucer's Use of *Gan*". *JEGP* 53, 389–98.
Hogg, Richard M., gen. ed. 1992–2001. *The Cambridge History of the English Language.* 6 vols. Cambridge: Cambridge University Press.
Irwin, B. 1967. *The Development of the '-ing' of the Verbal Noun and the Present Participle from c. 700 to c. 1400.* Univ. of Wisconsin diss.
Iwasaki, Hruo（岩崎春雄）. 1993. *The Language of Laʒamon's 'Brut'.* 研究社.
Jack, George (B.). 1978a. "Negation in Later Middle English Prose". *Archivum Linguisticum* n.s. 9, 58–72.
―――. 1978b. "Negative Adverbs in Early Middle English". *English Studies* 59, 295–309.
―――. 1988. "The Origins of the English Gerund". *NOWELE* (Odense) 12, 15–75.
Jespersen, Otto. 1909–49. *A Modern English Grammar on Historical Principles.* 7 vols. Copenhagen: Ejnar Munksgaard; repr., London: George and Unwin.
―――. 1924. *The Philosophy of Grammar.* London: Allen & Unwin.
―――. 1926. "On Some Disputed Points in English Grammar". *SPE Tract* 25, 147–72.
―――. 1948. *Growth and Structure of the English Language.* 9th ed. Oxford: Basil Blackwell.
Kane, George. 1965. *Piers Plowman: The Evidence for Authorship.* London: The Athlone Press.
Keller, W. 1925. "Keltisches im englischen Verbum". *Anglica. Uutersuchungen zur englischen Philologie. Alois Brandl zum siebzigsten Geburtstage überreicht,* Vol. I (Palaestra 147), 55–66.
Kellner, Leon. 1892. *Historical Outlines of English Syntax.* London: Macmillan; repr., Tokyo: Kenkyusha, 1956.
Kennedy, Arthur G. 1927. *A Bibliography of Writings on the English Language from the*

Beginning of Printing to the End of 1922. New York: Hafner.

Kenyon, John S. 1909. *The Syntax of the Infinitive in Chaucer*. London: Kegan Paul.

Kerkhoff, J. 1966, 1982². *Studies in the Language of Geoffrey Chaucer*. 1st ed., Leiden: Universitaire Pers Leiden; 2nd, rev. and enl. ed., Leiden: E. J. Brill/Leiden University Press.

Kisbye, Torben. 1971. *An Historical Outline of English Syntax, Part I*. Aarhus, Denmark: Akademisk Boghandel.

———. 1992. *A Short History of the English Language,* ed. Knud Sørensen. Aarhus: Aarhus University Press.

Kivimaa, Kirsti. 1966. '*Þe*' *and* '*Þat*' *as Clause Connectives in Early Middle English with Special Consideration of the Emergence of the Pleonastic* '*Þat*'. Helsinki: Societas Scientiarum Fennica.

Kjellmer, Göran. 1971. *Context and Meaning: A Study of Distributional and Semantic Relations in a Group of Middle English Words*. (Gothenburg Studies in English, 22.) Göteborg: Acta Universitatis Gothoburgensis.

———. 1975. *Did the "Pearl Poet" Write* '*Pearl*'*?* (Gothenburg studies in English, 30.) Göteborg: Acta Universitatis Gothoburgensis.

Knigge, Friedrich. 1886. *Die Sprache des Dichters von Sir Gawain and the Green Knight, der sogenanten Early English Alliterative Poems und De Erkenwalde*. Marburg.

Kottler, B. & A.M. Markman, eds. 1966. *A Concordance to Five Middle English Poems:* '*Cleanness*'*,* '*St. Erkenwald*'*,* '*Sir Gawain and the Green Knight*'*,* '*Patience*'*,* '*Pearl*'. Pittsburgh: University of Pittsburgh Press.

Koziol, Herbert. 1932. "Zur Frage der Verfasserschaft einiger mittelenglischer Stabreimdichtungen". *Englische Studien* 67, 165–73.

———. 1932. *Grundzüge der Syntax der mittelenglischen Stabreimdichtungen*. Wien und Leipzig: Wilhelm Braumüller.

Kubouchi, Tadao. (久保内端郎), et al., eds. 1994. *A Bibliography of Publications on Medieval English Language and Literature in Japan: July 1982–March 1990*. 東京大学中世イギリス研究資料センター.

Kullnick, M. 1902. *Studien über den Wortschatz in* '*Sir Gawayne and the Grene Knyȝt*'. Berlin; Mayer & Müller.

Langenhove, George Ch. van. 1925. *On the Origin of the Gerund in English (Phonology)*. Gand: van Rysselberghe & Rombaut; Paris: Édouard Champion.

Lawton, David, ed. 1982. *Middle English Alliterative Poetry and its Literary Background*. Cambridge: D. S. Brewer.

LDCE = *Longman Dictionary of Contemporary English*. 4th ed. Harlow: Longman, 2003.

Levy, Bernard S. 1962. *Style and Purpose: A Reconsideration of the Authorship of the Poems in MS Cotton Nero A. x*. Univ. of California, Berkeley, diss.

——— & Paul E. Szarmach, eds. 1981. *The Alliterative Tradition in the Fourteenth Century*. Kent, OH: Kent State University Press.

Lightfoot, David W. 1979. *Principles of Diachronic Syntax*. Cambridge: Cambridge University Press.

Luick, Karl. 1889. "Die englische Stabreimzeile im XIV. XV. und XVI. Jahrhundert".

Anglia 11, 572–85.

———. 1905. "Der mittelenglische Stabreimvers". *Grundriss der germanischen Philologie,* Vol.2, Part 2, ed. Hermann Paul, 160–79. Strassburg.

McColly, W. & D. Weier. 1983. "Literary Attribution and Likelihood-Ratio Tests: The Case of the Middle English *Pearl*-Poems". *Computers and the Humanities* 17, 65–75.

McLaughlin, John C. 1963. *A Graphemic-Phonemic Study of a Middle English Manuscript.* The Hague: Mouton.

MED = *Middle English Dictionary*, ed. H. Kurath, S. M. Kuhn and R. E. Lewis. Ann Arbor, MI: The University of Michigan Press, 1952–2001.

MED Plan and Bibliography = *Middle English Dictionary: Plan and Bibliography*, Second Edition, ed. R. E. Lewis & Mary Jane Williams. Ann Arbor, MI: The University of Michigan Press, 2007.

Middleton, Anne. 1986. "Piers Plowman". *A Manual of the Writings in Middle English 1050–1500,* Vol.7, ed. A. E. Hartung. Hamden, CN: Archon Books, 2211–34.

Mitchell, Bruce. 1968. *A Guide to Old English.* 2nd ed. Oxford: Blackwell.

———. 1985. *Old English Syntax.* Oxford: Clarendon Press, 1985.

Miura, Tsuneshi（三浦常司）. 1966. "Arrangement of Two or More Attributive Adjectives in Chaucer (1)" *Anglica* (Osaka) 6:1/2, 1–23.

Moore, Samuel. 1951. *Historical Outlines of English Sounds and Inflections,* rev. A. H. Marckwardt. Ann Arbor, MI: George Wahr.

Mossé, Fernand. 1938. *Histoire de la forme périphrastique 'être + participe présent' en germanique,* II. Paris: Klincsieck.

———. 1952. *A Handbook of Middle English.* Transl. by James A. Walker. Baltimore: The Johns Hopkins Press, 1952.

Moorman, Charles. 1968. *The 'Pearl'-Poet.* (Twayne's English Authors Series, 64.) New York: Twayne Publishers.

Moriya, Yasuyo（守屋靖代）. 2014. *Repetition, Regularity, Redundancy: Norms and Deviations of Middle English Alliterative Meter.* ひつじ書房.

Mustanoja. Tauno F. 1958. *The English Syntactical Type 'One the Best Man' and its Occurrence in Other Germanic Languages.* (Mémoires de la Société Néophilologique de Helsinki, 20:5.) Helsinki: Société Néophilologique.

———. 1960. *A Middle English Syntax. Part I: Parts of Speech.*（Mémoires de la Société Néophilologique de Helsinki, 23.) Helsinki: Société Néophilologique.

———. 1983. "Chaucer's Use of *gan*: Some Recent Studies". *Middle English Studies Presented to Norman Davis in Honour of his Seventieth Birthday*, ed. D. Gray & E. G. Stanley. Oxford: Clarendon Press, 59–64.

Nakamichi, Yoshihiko（中道嘉彦）. 1982. "On the Use of the Historical Present in the *Gawain*-Poems". 『芸文研究』（慶応大学）43, 19–30.

———. 1986. "On the Negatives in the *Gawain*-Poems". 『麗沢大学紀要』42, 1–15.

Nakashima, Kunio（中島邦男）. 1981. *Studies in the Language of Sir Thomas Malory.* 南雲堂.

Nakao, Yuji（中尾祐治）. 2008. *Philological and Textual Studies of Sir Thomas Malory's Arthuriad.* 英宝社.

Neilson, G. 1902. '*Huchown of the Awle Ryale*', *the Alliterative Poet: A Historical Criticism of Fourteenth Century Poems ascribed to Sir Hew of Eglintoun*. Glasgow: J. Maclelose.

Nielsen, Hans F. 2005. *From Dialcet to Standarad: English in England 1154–1776*. Odense: University Press of Southern Denmark.

Nummenmaa, Liisa. 1973. *The Uses of 'So', 'Al So' and 'As' in Early Middle English*. (Mémoires de la Société Néophilologique de Helsinki,39.) Helsinki: Société Néophilologique.

Oakden, J. P. 1930–35. *Alliterative Poetry in Middle English: The Dialectal and Metrical Study*. 2 vols. Manchester: Manchester University Press; repr. as one volume, Hamden, CN: Archon Books, 1968.

OALD = *Oxford Advanced Learner's Dictionary of Current English*. 7th ed. Oxford: Oxford University Press, 2005.

OED = *The Oxford English Dictionary*, ed. James A. H. Murray, et al. Oxford: Clarendon Press, 1933, 1989^2.

Oizumi, Akio（大泉昭夫）. 2008. *A Lexicon of the 'Boece'*. 2 vols. Hildesheim • Zürich • New York: Olms-Weidmann.

Onions, Charles T. 1914–15. "The History of the English Gerund". *Engliche Studien* 48, 169–71.

———. 1929. *An Advanced English Syntax*. 5th ed. London: Kegan Paul, Trench, Trubner & Co.

Ono, Shigeru（小野 茂）. 1960. "The Early Development of the Auxiliary *Ought*." *The Hitotsubashi Journal of Arts and Sciences* (Tokyo) 1:1, 41–61.

———. 1989. *On Early English Syntax and Vocabulary*. 南雲堂.

Pearsall, Derek. 1977. *Old English and Middle English Poetry*. (The Routledge History of English Poetry,1.) London: Routledge & K. Paul.

Poutsma, Hendrik. 1928 (1904^1). *A Grammar of Late Modern English*. Part I: First Half. 2nd ed. Groningen: P. Noordhoff.

———. 1926. *A Grammar of Late Modern English*. Part II, Section II. Groningen: P. Noordhoff.

Preusler, W. 1938. "Keltischer Einfluss im Englischen". *Indogermanische Forschungen: Zeitschrift für indogermanistik und allgemeine Sprachwissenschaft* 56, 178–91.

Prins, A. A. 1952. *French Influence in English Phrasing*. Leiden: Universitaire Pers Leiden.

Quirk, Randolf & C. L. Wrenn. 1957. *An Old English Grammar*. 2nd ed. London: Methuen.

Rissanen, Matti. 1967. *The Uses of 'One' in Old and Early Middle English*. (Mémoires de la Société Néophilologique de Helsinki, 31.) Helsinki: Société Néophilologique.

Robinson, Fred. 1985. '*Beowulf*' *and the Appositive Style*. Knoxville, TN: The University of Tennessee Press.

Rohdenburg, G. 2007. "Functional Constraints in Syntactic Change: The Rise and Fall of Prepositional Constructions in Early and Late Modern English". *English Studies* 88, 217–33.

Rooth, Erik. 1941–42. "Zur Geschichte der englischen Partizip-Präsens-Form auf *-ing*". *Studia Neophilologica* 14, 71–85.

Rydén, Mats. 1966. *Relative Constructions in Early Sixteenth Century English*. Uppsala: Almqvist & Wiksell.

——. 1979. *An Introduction to the Historical Study of English Syntax*. (Stockholm Studies in English, 51.) Stockholm: Amqvist & Wiksell.

—— & S. Brorström. 1987. *The Be/Have Variation with Intransitives in English, with Special Reference to the Late Modern Period*. (Stockholm Studies in English, 70.) Stockholm: Almqvist & Wiksell.

Savage, Henry L. 1956. *The 'Gawain'-Poet: Studies in His Personality and Background*. Chapel Hill, NC: University of North Carolina Press.

Schibsbye, Knud. 1972–77. *Origin and Development of the English Language*, I–III. Copenhagen: Nordisk Sprog- og Kulturforlag.

Schmidt, A. V. C. 2008. *William Langland, Piers Plowman: A Parallel-Text Edition of the A, B, C and Z Versions*, Vol. II: *Introduction, Textual Notes, Commentary, Bibliography and Indexical Glossary*. Kalamazoo, MI: Medieval Institute Publications, Western Michigan University.

Schmittbetz, K. R. 1909. "Das Adjektiv in *Syr Gawayn and the Grene Knyʒt*". *Anglia* 32, 1–60, 163–89 and 359–83.

Schofield, W. H. 1909. "Symbolism, Allegory, and Autobiography in *The Pearl*". *PMLA* 24, 585–675.

Smyser, H. M. 1967. "Chaucer's Use of *Gin* and *Do*". *Speculum* 42, 68–83.

Söderlind, Johannes. 1951–58. *Verb Syntax in John Dryden's Prose*, I–II. Uppsala: A.-B. Lundequistska Bokhandeln.

Spearing, A. C. 1966. "*Patience* and the *Gawain*-Poet". *Anglia* 84, 305–29.

——. 1970. *The 'Gawain'-Poet: A Critical Study*, Cambridge: Cambridge University Press.

Steadman, J. M. 1917. "The Origin of the Historical Present in English". *Studies in Philology* 14, 1–46.

Sugden, H. W. 1936. *The Grammar of Spenser's Faerie Queene*. Philadelphia: Linguistic Society of America.

Suzuki, Eiichi（鈴木榮一）. 1965. "The Substantival Adjective in *Morte Arthure*".『東北学院大学論集』48, 1–17.

Tajima, Matsuji（田島松二）. 1970. "On the Use of the Participle in the Works of the *Gawain*-Poet"『文芸と思想』（福岡女子大学）34, 49–70.

——. 1975. "The *Gawain*-Poet's Use of *Con* as a Periphrastic Auxiliary". *Neuphilologische Mitteilungen* (Helsinki) 76, 429–38.

——. 1978. "Additional Syntactical Evidence against the Common Authorship of MS Cotton Nero A. x.". *English Studies* (Amsterdam) 59, 193–98.

——. 1985. *The Syntactic Development of the Gerund in Middle English*. 南雲堂.

——. 1988. *Old and Middle English Language Studies: A Classified Bibliography 1923–1985*. Amsterdam: John Benjamins.

——. 1996. "The Common-/Objective-Case Subject of the Gerund in Middle English". *A Frisian and Germanic Miscellany: Published in Honour of Nils Århammar on his Sixty-Fifth Birthday, 7 August 1996*. Odense, Denmark: Odense University Press,

569–78.

———. 1999. "The Compound Gerund in Early Modern English". *The Emergence of the Modern Language Sciences: Studies on the transition from historical-comparative to structural linguistics in Honour of E. F. K. Koerner*, ed. Sheila Embleton, et al. Amsterdam: John Benjamins, Vol. II, 265–77.

———. 2000. "Chaucer and the Development of the Modal Auxiliary *Ought* in Late Middle English". *Manuscript, Narrative and Lexicon: Essays on Literary and Cultural Transmission in Honor of Whitney F. Bolton*, ed. Robert Boenig and Kathleen Davis. Lewisburg, PA: Bucknell University Press, 195–217.

———. 2000. "*Piers Plowman* B V 379: A Syntactic Note". *Notes and Queries* (Oxford) 245 (n. s. 47), 18–20.

———. 2005. "The Compound Gerund in 17th-Century English". *Papers on Scandinavian and Germanic Language and Culture, Published in Honour of Michael Burnes on his Sixty-Fifth Birthday, 28 June 2005*. Odense: University Press of Southern Denmark, 249–62.

Taylor, R. 1917. "Some Notes on the Use of *Can* and *Couth* as Preteritive Auxiliaries in Early and Middle Scottish Poetry". *JEGP* 16, 573–91.

Terasawa, Yoshio. (寺澤芳雄). 1974. "Some Notes on ME *gan* Periphrasis". *Poetica* (Tokyo) 1, 89–105.

Thomas, M. C. 1883. *Sir Gawayne and the Green Knight: A Comparison with the French Perceval, Preceded by an Investigation of the Author's Other Works and Followed by a Characterization of Gawain in English Poems*. Zurich.

Trautmann, Moritz. 1876. *über Verfasser und Entstehungszeit einiger alliterierender Gedichte des Altenglischen*, Leipzig.

———. 1878. "Der Dicheter Huchown und seine Werke". *Anglia* 1, 109–49.

———. 1882. Review of Carl Hortmann's *Altenglische Legenden*. *Anglia* 5:2, "Anzeiger", 21–25.

Trnka, Bohumil. 1930. *On the Syntax of the English Verb from Caxton to Dryden*. Prague: Jednora Československých Matematiků a Fysiků.

Turville-Petre, Thorlac. 1977. *The Alliterative Revival*. Cambridge: D. S. Brewer.

Van der Gaaf, Willem. 1904. *The Transition from the Impersonal to the Personal Construction in Middle English*. Heidelberg: Carl Winter.

———. 1928. "The Gerund Preceded by the Common Case: A Study in Historical Syntax". *English Studies* 10, 33–41 & 65–72.

———. 1928. "The Post-adjectival Passive Infinitive". *English Studies* 10, 129–38.

Vantuono, William. 1971. "*Patience, Cleanness, Pearl,* and *Gawain:* The Case for Common Authorship". *Annuale Mediaevale* 12, 37–69.

Visser, F. Th. 1946. *A Syntax of the English Language of St. Thomas More*. Part I. Louvain: Uystpruyst; repr., Vaduz: Kraus Reprint, 1963.

———. 1963–73. *An Historical Syntax of the English Language*. 3 parts in 4 vols. Leiden: E. J. Brill.

Von Ende, F. A. C. 1972. *The Prosody of the Pearl-Poet: A Technical Analysis of the Poems in MS Cotton Nero. A. x.* Texas Christian Univ. diss.

Warner, Anthony R. 1993. *English Auxiliaries: Structure and History*. Cambridge:

Cambridge University Press.
Wells, John E. 1916. *A Manual of the Writings in Middle English 1050–1400*. New Haven, CN: Yale University Press.
Williams, D. J. 1970. "Alliterative Poetry in the Fourteenth and Fifteenth Centuries". *Sphere History of Literature in the English Language. I: The Middle Ages,* ed. W. F. Bolton. London: Barrie & Jenkins, 107–58.
Wilson, Edward. 1976. *The Gawain-Poet*. Leiden: E. J. Brill.
Zeitlin, Jacob. 1908. *The Accusative with Infinitive and Some Kindred Constructions in English*. New York: The Columbia University Press.

宇賀治正朋．2000.『英語史』開拓社．
浦田和幸．1989.「*Gawain* 詩群における「神」の迂言的表現」鈴木榮一編『中英語頭韻詩の言語と文体』学書房, 73–97.
――. 1991.「Katherine Group における不定詞付対格」*LEXICON* (岩崎研究会) 21, 294–307.
江川泰一郎．1955.『代名詞』（英文法シリーズ 4） 研究社.
小野　茂．1969.「Āgan (Ought) の発達」『英語法助動詞の発達』研究社, 199–227.
――. 1984.『英語史の諸問題』南雲堂.
齊藤俊雄．1997.『英語史研究の軌跡――フィロロジー的研究からコーパス言語学的研究へ』英宝社.
末松信子．2004.『ジェイン・オースティンの英語――その歴史・社会言語学的研究』開文社出版.
鈴木榮一．1990.『サー・ガウェイン頌』開文社出版.
――編．1988.『中英語頭韻詩の言語と文体』学書房.
田島松二．1988.「言語・文体と Authorship――Cotton Nero 詩群を中心に」鈴木榮一編『中英語頭韻詩の言語と文体』学書房, 98–135.
――. 1996.「新しい中英語統語論―― Olga Fischer, 'Syntax' (*The Cambridge History of the English Language*, Vol. II) をめぐって」『英語英文学論叢』（九州大学）46, 1–15.
――. 2001.「リレー連載：英語英文学研究の課題 (4)　英語学研究文献書誌を編纂して思うこと」『英語青年』2001 年 11 月号, 498–500.
――. 2006.「中英語頭韻詩 *Pearl*, line 446 について」『英語英文学論叢』（九州大学）56, 1–11.
――. 2006.「*The Canterbury Tales: General prologue*, 521 をめぐって」田島松二編『ことばの楽しみ――東西の文化を越えて』南雲堂, 103–12.
――. 2011.「初期近代英語における 'one the best (man)' 型構文」『別府大学紀要』52, 125–28.
――ほか編．1998.『わが国における英語学研究文献書誌　1900–1996』南雲堂.
寺澤芳雄．1979.（書評）「Kjellmer: Did the "*Pearl Poet*" Write '*Pearl*'?」『英文学研究』56, 186–91.
――ほか編．1983.『中世英語英文学研究業績リスト』東京大学中世イギリス研究資料センター.

―――・川崎　潔編．1993．『英語史総合年表』研究社．
中尾俊夫．1972．『英語史 II』（英語学大系 9）大修館書店．
ブルンナー，K. 1973．『英語発達史』（松浪有ほか訳）大修館書店．[K. Brunner, *Die englische Sprache: Ihre geschichtliche Entwicklung. 2* vols. Tübingen: Niemeyer, 1960–22.]
松浪　有．1986．「頭韻詩から脚韻詩へ」*Studies in Medieval English Language and Literature*（日本中世英語英文学会）1, 1–38.
安井　稔．1960．「Its の年代」『英語学研究』研究社，133–35.

初出一覧

I. 本文研究
 1.「OE, ME テキストにおけるトリヴィア研究の勧め」*The Kyushu Review*（「九州レヴユー」の会）第 8 号 (2003), 103–07.
 2.「*The Canterbury Tales: General Prologue,* 521 をめぐって」田島松二編『ことばの楽しみ』南雲堂 (2006), pp. 103–12.
 3.「*Piers Plowman* B.V. 379 に関する統語ノート」（Tajima 2000 に基づく書き下ろし）
 4.「中英語頭韻詩 *Pearl*, line 446 について」『英語英文学論叢』（九州大学）第 56 集 (2006), pp. 1–11.

II. 統語法研究
 5.「新しい中英語統語論 ― Olga Fischer, 'Syntax' (*The Cambridge History of the English Language*, Vol. II) をめぐって」『英語英文学論叢』（九州大学）46 (1996), pp. 1–15.
 6.「ME における動名詞の統語法的発達に関する諸問題」『英語英文学論叢』（九州大学）第 35 集 (1985), pp. 117–36.
 7.「Late ME における *Ought* の発達」『英語文献学研究―小野茂博士還暦記念論文集』南雲堂 (1990), pp. 227–48.
 8.「中英語 (ME) における 'one the best (man)' 型構文」*The Kyushu Review*（「九州レヴユー」の会）13 (2011), 75–98.
 9.「中英語 (ME) における 'take (one's) leave of / at' について」*The Kyushu Review*（「九州レヴユー」の会）14 (2012), 37–57.
 10.「中英語 (ME) における形容詞 'worthy' の統語法」*The Kyushu Review*（「九州レヴユー」の会）15 (2014), 73–96.

III. 頭韻詩の言語と文体
 11. & 12.「言語・文体と Authorship ― Cotton Nero 詩群を中心に」鈴木榮一編『中英語頭韻詩の言語と文体』学書房 (1989), pp. 98–135.
 13.「*Gawain*-poet の作品における中性人称代名詞 *Hit* の用法」『言語科学』（九州大学）11/12 (1976), pp. 23–36.
 14.「中英語頭韻詩における絶対形容詞―ガウェイン詩群を中心に」『英語英文学論叢』（九州大学）53 (2003), pp. 63–84.

付記―本書収録にあたり全面的に加筆修正、一部改題したものもある。

著者について

田島 松二（たじま・まつじ）

1942年生まれ，鹿児島県鹿屋市出身．九州大学文学部卒業，同大学院修士課程修了．その後，カナダのサイモン・フレーザー大学（1969－70）及びオタワ大学（1977－79）に学び，英文学の修士号と博士号を取得．米国ノース・カロライナ大学チャペルヒル校客員研究員（1989－90）．福岡女子大学，北海道大学，九州大学，別府大学勤務を経て，現在，九州大学名誉教授．

主要編著書
The Syntactic Development of the Gerund in Middle English（南雲堂，1985）
Noam Chomsky: A Personal Bibliography 1951-1985（E.F.K. Koernerと共著，Amsterdam & Philadelphia: John Benjamins, 1986）
Old and Middle English Language Studies: A Classified Bibliography 1923-1985（Amsterdam & Philadelphia: John Benjamins, 1988）
The Language of Middle English Literature（David Burnleyと共著，Cambridge: D.S. Brewer, 1994）
『コンピューター・コーパス利用による現代英米語法研究』（編著，開文社出版，1995）
『わが国における英語学研究文献書誌 1900-1996』（編著，南雲堂，1998）
『わが国の英語学100年―回顧と展望』（南雲堂，2001）
『ことばの楽しみ―東西の文化を越えて』（編著，南雲堂，2006）
『英語史研究ノート』（共編，開文社出版，2008）

中英語の統語法と文体　　　　　　　　　　　　　　　　[1G-76]

2016年5月20日　第1刷発行　　　　　　定価（本体4,600円＋税）

著　者　田島松二
発行者　南雲一範
装幀者　岡　孝治
発行所　株式会社　南雲堂
　　　　〒162-0801　東京都新宿区山吹町361
　　　　振替口座　00160-0-46863

　　　　［書店関係・営業部］☎ 03-3268-2384　FAX03-3260-5425
　　　　［一般書・編集部］☎ 03-3268-2387　FAX03-3268-2650

製版所　ディグ
製本所　株式会社長山製本
コード　ISBN978-4-523-30076-2 C3082

Printed in Japan

南雲堂・好評既刊書

わが国における
英語学研究文献書誌 1900-1996

責任編集＝田島松二
A5判上製函入 1198 ページ　定価（本体 35,000 円＋税）

1900年から1996年までの100年間に日本の研究者によって発表された著訳書，論文，研究ノートなどを収録。

わが国の英語学100年　回顧と展望

田島松二著
四六判上製 226 ページ　定価（本体 2,500 円＋税）

20世紀初頭から今日までの100年間の先達の業績を克明にたどり，これからの英語学研究のありかたを示唆する。

ロングマン言語教育・応用言語学用語辞典

J. C. リチャーズ／R. シュミット
高橋貞雄・山崎真稔・小田眞幸・松本博文訳
A5判ビニール装 568 ページ　定価（本体 4,800 円＋税）

言語教育にたずさわる小・中・高大学の先生方や大学院生・研究者をはじめ，現代社会のことばに関心を抱くすべての人に必携の辞典。